# 조선은
# 어떻게 부정부패를
# 막았을까

## 조선은 어떻게 부정부패를 막았을까

초판 1쇄 발행  2009. 9. 18.
초판 1쇄 발행  2009. 9. 25.

**지은이**  이성무
**발행인**  이상용 이성훈
**발행처**  청아출판사
        경기도 파주시 교하읍 문발리 출판문화정보산업단지 507-7
**대표전화**  031-955-6031
**편집부**  031-955-6032
**팩시밀리**  031-955-6036
**홈페이지**  www.chungabook.co.kr
**E-mail**  chunga@chungabook.co.kr
**등록번호**  제9-84호
**등록일자**  1979. 11. 13.

ISBN  978-89-368-0402-2  03900

● 값은 뒤표지에 있습니다.
● 잘못된 책은 구입한 곳에서 바꾸어드립니다.

※ 이 책은 《조선의 부정부패 어떻게 막았을까(2000)》의 개정판입니다.

# 조선은
# 어떻게 부정 부패를
# 막았을까

목숨 걸고
직언하고
가차 없이
탄핵하다

이성무 지음

청아출판사

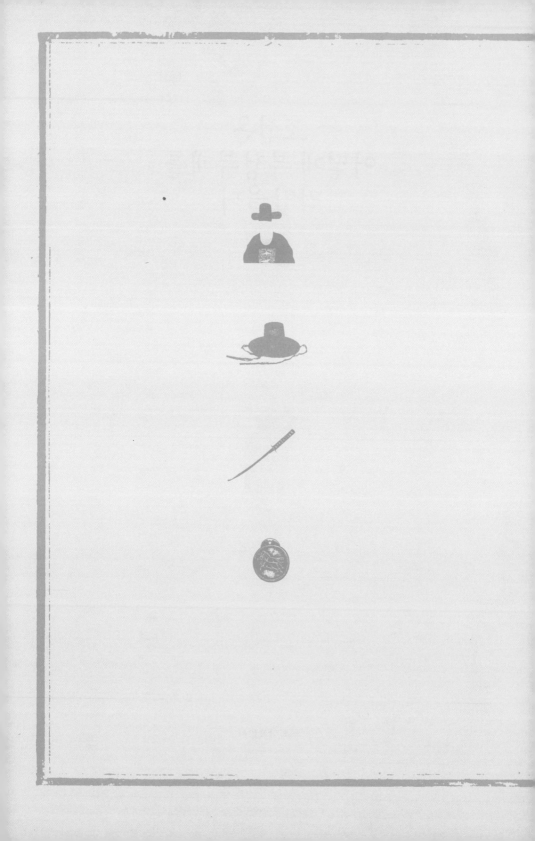

# 목숨 걸고 직언하고 가차 없이 탄핵하다

　요즈음 노 전 대통령의 권력형 비리 때문에 시끄럽다. 노 전 대통령이 박연차 태광실업 회장으로부터 600만 달러를 부인이나 조카를 통해서 받았는데 노 전 대통령이 재임시절에 알았느냐 몰랐느냐 하는 문제이다. 노 전 대통령 측은 몰랐거나 알았어도 퇴임한 뒤에 알았다는 것이고, 검찰 측은 노 전 대통령이 사전에 알았을 정황증거가 있어 이는 포괄적 뇌물수수죄에 해당한다는 주장이다.
　법리야 어떻든 선명성과 청렴성을 슬로건으로 내건 참여정부가 대통령 퇴임 전후에 이러한 권력형 비리를 저지른 것은 충격적이다. 혹시나 했더니 역시나다. 국민의 실망이 크지 않을 수 없다. 전두환 전 대통령 이후 대통령 측근의 권력형 비리가 계속되어 왔고, 그 때문에 두 명의 대통령과 여러 명의 대통령 아들이 감옥살이를 한 뒤라 더욱 그렇다.

　이와 같이 대통령 측근의 권력형 비리가 근절되지 않는 데는 대통령 중심제라 대통령의 권한이 너무 크고, 단임제이기 때문에 권력을 잃기 전에 한몫 챙기려는 사욕이 발생할 수 있는 제도적인 문제점이 있다. 뿐만 아니라 자본주의, 시장경제 체제가 돈이 제일이라는 생각을 키운데다가 국민 전체가 도덕적 수양을 쌓을 기회가 없었던 데도 이유가 있다.

우리는 도덕국가인 조선의 도덕교육과 인간 중시 사상이 오늘날 다시금 어떤 도움을 줄 수 있을지를 고민하게 된다.

자본주의, 시장경제의 물신주의를 도덕국가인 조선의 인문주의와 어떻게 조화할 수 있을까 하는 문제이다. 자본주의와 시장경제 체제가 공산주의 체제를 이기기는 했으나 그 부작용도 적지 않다. 인간성이 망가지고, 도덕이 땅에 떨어지며, 환경이 오염되고, 지구 온난화로 자연재해가 늘어가고 있다. 경제 발전으로 생활은 좀 나아졌을지 모르나 지구의 재앙으로 인류는 멸망 직전에 한발 더 다가가고 있다.

그러면 자본주의, 시장경제의 미비점을 보완하거나, 이를 대체할 제3의 체제를 창안할 수는 없는 것인가? 혹자는 그런 가능성을 동양 사상에서 찾아야 한다고 주장한다. 유교, 도교, 불교의 인본주의 사상, 자연과 인간의 조화, 중앙집권체제, 인의예지 사상 등이 그것이다. 그러나 이러한 사상들도 구시대의 산물이기 때문에 이를 현대에 맞도록 재정비할 필요가 있다.

부정부패 척결 문제 역시 이러한 전통사상을 현대적으로 재조명함으로써 그 방법을 재발견할 수 있는 것은 아닐까?

이 책은 이런 관점에서 쓰여졌다. 관심 있는 분들의 많은 질정이 있으시기를 바란다.

2009년 9월 9일

한국역사문화연구원장  이 성 무

# 차례

# 3. 암행어사 이야기

# 4. 한국 감사기관의 변천

## 부정부패는 왜 생기나?

'절대권력은 절대 부패한다'는 말이 있다. 부정부패가 심각해지면 나라가 망하게 되어 있다. 부정부패는 왜 생기며 이를 막으려면 어찌해야 할 것인가?

부정부패는 인간의 욕심에서 나온다. 《예기》에는 사람의 가장 기본적인 욕심은 음식과 남녀관계라고 적고 있다. 먹는 것과 섹스가 근본적인 욕심인 것이다. 권력자들은 재산을 많이 차지해 많이 먹고 많은 여자를 거느리려 한다.

욕심은 나쁜 것만은 아니다. 좋은 욕심은 욕欲이라 하고, 나쁜 욕심은 욕慾이라 한다. 사람이 음식을 먹지 않으면 죽고 남녀관계가 없으면 인간이 멸종한다. 그러나 이것이 너무 과도하거나 모자라면 문제가 생긴다. 과불급過不及이 그것이다. 그러니 주위사정에 따라 적절適節히 하는 것이 제일 좋다. 중용中庸이 그 방법이다.

유교는 사회생활을 합리적으로 영위하는 것을 중요한 가치로 생각하는 실천윤리였다. 따라서 유교에서는 이 과불급을 바로잡는 것을 중요한 과제로 생각했다. 지나치지도 않고 모자라지도 않는 적절한 태도를 취하는 것을 지상과제로 생각했다. 이른바 중용이 그것이다.

중용이란 산술적인 중간을 의미하지 않는다. 산술적인 중간을 취하는 것을 자막지중子莫之中이라 한다. 자막子莫이라는 사람이 중中을 그렇게 해석했던 것이다. 그러나 공자는 이것을 진정한 중이라 하지 않았다. 주위형편에 따라 적절한 태도를 취하는 것을 중이라 했다. 수시이중隨時而中이다. 때에 따라 객관적으로 적절한 행위를 취하는 것을 의미한다. 따라서 유교에서 중, 또는 중용은 가장 중요한 가치이다.

그러면 어떤 것이 적절한 것인가? 욕심을 절제해 치우치지 않게 해야 하는 것이다. 그래서 《예기》에 예는 절節이라 하지 않았는가? 이른바 예치주의禮治主義가 그것이다.

예는 방죽坊과 같다고도 했다. 욕심이라는 물이 흘러가는데 방죽과 같이 아무데로나 흘러가지 않도록 하는 것이다. 음식은 경험상 하루에 3끼를 먹는 것이 좋고, 남녀관계는 한 남자가 한 여자와 사는 것이 좋다는 따위이다.

고대 종교인 불교는 욕심을 철저히 막으려고만 했다. 그래서 중들은 고기를 먹지 말고 혼자 살라고 했다. 그러나 유교에서는 흐르는 물과 같은 욕심을 무조건 막기만 하면 나중에 물이 둑을 차고 나가서 논밭을 할퀴고 지나간다고 비판했다.

욕심은 사람에게서 나온다. 그러니 사람이 옳지 못하면 욕심을 자제할 길이 없다. 마음은 본질적으로 좋은 것이라는 성선설性善說도 있고 나쁘다는 성악설性惡說도 있다. 성선설에서는 마음이 기본적으로 좋은 것이니 나쁜 것에 물들지 말게 교육해야 한다고 하고, 성악설에서는 마음이 기본적으로 나쁜 것이니 예나 법으로 다스려야 한다고 했다. 진나라 때 성악설을 써 보았으나 실패해 한나라 이후로는 성선설을 신봉하게 되었다. 그래서 예禮로 권해서 안되면 법法으로 다스리고, 법을 지키지 않으면 형刑으로 다스렸다. 《대명률大明律》 서두에는 황제가 백성들에게 이런 죄를 지으면 이런 벌을 받으니 미연未然에 방지하라는 칙서勅書를 실어 놓고 있다.

그러나 지난 천 년에 인간은 믿을 수 없는 존재로 낙인 찍혔다. 인간의 이성을 믿어도 될 것으로 예단 했지만 그 결과는 어땠나? 제1, 2차 세계대전으로 사람들은 서로 많이 죽였다. 그 후 세계는 갈등과 대립으로 일관했다. 인간의 본성은 더 이상 선하지도 않고 믿을 수 없는 존재로 낙인찍혔다. 그래서 각종 법률이 나날이 늘어나고 처벌이 강화되었다. 더구나 이성이 무너지고 자본주의 시장경제 체제에서 돈과 이익이 중심 가치가 되었다. 돈과 이익을 위해서는 살인도 불사한다. 그러다 보니 부정부패는 더욱 만연될 수밖에 없다.

마음이 잘못되면 법으로만 부정부패를 막을 수 없다. 법 하나를 만들면 도망갈 길은 10가지가 생긴다. 그러면 어떻게 할 것인가? 정경유착의 고리를 끊고, 기업접대비를 양성화하며, 공직자의 윤리강령, 재산등록을 강화할 필요가 있다. 돈세탁을 방지하고 정치자금과 떡값, 촌지의 구분을 분명히 하여 내부자 고발을 유도하고 모범공직자들을 표창할 필요가 있다. 비리를 저지른 사람들은 명단을 공개하여 종신토록 불이익을 받게 해야 한다.

그러나 그렇다고 부정부패가 사라지는 것은 아니다. 돌아가는 것

같지만 가정교육, 학교교육, 사회교육을 통해 사람의 마음을 다스려야 한다. 부정부패를 저지르면 안된다는 것을 어렸을 때부터 가르쳐야 한다. 그렇게 하면 부정부패의 절반을 막을 수 있을 것이다. 그러자면 인성교육이 강화돼야 한다. 지금 시장경제, 민주주의만 강조하다보니 사람이 돼야 한다는 인문교육은 죽어가고 있다. 문文, 사史, 철哲이 중심이 되는 인문교육을 강화하고 조선시대에 극치에 이르렀던 도덕적 수양을 교육을 통해 널리 익히게 해야 할 것이다. 법을 만들고 형벌을 강화하는 것만이 능사가 아니다. 마음에서부터 우러나와서 부정부패를 저지르지 않도록 해야 할 것이다.

## 대간臺諫의 기능과 역할

### 대간이란 무엇인가?

대간은 사헌부司憲府와 사간원司諫院을 말한다. 사헌부는 관료의 부정부패를 척결하는 대관臺官이고, 사간원은 국왕의 독주를 간쟁諫諍하는 간관諫官이며 이 둘을 합해서 대간이라 했다.

사헌부의 연원은 신라시대로 올라간다. 신라의 사정부司正府가 그것이다. 사정부는 고려시대에 사헌대司憲臺, 어사대御史臺, 사헌부司憲府 등으로 바뀌었다. 그러다가 조선시대에 이르러 사헌부의 장인 대사헌大司憲이 종2품인 재상으로 격이 높아지고 재상의 통솔에서 벗어나게 되었다.

사간원은 조선 태종 때 처음으로 독립 관서가 되었다. 고려시대

이전에는 간관諫官은 독립 관서가 없이 내사문하성內史門下省의 낭사
직郎舍職에 부속되어 있었다. 간관은 따로 둘 것 없이 모든 관료가 다
간관이라고 여겼기 때문이다. 그러던 것이 조선시대에 사간원이라
는 독립 관서가 되어 재상의 관할에서 벗어나게 되었다.

대사헌과 대사간이 이 같이 직급이 높아지고 독립 관서가 된 것은
고려 때의 재상 중심의 귀족정치로부터 사대부들의 사대부정치로
이행하고 있었음을 의미한다.

사헌부와 사간원은 각기 맡은 바 업무가 달랐지만 실상은 비슷한
사찰업무를 담당하고 있어서 서로 보완적인 위치에 있었다. 그래서
대관臺官과 간관諫官을 합쳐 대간으로 부르게 된 것이다. 이들은 언
관言官으로서 공론公論을 주도하고 휘하에 감찰監察을 두어 사정司正
업무를 담당했다.

조선시대의 권력 구조에서 대간은 삼공육경三公六卿 및 전랑銓郎과
아울러 삼각 관계를 이루고 있었다. 대간은 삼공육경의 잘잘못을 가
리고, 삼공육경은 전랑을 예하에 거느리며, 전랑은 대간을 추천하는
당하통청권堂下通淸權을 가지고 있었다. 권력의 핵이 서로 물고 물리
는 관계에 있었다.

## 대간의 자격

대간은 당대의 최고의 인물이라야 했다. 가문 좋고, 문과에 급제
해야 하며 강직한 성격을 가진 젊은 사람이어야(20~30대) 했다. 세
파에 물들지 않고 학문적 실력이 있으며 양반으로서의 자부심을 가
지고 있어야 했다. 정치의 잘못과 부정부패를 준열히 탄핵하기 위해

서는 스스로 단단한 실력과 청렴결백한 성품을 가지고 있어야 했다.

대간은 목숨을 잃더라도 직언直言할 수 있어야 했다. 그러므로 대간은 정권의 파수꾼이라고 한다. 뿐만 아니라 청렴해야 했다. 뇌물을 받거나 권력을 이용해 재산을 증식해서는 안 되었다. 또한 친인척이 함께 대간에 있어서도 안 되었다. 상피相避에 걸리기 때문이다.

## 대간의 특권

대간은 서경권署經權을 가지고 있었다. 새로 법률을 만들 때와 신규 인사가 있을 때 이를 심의할 권한이 있었다. 전자를 의첩서경依牒署經이라 하고, 후자를 고신서경告身署經이라 한다. 법을 만들 때 이를 심사하는 것은 입법의 타당성을 감시하는 것이요. 인사에 신원조회를 하는 것은 공정한 인사를 하게 하려는 것이었다. 50일 이내에 가부를 판정해야 했다. 이 때문에 국왕과 갈등을 겪기도 했다. 서경은 5품 이하 관에만 해당했고 4품 이상은 국왕의 관교官敎만으로 임명되었다. 부父, 모母, 처妻의 4조(四祖, 父·祖·曾祖·外祖)가 심사 범위에 속했다. 임명이 부당하면 '작불납'作不納이라고 써서 돌려보냈다. '정조외' 政曹外 '한품자' 限品者라고 써 보내기도 했다. '정조외'는 청요직清要職을 제외하고 다른 관직에 임명하라는 것이고, '한품자'는 한품限品을 정해 일정한 관품이상 못 올라가는 관직에 한해 임명하라는 것이다. 대간은 서경권이 없는 4품 이상 직에 대해서도 탄핵을 통해 거부권을 행사할 수 있었다. 이럴 경우에는 국왕과 대립하게 마련이다.

조관을 탄핵하려면 근거가 있어야 했다. 그러나 정보를 수집하는 것이 그리 쉬운 일만이 아니요, 그럴 만한 조직을 가지고 있는 것도 아니었다. 개국 초기에는 근거 없이 고관을 탄핵하는 풍문탄핵風聞彈劾이 금지되었으나 사림정치시대에는 이것이 허용됐다. 일단 소문을 듣고도 공격할 수 있었으므로 탄핵업무가 자유로워졌다. 풍문탄핵을 억제하면 탄핵업무가 제한될 수밖에 없다. 비리非理는 비밀리에 싹트기 때문에 풍문탄핵을 금지하면 권력자들을 탄핵할 수 없었다. 이는 사림들이 재상들을 견제하는 데 방해 요소였다. 그러므로 사림정치시대에는 풍문탄핵을 허용한 것이다. 가끔 풍문의 진원지를 추적하기도 했으나 수사력이 미치지 못하는 경우가 많았다.

대간은 대체로 전랑銓郎, 홍문관원弘文館員 등 청요직으로 갈 수 있으며 이들 직책은 근무연한도 없고 그 아들은 음직蔭職을 받을 수 있었다. 그리고 대간은 공무를 수행하다가 좌천되어도 지방으로는 보내지 않았으며, 그만둔 뒤에도 근무 일수를 쳐 주고 곧 다시 서용했다. 직언直言하다가 좌천되는 공죄公罪는 오히려 영광으로 여겼다.

대간이 탄핵하면 탄핵받은 관료는 즉각 사표를 내고 물러가야 했다. 그다음 제3의 사찰기관에서 조사해 대간이 옳으면 탄핵받은 관료가 물러나야 하고, 그르면 대간이 오히려 물러나야 했다. 조사하는 동안 대간은 피혐避嫌하여 물러나 있어야 하며, 제3의 사찰기관의 판결, 즉 처치處置가 있은 다음에 집무 여부가 결정됐다.

대간은 근무 일수에 관계없이 승진할 수 있으며(다른 양반 당하관은 900일이 차야 승진) 근무성적도 매기지 않았다. 소신껏 일하게 하기 위해서다. 또한 범법행위를 저질러도 형조에서 다루지 않고 사헌부에서 취조하게 했다. 대간은 조회에 설 때 맨 앞의 반두班頭가 된다. 뿐만 아니라 뜻에 맞지 않는 상관이 출근할 때는 정영庭迎을 하지 않기도 했다. 정영은 상관이 출근할 때 뜰에 내려와 맞이하는 것으로 지영祗迎이라고도 했다. 혹독한 신참 신고식도 있었다. 서까래 들어올리기, 무릎 내려치기, 사모紗帽로 못물 퍼내기, 거미 잡는 놀이, 부엌을 문지른 잿물 먹이기, 술자리 등 신고식이 있어서 이를 금하는 금령이 내리기도 했다.

## 감찰監察이 하는 일

사헌부에는 대관臺官과 감찰監察이 구분되어 있었다. 대사헌大司憲 집의執義 장령掌令, 지평地平을 대관이라 하여 언론을 담당하고, 감찰은 실제 감찰업무를 담당했다.

대사헌은 대청大廳에서, 집의執義는 집의청執義廳에서, 장령掌令과 지평持平은 대장청臺長廳에서, 감찰은 감찰방監察房에서 근무했다. 감찰은 24명으로(때에 따라 숫자가 바뀜) 감찰방은 별청에 따로 마련되어 있었으며, 내방內房과 외방外房으로 구분되어 있었다. 내방은 감찰방을 대표하는 방주房主가 유사有司 2명과 함께 집무하는 곳이요, 외방은 이들을 제외한 나머지 감찰들이 집무하는 곳이었다. 방주는 감찰들의 업무 분장을 주관하기도 하며(보통 때는 대장들이 함) 유사를 선임하는 권한이 있었다. 유사는 매일의 업무를 본청에 보고하고 동료감찰의 비위를 규찰했다. 감찰은 상하 위계질서가 엄격했고 상관이 출근할 때 영접해야 하며 절도 있는 생활을 했다.

감찰은 관원의 불법행위, 각종의 집회, 각종의 제사, 부당 상거래, 조회, 과거시험장 등 모든 곳의 부정을 감찰했다. 따라서 외근이 많왔다. 아침에 출근하면 지평이 업무를 분담시키는데 이를 분대分臺라 했다. 감찰이 입회해야 하는 행사는 법률로 지정되었다. 주관 관청은 행사 수일 전에 공문을 보내 행사 사실을 사헌부에 통지했다. 업무 분담은 장무지평掌務持平이 하되 이를 사헌부 간부회의인 제좌(齊座, 정기회의)나 다시(茶時, 약식회의)에서 확정한다. 오늘날의 티타임격이다. 업무를 배정받은 감찰은 해당 관청으로 간다. 이때 아전衙前을 대동한다.

감찰은 특히 회계부서에 배치되었다. 이들은 입회만 하는 것이 아니라 실제로 출납을 주도했다. 그러다 보니 공금 횡령사건이 일어나기도 했다. 이를 예방하기 위해 한 감찰에게 6개월간 특정 관청의 전곡출납을 맡기는 월령감찰月令監察제도를 폐지했다. 매일매일 담당감찰을 바꾸는 매일분대每日分臺를 실시했다. 그러나 전문성이 떨어지고 책임소재가 불분명해 감독이 제대로 되지 않았다.

지방에는 행대行臺를 파견했다. 뿐만 아니라 감찰은 사행使行에도 따라갔다. 이렇게 할 일이 많다보니 감찰은 구조조정의 대상이 되지 않았다.


## 암행어사


암행어사 제도는 조선밖에 없었다. 국왕이 민정을 제대로 알아 보기 위해 당하堂下 시종문관侍從文官을 몰래 파견한 것이다. 중종조 이후에 정착된 듯하다. 암행어사는 왕의 뜻을 잘 아는 시종신 중에서

의정부가 암암리에 선발해抄選 국왕이 파견하게 되어 있었다. 왕으로부터 마패馬牌 1개와 유척鍮尺 2개, 봉서封書와 사목事目을 받고 파견 군현을 추첨한 다음 동대문이나 남대문 밖에 가서 열어보고 지정된 군현으로 갔다. 물론 변장을 하고, 수하를 거느리지도 않고, 여비도 지급받지 않았다. 정보 수집을 위해 몸종 한두 사람을 데리고 갔다. 만약 부정이 발견되면 출도出道를 외치고 창고를 봉하며封庫 왕에게 보고한다. 그러나 멋대로 수령을 파면罷免시킬 수는 없고 왕의 명에 따라야 한다. 백성들의 억울함을 풀어주어 왕도를 밝히려는 것이다. 암행어사는 민본정치民本政治의 표상이라 할 수 있었다.

돌아와 왕에게 복명復命할 때는 서계書啓와 별단別單을 친필로 써서 올리게 되어 있었다. 지정된 군현 이외의 군현에 출도해서는 안되며 지나다니면서 얻은 정보를 보고 내용에 포함시켰다.

## 청백리

관리의 청렴결백을 장려하기 위해 국가의 감사제도와 병행해 청백리 제도를 두었다. 청백리 제도는 조선시대부터 실시되었다. 고려 이전에는 중국 한나라 염리廉吏 제도를 본따 청렴결백한 관리들을 선발해 표창하거나 관직을 승진시켜 주었다. 이러한 염리들은 고려사 양리열전良吏列傳에 수록되어 있다. 정운경鄭云敬, 최영崔瑩, 윤해尹諧 등이 그들이다.

조선시대에 들어와서 태조 대 안성安省 등 5인을 청백리에 록선錄

選했다는 기록이 있는 것으로 보아 이미 국초부터 청백리 제도가 있었던 것으로 보인다. 그리고 명종 때는 청백리에 선발된 자를 살아 있을 때는 염근리廉謹吏라 부르고 죽으면 청백리라 불렀다(1552년, 명종 7년). 뿐만 아니라 조선왕조는 관자管子의 4유(四維, 禮·義·廉·恥) 중 특히 염과 치를 사대부가 지켜야 할 규범으로 강조해 왔다.

청백리의 선발은 조선전기에는 의정부와 이조가, 조선후기에는 비변사와 이조가 각각 왕명에 따라 경외京外 2품 이상 관료에게 생존하거나 사망한 인물 두 명씩을 추천하게 하고, 육조판서가 심사한 후 국왕의 재가를 얻어 확정하게 되어 있었다. 청백리의 피선 자격은 법전에 명문화되어 있는 것은 없고, 통일된 기준이 있는 것은 아니었던 듯하다. 그러나 대체로 청백淸白, 근검勤儉, 경효敬孝, 후덕厚德, 인의仁義 등을 들먹인 것을 보아 이러한 덕목을 가진 자를 선발했던 것 같다. 다시 말하면 청백탁이淸白卓異가 중요한 기준이었던 것 같다. 이들은 대체로 국가나 타인에게 폐를 끼치지 않고 깨끗하고 검소하게 살아온 인물들이었다. 예컨대 서애西厓 유성룡柳成龍 같은 사람은 영의정에 이조판서를 겸하고서도 퇴직할 때는 걸어서 집으로 올 정도로 가난했던 것을 들 수 있다.

그러나 조선 전기에는 비교적 합당한 사람을 청백리로 뽑았고, 그 수도 많지 않았는 데 비해 조선 후기에는 당쟁 때문에 편파적으로 청백리를 선발할 위험이 있었기 때문에 최소한의 인원만을 선발했다. 더구나 노론 일당독재에 외척 세도정치가 실시되던 19세기 이후에는 청백리를 거의 선발하지 않았다.

생존 시 청백리에 선발된 사람들에게는 본인에게 재물을 내려주거나 승진을 시켜주고, 죽은 사람은 자손에게 역시 재물을 내려주거나 관직에 등용시켜 주었다. 《속대전》에는 2품 이상 관의 천거로 자손을 관직에 의망擬望하게 되어 있었다. 그러니 이익李瀷의 《성호사설星湖僿說》에 의하면 뇌물이 유행해 청백리 후손들에게 벼슬이 돌아갈 여지가 없었다고 한다.

조선시대에 청백리에 선발된 사람은 전고대방典故大方에 218명, 청선고淸選考에 186명으로 나타난다. 전고대방에 의하면 태조 대에 5인, 태종 대에 8인, 세종 대에 15인, 세조 대에 7인, 성종 대에 20인, 중종 대에 35인, 명종 대에 45인, 선조 대에 27인, 인조 대에 13인, 숙종 대에 22인, 경종 대에 6인, 영조 대에 9인, 정조 대에 2인, 순조 대에 4인 등 218인이 청백리로 녹선되었다.

이러한 조선시대의 청백리 정신을 계승, 발전시키기 위해 1981년 4월 20일 〈국가공무원법〉에 청백리상을 규정해 같은 해 5월부터 시상하고 있으며, 수상자에게는 승진 등의 특전을 주고 있다. 그러나 진정한 청백리 정신은 시상이나 승진에 있는 것이 아니라 사람의 마음을 수양하는 데 있다는 것을 명심해야 할 것이다. 그러기 위해서는 공교육에서 범국민적으로 일정한 도덕교육을 실시하는 것이 급선무이다. 지금처럼 시장경제와 황금만능주의로 해이해질 대로 해이해진 도덕성과 인간성을 회복하기 위해서는 도덕교육을 강화하는 특단의 조치를 취할 필요가 있다.

# 대간 이야기

# 1

- 500년 왕조를 지탱한 권력균형
- 대간의 자격과 특권
- 왕의 독주를 견제하다
- 고위정치관료의 비리를 탄핵하다
- 풍문만으로도 탄핵할 수 있다
- 홍문관, 대간을 견제하다
- 관리 임용에 거부권을 행사하다
- 본모습을 상실한 대간제를 개혁하리

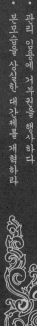

1

500년 왕조를 지탱한 권력균형

## 절대권력은 절대부패한다

한국사를 전공하다 보니 외국인을 만날 때 한국 역사에 대한 이야
기가 화제에 오르는 경우가 많다. 그럴 때마다 필자는 한국 역사에
는 500년이나 지속된 왕조가 둘이나 있고 또한 천 년간 유지되었던
왕조도 있었다고 강조하곤 한다. 외국인들은 중국 못지 않은 장구한
역사를 가진 한국 역사에 놀란다. 동시에 왜 지금까지 그러한 역사
가 제대로 알려지지 않았는지를 궁금해 한다. 그들이 알고 있는 동
양의 역사란 대체로 중국 역사일 뿐이고, 또 중국 역사만이 장구한
것으로 알고 있었으니 당연한 반응이다.

역사에서 한 왕조가 500년을 지속한다는 것은 그냥 이루어지는 것은 아니다. 문화수준이 우리보다 한 단계 앞선 중국 역사를 돌이켜봐도 500년 이상 유지된 왕조를 찾아보기는 어렵다. 필자의 말은 과장이 아니다.

예컨대 주나라가 870년간 존속했다고는 하나 군웅할거하던 춘추전국시대를 빼면 주왕실이 실질적으로 중국에서 주인 노릇을 한 것은 300여 년에 불과하다. 또 한나라 400년 역사도 전한, 후한 각 200년을 합한 것에 지나지 않는다. 찬란한 문화를 자랑하던 당나라도 300년이 채 안 되는 왕조였다. 송나라도 마찬가지다. 기껏해야 남송, 북송을 합쳐 겨우 300년 남짓 존속했을 뿐이다. 전 세계를 호령했던 원나라도 겨우 160여 년에 지나지 않는다. 명나라와 청나라도 모두 290여 년 만에 멸망했다.

중국의 경우가 이러했으니, 각 500년간 지속된 고려왕조와 조선왕조에 대하여 외국인들이 경이감을 갖는 것은 당연한 일이다. 그렇다면 한 왕조가 이처럼 오래 유지될 수 있던 비결은 무엇이었을까?

역사를 전공하는 사람들은 이 문제의 답을 찾기 위해 고민해 왔다. 유교적 통치이념이 그러한 결과를 가져왔다고 하기도 하고, 인재를 선발하는 과거제도가 그러한 기능을 했다고도 한다. 하지만 유교와 과거제도가 비단 고려와 조선에만 있었던 것은 아니다. 그 역사적 시원은 오히려 중국이었다. 비단 하나의 제도와 사상만이 그러한 비결일 수는 없다. 고려와 조선의 역사에 담겨 있는 수많은 사실들이 종합되어 500년 왕조를 유지할 수 있었던 것이다.

500년 왕조가 유지될 수 있었던 비결 중의 하나로, 무엇보다 부패를 방지하기 위한 노력을 꼽지 않을 수 없다. 특히 조선의 경우 부패를 방지하고자 하는 노력은 남달랐다. 이로 인해 길고 긴 역사를 유지할 수 있었던 것이다. 그렇다면 조선시대 사람들은 어떻게 부패를 막았을까? 이를 한마디로 압축한다면 조선시대 사람들은 권력의 독점을 저지하는 데 주력했다고 할 수 있다.

흔히들 "절대권력은 절대부패한다."라고들 한다. 견제되지 않는 권력은 부패하게 마련이다. 어떻게 해야 부패를 막을 수 있는가 하는 질문은 지금까지도 난제 중의 난제이다. 동서고금을 막론하고 권력이 있는 곳에는 어김없이 부패가 있었고, 지금도 그러하다. 그래서 어떤 시대라도 권력의 독점을 막는 제도를 마련하고자 했다.

오늘날의 정치제도가 삼권분립을 토대로 하는 것도 권력의 독점을 막기 위해서이다. 행정부는 사법부와 입법부를 견제하고, 사법부는 행정부와 입법부를 견제한다. 그리고 입법부는 행정부와 사법부를 견제한다. 또 대중정치시대인 현대는 여론을 통해 권력의 독점을 견제할 수 있다. 현대 정치에서 여론의 힘은 막강하다. 일반 대중의 여론은 언론을 통해, 또 시민단체의 활동을 통해 정치권을 강력하게 견제한다.


## 왕과 관료


전통시대 왕조국가에서 모든 권력은 왕에게 집중되어 있었다. 주권재민主權在民이라 하여 권력이 국민으로부터 나온다는 것은 근대

정치사상의 산물일 뿐이다. 왕조국가에서 권력은 왕으로부터 나왔다. 언뜻 생각하기에는 전통시대의 왕은 절대권력을 가지고 있을 것 같지만 왕이라도 절대권력을 가지지는 못했고 또 가져서도 안 되었다. 왕의 일방적인 독주를 견제할 수 없을 때 왕권 자체도 부패의 길을 걸었다.

그렇다고 해서 왕권이 무력화되어서도 안 되었다. 왕권이 무력화되면 신하들 중에 권력을 독점하는 독재자가 출현하여 국가를 자신의 사유물인 양 좌지우지한다. 결국 국가의 기강은 무너지고, 부정부패가 만연하게 된다. 신권의 비대화를 막는 것, 그 또한 국가의 성쇠가 달린 사안이었다.

왕권이건 신권이건 어느 쪽도 절대권력을 향해 치닫는 것을 저지해야 했다. 이것이야말로 전통시대 왕조국가가 안은 과제였다. 요즘처럼 대중 여론이 있는 것도 아니고, 그렇다고 삼권분립이라는 제도적 장치가 마련되지도 않았던 전통시대의 왕조국가는 어떤 방식으로 권력균형을 이룰 수 있었을까? 이 궁금증을 풀기 위해서는 왕과 관료들이 어떤 이해관계로 얽혔는지부터 알아야 한다.

원시시대에는 왕이 없었다. 일정한 규모의 여러 씨족집단들이 여기저기 흩어져 자치적으로 살고 있었다. 이들 집단은 점차 서로 교류를 하게 되었고, 갈등을 겪기도 했다. 그리고 그 갈등은 보통 전쟁을 통해 해결되었고 전쟁의 결과로 하나의 더 큰 집단이 형성되었다. 우리가 잘 아는 고구려, 백제, 신라의 삼국은 이러한 일련의 전쟁을 거쳐 탄생한 고대국가였다. 드디어 권력을 가진 왕이 출현한 것이다.

그런데 전쟁에는 승자와 패자가 있게 마련이다. 이 중 승자집단의 대표가 새로운 집단의 수장, 곧 왕이 되었다. 하지만 왕 혼자서는 더욱 커진 영토, 더 많아진 인구를 통치할 수 없었다. 누군가의 도움이 필요했다. 이 필요에 의해 등장한 것이 곧 귀족이며 관료였다. 전쟁 과정에서 자신을 도와주었던 사람들이 관료가 되었다. 또 패자집단의 협조를 이끌어 내기 위해 그 집단의 대표자들을 관료로 편입시키기도 했다. 관료제도는 이런 과정을 통해 출현했고, 왕은 이 관료제도를 통해 국가를 통치했다.

관료들 또한 왕이 필요했다. 자신들의 권익을 지키기 위해서는 권력의 구심점이 필요했다. 왕에게 관료가 필요했듯이, 관료들 또한 자신들의 권익을 지키기 위해 지렛대 역할을 하는 왕이 필요했던 것이다. 관료들은 이를 위해 왕권을 신성화시켰다. 이론적 근거는 가상적인 주체인 하늘에서 구했다. 왕은 하늘을 대신하여 만민을 통치하는 것으로 이론화되어 어느 누구보다 신성한 존재로 승격되었다.

그런데 하늘은 왕을 신성화한 근거이기도 했지만, 반대로 왕을 축출하는 이론적 근거이기도 했다. 하늘의 뜻을 따르지 않는 왕은 하늘의 이름으로 축출당할 수 있었다. 고대에 분립된 작은 나라들이 생성될 때를 제외하고는 왕은 개인적으로 권력을 창출한 것도 아니고, 또 왕권이 개인적인 힘으로 계승되는 것도 아니었다. 왕에게는 하늘의 뜻을 대신하여 통치한다는 명분을 가지고 있었을 뿐이다. 관료들은 왕이 지나친 전제권을 행사하면 천명天命을 내세워 쿠데타를 감행해서 자신들의 권익을 보장하지 않는 왕을 쫓아냈다.

왕 또한 관료들에게 의심의 눈초리를 보내지 않을 수 없었다. 왕위를 넘보고 반역을 도모하는 관료가 있는지 늘 염려스러웠다. 또 그들이 자신의 직무를 제대로 수행하는지도 걱정스러웠다. 특히 그들이 부정부패를 일삼아 백성을 수탈해서 백성의 생활이 도탄에 빠지면 왕권도 유지할 수 없었다. 왕권은 관료나 백성 개개인에 대해서는 생사여탈권을 가지고 있었지만, 백성 전체에 대해서는 취약했다. 백성의 생존이 보장되지 않고서는 왕권 유지가 불가능했기 때문이다. 관료의 백성에 대한 수탈은 왕권의 상실을 초래했다.

이처럼 왕과 관료는 서로 필요로 하면서도 서로 견제하는 관계에 놓여 있었다. 이 관계가 제대로 유지되려면 왕권과 신권이 균형을 이루어야 했다. 왕권과 신권이 균형을 이루는 것, 이것이야말로 절대권력의 출현을 막고 부정부패를 막을 수 있는 장치였다.

## 절대권력을 견제한 대간

조선시대에 이러한 권력균형을 달성한 제도는 대간臺諫제도였다. 대간들은 절대권력을 견제하여 왕권이 전제화되는 것도, 신권이 비대화되는 것도 막았다. 그렇다면 대간들은 어떻게 절대권력을 견제할 수 있었을까?

대간이 절대권력을 견제할 수 있었던 배경은 그들의 활발한 언론활동에 있었다. 조선시대에도 요즘처럼 언론이 있었을까 싶지만, 비록 오늘날과 같은 의미는 아니지만 분명 언론이 있었다. 양반들의 지배적 여론을 공론公論이라 했고 이를 바탕으로 여론정치가 행해졌다. 여론정치를 위해서는 오늘날처럼 매스컴이 발달하지 않은 시대인지라 정치 전반, 풍속 전반에 대해 의견을 개진하는 직책이 별도로 필요했다. 이 직책을 맡은 관리가 대간이었다. 대간은 양반 지배층의 여론을 대변했기 때문에 언관言官이라고도 불렸다. 조선시대 여론정치의 주역은 대간이었던 것이다.

조선의 대간은 여론을 무기로 왕에게 잘못이 있다 싶으면 목숨을 걸고 직언直言했다. 한 번 해서 듣지 않으면 두 번 세 번이고 계속했고, 그래도 듣지 않으면 사직했다. 사직뿐만 아니라 파직, 귀양, 구금을 무릅쓰고 왕이 잘못을 고칠 것을 거듭 요구했다. 이런 요구를 말로 하기도 하고 글로 하기도 하면서 자신들의 주장을 관철시켜 나갔다. 조선의 왕은 대간의 이러한 언론이 있었기 때문에 중국 황제와 같은 전제권을 행사할 수 없었다고 해도 과언이 아니다.

또 조선의 대간은 고위정치관료의 비리와 잘못을 거리낌 없이 탄핵했다. 하지만 당대를 주름잡는 권세가의 비리를 탄핵하는 것은 현실적으로 어려운 일이었다. 특히 품계가 낮은 대간들이 최고 품계의 재상들을 탄핵했기 때문에 더욱 그러했다. 이로 인해 대간은 대신들의 보복을 받아 파직이나 유배를 당하곤 했다. 그렇다 해도 대간의 탄핵을 잠재울 수는 없었다. 대간의 탄핵을 받은 고위정치관료들은 사실 여부를 차치하고 일단은 사직서를 내야 했을 만큼 탄핵의 위력은 강력했다.

여기서 주목해야 할 것은 조선의 대간은 고위정치관료의 인격 자체를 탄핵하는 경우가 많았다는 사실이다. 즉, 치자治者가 될 만한 자질인가의 여부, 특히 그의 도덕성을 문제 삼는 탄핵이 많았던 것이다. 이와 아울러 소문이 나쁘게 도는 경우도 탄핵 사유가 되었다. 소문만으로도 탄핵할 수 있다면 탄핵의 대상과 범위가 얼마나 무제한적이었는지를 짐작할 수 있을 것이다. 무소불위하기조차 했던 대간의 탄핵이 있었기 때문에 관료들 중에 독재자가 출현하는 일은 거의 불가능했다.

이처럼 대간은 왕과 관료의 독주를 막기도 했지만 동시에 왕에게도 관료에게도 필요한 존재였다. 처음부터 대간은 왕의 필요, 즉 관료의 부정부패를 감독하기 위해 설치되었다. 왕은 대간의 언론을 통해 관료들이 직분에 충실하고 있는지를 점검했기 때문에 대간을 군주의 눈과 귀라고 불렀다. 관료의 수탈로 백성이 도탄에 빠지면 그 책임은 왕 자신으로 돌아왔기 때문에 대간의 언론을 통해 관료의 비리를 적발하는 것은 필수불가결했다.

또한 대간은 왕의 독주를 견제해 관료집단의 권익을 지켰기 때문에 관료들에게도 필요한 존재였다. 왕을 항상 수행하는 측근 신하였던 대간은 왕의 국정처리뿐만 아니라 사생활까지도 언론을 통해 통제했다. 대간에 의해 거론되지 않는 부분이 없었을 만큼 왕의 일거수일투족은 견제당하고 있었다. 한국은 신라통일 이후에 한 번도 정복왕조가 들어선 적이 없기 때문에 귀족, 양반세력이 강했다. 그 때문에 왕의 필요에 의해 두었던 대간이 귀족, 양반의 이익을 대변하여 왕의 독주를 견제하게 되었던 것이다.

대간이 긍정적으로 기능할 때 조선왕조는 건강하게 운영되었지만, 부정적으로 기능할 때는 중심축을 잃고 혼란에 빠졌다. 실제로 조선왕조의 흥망은 대간제도와 운명을 같이 했다. 대간제도가 제대로 운영될 때에는 태평성대를 구가했지만, 대간제도가 제대로 작동하지 않으면서부터 점차 망국의 나락으로 빠져들어갔던 것이다.

## 대간제도의 시작

대간제도의 연원은 중국에 있었다. 대간은 대관臺官과 간관諫官을 통칭하는 이름이었으나 기능이 복합되면서 대간으로 통칭되었다. 대관은 관리의 감찰기구監察機構에서 출발했고 간관은 임금의 잘잘못을 비판하는 간쟁기구諫諍機構로서 출발했다.

먼저 대관의 출현을 알아보자. 역사적으로 대관의 출현은 왕의 등장, 즉 국가의 탄생과 함께 시작되었다. 대관제도는 중국 주나라 때의 소재小宰나 재부宰夫에 그 시원을 두고 있다. 이것이 기원전 11세기경, 그러니까 지금으로부터 약 3,000년 전의 일이니 굉장히 오래된 셈이다. 하지만 대관이 하나의 완성된 정치조직으로 정비되고 제기능을 발휘한 것은 이보다 한참 후인 진나라 때부터였다.

기원전 3세기경, 진나라의 시황제는 마침내 600여 년에 걸친 길고 긴 춘추전국시대를 끝내고 하나의 통일제국을 세웠다. 영토가 넓어졌고 인구도 늘었다. 이를 효율적으로 통치하기 위해 관료조직을 정비하고 군현제를 시행했다. 진시황은 황제의 명령이 말단 백성에게까지 정확히 전달되고 이행되기를 바랐으나 관료들이 과연 자신의 명령을 제대로 이행하는지 늘 의심스러웠다. 그래서 법가사상을 바탕으로 엄격한 법치를 강조했다.

엄격한 법치, 그 이면에는 반드시 관료에 대한 감찰과 사정이 뒤따르게 마련이다. 이를 위해 강력한 권한을 가진 감찰기구가 필요했다. 진나라가 국정을 크게 정무, 군사, 감찰의 세 부분으로 나누고 각각 승상丞相, 태위太尉, 어사대부御史大夫를 최고책임자로 삼은 것도 그 때문이다. 진나라의 어사대부는 감찰기관장이라 할 수 있다.

그러나 유감스럽게도 진나라의 어사대부에 대한 기록은 별로 남아 있지 않아 그 실상에 대해서는 잘 알 수가 없다. 하지만 진나라의 감찰기구는 한나라에 그대로 계승되어 좀 더 발전된 모습을 갖추었고, 남북조시대와 수나라를 거쳐 당나라 때에 크게 정비되었다. 마침내 '어사대御史臺'라는 관청에 어사대부 1명, 어사중승御史中丞 2명, 시어사侍御史 4명, 전중시어사殿中侍御史 6명, 감찰어사監察御史 10명을 갖춘 감찰기구가 등장했다. 이후 어사대는 송나라에 이르러 약간의 변화는 있었지만, 기본적인 직제는 거의 그대로 유지되었다.

간관은 어떠했을까. 간쟁諫諍, 즉 황제의 잘못을 비판하고 시정을 요구하는 일을 맡았던 간관諫官의 경우는 사정이 좀 달랐다. 삼대(三代, 중국 고대에 있었던 夏, 殷, 周 세 나라)에는 간관이 없었다. 그러나 실은 간관이 없었던 것이 아니라 간관 아닌 사람이 없었다고 한다. 이를 두고 실학자 정약용丁若鏞은 "삼대에는 삼공육경三公六卿이 모두 간관이었다."라고 했다. 위로는 고관대작에서부터 아래로는 일반 백성에 이르기까지 모든 사람들이 간언할 수 있었다는 것이다. 따라서 특별히 따로 간관을 두지 않아도 간쟁의 길은 넓게 열려 있었다. 그러나 너무 많은 것은 없는 것과 같다. 모두가 간관이라는 것은 곧 간관이 없었다고 보아야 한다.

부분적이나마 간관을 두게 된 것은 역시 진한시대의 일이다. 이때 산기散騎나 간대부諫大夫와 같은 관직이 있었다. 하지만 아직 조직이나 역할 면에서 초보적인 수준에 불과했다. 이후 남북조 및 수나라를 거쳐 당나라에 이르러서야 비로소 제도적인 정비가 이루어졌다. 산기상시散騎常侍, 간의대부諫議大夫, 보궐補闕, 습유拾遺 등을 좌우직左右職으로 나누어 문하성門下省과 중서성中書省에 각각 분속시켰다.

직제가 정비되었다고는 하나 대관과 달리 간관은 하나의 독립된 관부를 형성하지는 못했다. 활동 또한 대관에 비해 훨씬 미약했다. 중국의 강력한 황제권 때문이다. 이민족 간의 정복전쟁을 통해 출현했던 만큼 중국의 역대 왕조는 황제권이 매우 강력했다. 강력한 황제를 상대로 그의 비위를 거스르는 간언을 하기란 쉬운 일이 아니었다. 황제의 입장에서는 자신의 권력에 누를 끼칠 수도 있는 간관의 위상이 강해지는 것을 꺼렸다. 중국 황제는 감찰기구격인 대관의 역할을 강화했지만, 황제의 권력을 제약하는 간관의 역할은 축소시켰다.


## 조선에서만 꽃피운 대간제도

우리나라의 경우는 어떠했을까? 우리나라에서는 감찰기구인 대관의 성립이 빨랐다. 고구려와 백제의 경우는 잘 알 수 없으나, 후대의 어사대에 비견되는 것으로 신라의 사정부司正府가 있었다.

사정부는 문자 그대로 사정, 즉 백관의 규찰을 관장한 감찰기구였다. 그리고 이것이 처음으로 설치된 것은 삼국통일 직전인 659년 무열왕 6년의 일이다. 진흥왕 때부터 있었던 이전의 사정 담당관제를 하나의 관부로 확대 개편하고, 장관인 영令 아래에 차관인 경卿, 승丞 및 대사大舍 각 2명, 그리고 사史 10명 등을 관원으로 두었다.

이후 문무왕 때 외방의 주군州郡에 1∼2명씩 총 133명의 외사정을 파견, 감찰하는 소위 외사정제外司正制를 함께 시행하기도 했다. 고구려와 백제의 멸망이 그 계기가 되었다. 양국의 병합으로 영토가 크게 늘어난 만큼 확대된 지방을 효율적으로 통제하기 위해서는 각 주군에 대한 감찰을 강화할 필요가 있었던 것이다. 그러다가 경덕왕 때 내사정전內司正典이 산하기구로 추가되면서 제도적 정비를 보게 되었다.

한편 신라 때에는 간관이 따로 존재하지 않았다. 즉, 대관과 간관의 분화가 이루어지지 못한 것이다. 이 때문에 감찰관인 사정부의 대관이 언관인 간관의 임무를 겸했다고 한다. 이는 곧 당시의 간관 제도가 아직 초보적 단계에서 벗어나지 못했음을 말한다. 따라서 왕명에 따라 관리를 감찰하는 규찰활동은 활발했던 반면, 왕권을 견제하는 간언활동은 위축될 수밖에 없었다. 이 점은 고대적 전제왕권을 구축하고자 했던 중국의 진나라나 한나라 때와 유사하다.

고려시대에 들어와서야 대간제도는 본격적으로 자리 잡기 시작했다. 성종 때 단행된 중앙관제의 정비가 그 계기였다. 건국 직후의 사헌대司憲臺를 어사대로 확대 개편하고, 대부大夫 이하의 여러 대관을 설치했다. 또 내사문하성內史門下省 산하에 여러 낭사郎舍를 두어 간관의 직무를 수행하게 했다. 간관의 직책이 별도로 생기기는 했지만, 아직 독립된 관청을 두는 데까지는 이르지 못했다. 이후에도 고려의 대간제도는 여러 차례 개편을 거듭했다. 여기서는 고려의 문물제도가 크게 정비되었던 문종 때의 상황을 살펴보자.

대관인 어사대의 경우는 재상이 으레 겸하는 판사(判事, 정3품, 1명)가 장관격이었다. 그 아래 대부(大夫, 정3품, 1명), 지사(知事, 종4품 1명), 중승(中丞, 종4품 1명), 시어사(侍御史, 종5품 2명), 전중시어사(殿中侍御史, 정6품 2명), 그리고 감찰어사(監察御史, 종6품 10명) 등으로 편제되었다. 감찰기관인 어사대의 장을 재상이 겸하고 있었던 것은 주목할 만하다. 어사대가 재상의 통솔 하에 있었던 것이다.

간관인 낭사직郎舍職은 내사문하성의 하부기관으로 편제되어 산기상시(散騎常侍, 정3품 2명)가 최고책임자였다. 그 아래에 직문하(直門下, 종3품 1명), 간의대부(諫議大夫, 정4품 2명), 급사중(給事中, 종4품)과 중서사인(中書舍人, 종4품) 각 1명, 기거주(起居注, 종5품)·기거랑(起居郎, 종5품)·기거사인(起居舍人, 종5품) 각 1명, 보궐(補闕, 정6품 2명), 습유(拾遺, 정6품 2명) 등으로 편제되었다. 고려의 간관은 독립 관청을 이루지 못하고 내사문하성의 하부기관이어서 간관 또한 재상의 통솔 하에 있었다.

이처럼 고려의 대간은 대관, 간관을 불문하고 모두 재상의 통솔하에 있었다. 어사대의 장은 재상이 겸직했고, 낭사는 내사문하성의 하부기관이었던 것이다. 고려의 대간은 재상권과 독립된 위치에 있지 못했기 때문에 재상을 거침없이 탄핵하기는 어려웠다. 고려의 대간은 왕권은 제약했으나 정작 재상권은 제약하지 못했기 때문에 고려의 귀족정치를 옹호하는 방향으로 운영될 수밖에 없었다.

조선은 건국 후 고려의 대간제도를 계승하면서도 새롭게 정비하는 과정에서 대간의 위상을 훨씬 강화시켰다. 대관의 경우, 고려 말 공민왕 때 어사대가 사헌부司憲府로 바뀐 이래 줄곧 사헌부란 이름으로 존재했다. 태종 때 사헌부의 직제는 대사헌(大司憲, 종2품 1명) 아래 집의(執義, 종3품 1명), 장령(掌令, 정4품 2명), 지평(持平, 정5품 2명), 감찰(監察, 정6품 24명)로 정해졌다.

태종 때 정비된 이 직제는 별다른 변화없이 그대로 유지되었다. 다만 감찰의 정원에 약간의 출입이 있었을 뿐이었다. 사헌부의 직제는 이원적이어서 대사헌, 집의, 장령, 지평은 대관으로 불리면서 언론활동을 할 수 있었지만, 감찰은 언론활동은 하지 않았다. 감찰은 일반 관리의 비리를 적발하는 역할만을 했을 뿐이다.

조선의 사헌부 직제편성에서 두드러지는 현상은 고려와는 달리 사헌부의 장관인 대사헌을 재상으로 겸직시키지 않고 독립적인 지위로 만들었다는 것이다. 뿐만 아니라 대사헌의 품계를 종2품으로 올려 스스로가 재상의 반열에 있게 하였다. 사헌부의 위상이 현격하게 높아진 것이다.

간관의 경우에도 이와 같은 현상은 뚜렷히 나타난다. 태종 때 이제까지 문하부의 하부조직으로 존재했던 낭사를 사간원司諫院이란 하나의 관청으로 독립시켰다. 이어 세종 때 사간원의 직제는 다시 정비되어 대사간(大司諫, 종3품 1명), 사간(司諫, 종3품 1명), 헌납(獻納, 정5품 1명), 정언(正言, 정6품 2명)으로 정해졌다.

사간원의 이러한 독립기구화야말로 대간제도의 원조인 중국, 그리고 고려와도 크게 달라진 특성이었다. 본래부터 왕에게 간쟁하는 임무를 맡은 직책이 간관이었다. 조선이 중국이나 고려와 달리 간관을 독립시켰던 것은 그만큼 간관의 간쟁활동을 중요시했기 때문이다. 중국의 경우처럼 최고권력자 황제 일인의 독주를 좌시하지 않으려 했던 제도적 보장이었던 것이다.

중국의 대간은 황제권에 눌려 언론기구로서보다는 감찰기구로서 기능했다. 고려의 대간은 재상권의 지휘 하에 있어 고위정치관료들로부터 독립적이지 못했다. 반면, 조선의 대간은 왕권과 재상권을 동시에 견제할 수 있도록 제도적 보장을 받고 있었다. 수천 년의 연원을 가지고 발전한 대간제도지만 조선왕조에 이르러서야 꽃을 난만하게 피웠다고 할 수 있다.


## 삼각뿔 형태의 권력균형


조선 사람들은 자신들의 독특한 대간제도를 어떻게 이해하고 있었을까? 조선 후기의 실학자 이중환李重煥은 대간제도가 조선의 정치체제에서 차지하는 위치에 대해 가장 명쾌하게 설명했다. 좀 장황하기는 하지만 이중환의 이야기를 직접 들어 보자.

"대개 우리나라의 관제는 중국의 상세上世와는 다르다. 비록 삼공육경三公六卿을 두어 여러 관청을 통솔하게는 했지만, 대간을 중요하게 여겨 거기에 많은 권한을 주었다. 그리하여 풍문(風聞, 직접 보고 들은 것이 아니라 다른 사람에게서 들은 정보를 가지고 공격하는 것)과 피혐(避嫌, 공격받은 사람이 혐의를 피해 사표를 내는 것), 그리고 처치(處置, 공격한 언론기관이 아닌 다른 언론기관에서 사실을 조사하여 판결을 내리는 것) 등의 법규를 두어 오로지 의논으로 정치를 하도록 했다.

무릇 내외 관원의 인사권을 삼정승에게 주지 않고 오직 이조吏曹에 귀속시켰다. 그리고는 또 이조의 권한이 너무 무거워질까 염려하여 삼사(三司, 사헌부, 사간원, 홍문관) 관원의 인사권만큼은 판서判書가 아닌 전랑銓郞에게 맡겼다. 그런 까닭에 이조의 정랑正郞과 좌랑佐郞이 또한 대간의 권한을 주도했다. 삼공육경이 비록 벼슬은 고관대작이지만 조금이라도 흠이 있으면 전랑은 삼사의 관원으로 하여금 그들을 탄핵하게 했다. 조정의 풍속이 염치를 숭상하고 명예와 절개를 중하게 여겼으므로 한번 탄핵을 받으면(탄핵의 사실 여부나 경중을 불문하고) 부득이 벼슬에서 물러나지 않을 수 없었다. 이에 바로 전랑의 권한이 삼정승의 그것과 비견할 만한 것이 되었다.

이런 까닭에 우리나라에서는 대관大官과 소관小官이 서로 잘 유지되고, 상관上官과 하관下官이 서로 견제하여 지난 300여 년 동안 정권을 농단하는 권간權奸이 나오지 않았고, 꼬리가 길어서(권력이 너무 커서) 흔들기 어려운 폐단이 없었다. 이것은 선왕들께서 고려 말에 임금은 약하고 신하는 강한君弱臣強 폐해를 경험하시고 은연중에 이의 재발을 방지하기 위해 기미를 붙여둔 것이었다.

한편, 삼사의 관원 중에 명망과 덕이 높은 사람을 엄선하여 이조의 전랑에 임명하였으며, 또한 전랑으로 하여금 자신의 후임을 스스로 천거하게 함으로써 그 인사권이 판서에게 귀속되지 않도

록 했다. 이는 인사의 권한을 중요시하여 일체를 조종의 공론公論
에 따라 결정하기 위해서였다. 이 때문에 무릇 승진이 있으면 반
드시 전랑으로 먼저 하되 차례대로 승진시킨 뒤에 다른 관청에 미
치니 한번 전랑을 지내면 참으로 다른 사고가 없는 한 쉽게 공경公
卿에 오를 수 있다. 그런 까닭에 이름과 실리를 갖춘 젊은 신진이
면 누구나 이를 바라지 않는 이가 없었다.

그러나 이 제도를 시행한 지 오래되니 전후가 통하기도 하고 막
히기도 하는 사이에 싸움의 꼬투리가 없을 수 없었다."

《택리지擇里志》인심조人心條

이중환은 대간제도가 관료집단 간의 권력구도에서 어떻게 기능하
고 있는지를 구체적으로 언급했다. 대간은 풍문탄핵을 무기로 삼공
육경을 비롯한 고관대작을 견제한다. 이조전랑은 대간에 대한 인사
권을 행사해서 대간을 통제했다. 또 삼공육경은 상관으로서 하관인
이조전랑을 제어할 수 있었다. 이조전랑과 대간, 그리고 삼공육경은
서로 삼각관계를 이루어 권력을 균점하고 있었던 것이다. 그리고 이
러한 권력의 균점이야말로 조선왕조가 300년(이중환 당시까지) 동안
이나 깨끗하고 안정된 정치를 구현할 수 있던 비결이었다는 것이다.

관료집단 간의 권력의 삼각구도, 그리고 권력의 정점에 서 있는
군주. 이것이 조선정치의 기본 모형이다. 마치 기하학에서 가장 안
정된 입체도형이라는 삼각뿔의 형태를 취하고 있었던 것이다. 바로
삼각뿔의 한 축에 대간이 자리하고 있었다.

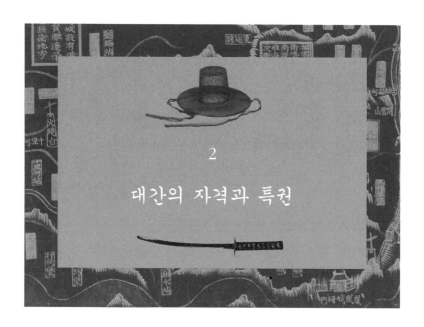

2
대간의 자격과 특권

## 천하제일의 인물이어야 한다

대간은 그 역할이 막중했던 만큼 자격 요건 또한 매우 엄격했다. 조선 건국의 주역인 정도전鄭道傳은 《경제문감經濟文鑑》이라는 저술에서 대간의 직책에 대해 논했다. 잘 알려졌다시피 정도전은 이성계를 도와 조선왕조의 문물제도를 설계, 정비한 장본인이다. 그는 이 과정에서 사회개혁론적인 경세관을 의욕적으로 펼쳤다.

정도전은 독특한 군주관과 신하관을 피력했는데 군주의 독단적인 정치를 반대하는 입장이었다. 군주는 최종적인 결재권을 가지고 있을 뿐이고, 정책 결정의 주도권은 재상에게 있다는 것이다. 따라서 군주의 독단을 견제하는 제동장치, 그리고 임무를 제대로 수행하지 못하는 재상에 대한 탄핵장치가 필요했다. 정도전은 이 역할을 대간이 해야 한다고 했다.

정도전은 고려 말 대간의 폐단을 실제로 지켜본 사람이었다. 그는 자신이 겪은 대간의 폐단을 신랄하게 비판하면서 새로운 대간상을 모색했다. 그리고는 신왕조에 걸맞는 대간상, 그리고 군주와 재상을 동시에 견제할 수 있는 이상적인 대간상을 제시했다.

정도전은 대간은 천하제일의 인물만이 될 수 있다고 단언했다. 당시 대간직을 맡은 사람들이 고작 4~5류에 불과한 인물에 지나지 않는다면서 자격없는 대간들의 실태를 개탄했다. 그러면 정도전이 말한 천하제일의 인물이란 어떤 사람을 지칭하는 것일까.

무엇보다 당대 최고의 학문적 실력을 갖춘 사람이어야 했다. 군주와 재상의 정치적 결정을 비판하는 대간은 정치적 식견이 높아야 했다. 높은 정치적 식견을 갖추기 위해서는 학문적 실력이 필수요건이었다. 다음으로 강개한 성격의 소유자여야 했다. 정치의 잘못을 비판하고 관리의 부정부패를 준열히 탄핵하기 위해서는 불의와 타협하지 않는 기개가 있어야 했다. 최고의 실력과 강직한 성격을 지닌 사람만이 대간 본연의 임무를 제대로 수행할 수 있기 때문이다.

손순효孫舜孝는 조선 초기에 대간직을 역임한 사람이다. 젊은 시절에는 사헌부 집의, 50대에는 대사헌을 지냈다. 이러한 손순효도 천하제일의 인물이 대간이 되어야 한다는 데에 이의가 없었다. 더 나아가 손순효는 천하제일의 인물이 대간이 되어야 하는 이유를 다음과 같이 말했다.

"예전에 관사를 설치할 때에는 반드시 대간을 중히 여겼습니다. 이는 대간을 중히 여긴 것이 아니라 조정을 중히 하는 까닭입니다. 대간은 모름지기 제일류의 사람을 써야만 몸을 돌보지 않고, 분발하여 말을 다하여 숨기지 아니한 연후에야 조정이 바르고 만백성도 바르게 될 것입니다."

《성종실록》 권242, 21년 7월 11일

천하제일의 사람만이 몸을 사리지 않고 할 말을 다할 수 있다는 것이다. 따라서 그런 인물들이 포진한 대간은 자신의 직책에 대한 자부심이 대단했다. 조선 초기를 대표하는 대문장가였던 서거정徐居正이 쓴 사헌부의 제명기題名記에는 대간의 자긍심과 책임감이 잘 나타나 있다.

"소인이 조정에 있으면 반드시 내보내려 하고, 탐관이 벼슬에 있으면 기어이 쫓으라고 하여 곧은 자를 천거하고 굽은 자를 버리며 탁한 것을 배격하고 맑은 것을 찬양하여 얼굴색을 바로 하고 조정에 서면 백관이 떨고 두려워하는 바이니, 그 책임이 어찌 중하고 크지 않겠는가? 조종 이래 임금의 이목과 같은 대간 선택을 중히 여기고, 강개하고 과감하게 곧은 말을 하는 기운을 길러 왔다. 그러므로 이 자리에 뽑힌 자로 누가 명절名節을 세우기를 힘쓰지 않겠으며, 임금의 덕의에 부응하는 것을 생각하지 않으리오."

《연려실기술》 별집 권6, 관직전고, 사헌부

천하제일의 인물이어야만 가능했던 대간은 권위와 위신이 어떤 관리보다 높았다. 권위와 위신이야말로 대간에게는 업무 수행의 선결조건이기도 했다. 중국에서도 대간은 여느 관리들과 자리를 따로 했고, 대간이 지나갈 때면 다른 관리들이 길을 비켜야 했을 만큼 위세가 당당했다.

조선도 예외가 아니었다. 관리들은 대간을 특별히 예우했다. 조선 시대에는 관리가 서로 마주칠 경우 상관은 아랫사람의 인사를 받아도 답례를 하지 않도록 되어 있었다. 그러나 대간의 경우는 달랐다. 비록 당상관일지라도 대간의 인사를 받으면 정중히 답례해야 했다. 이는 《경국대전》에 명문화된 규정이기도 했다.

대간이 조회나 모임을 위해 반열에 들어오면 각각 아전 한 사람이 도포와 홀을 갖추어 들고 그들이 출입하는 대로 따라다녔다. 대간은 물러날 때에도 다른 관리들이 모두 나간 후에야 나갔다. 다른 관리들과 섞이지 않기 위해서였다. 천하제일이라는 대간의 위세와 권위는 그만큼 높았고 또 제도적으로 보장받고 있었던 것이다.


## 강직하고 청렴해야 한다


대간은 직언直言이 생명이었다. 직언이란 사실 그대로를 말하는 것이니 국왕이라도 잘못이 있으면 사실대로 말해야 하는 것이 대간의 소임이었다. 국왕뿐만 아니라 나는 새도 떨어뜨린다는 세도를 지닌 대신들에 대해서도 대간은 직언을 해야 했다.

대간이 어느 정도 강직하게 직언을 해야 하는지에 대해 정도전의 이야기를 들어보자.

"한, 당나라 때에는 어사가 탄핵하되, 사람들의 항의가 많으면 대궐에서 곧바로 그 죄를 세웠다. 또한 아무개를 탄핵하고자 하면 먼저 문 아래에다 알림판을 세워 곧바로 그 이름을 지적하여 조정에 서는 것을 허락하지 않았으니, 대간의 일을 모름지기 이렇게 해야 할 것이다. 그런데 오늘날에는 한 가지 일을 말하거나 한 사람을 내치고자 하면 천만 가지 곡절 끝에 여러모로 계책을 세운 뒤에야 하니, 감히 말하고자 해도 말로 다할 수 없다."

《경제문감》 권하, 대간

옳은 것은 옳다 하고, 그른 것은 그르다고 직언해야 할 대간이 지금은 눈치나 살피면서 여러 가지 궁리 끝에 입을 여니 한심하기 그지없다고 탄식하는 것이다. 뒤집어 말하면, 대간이란 어떤 경우에도 눈치를 살피지 말고 비리를 적발하면 곧바로 지적해야 한다는 것이다.

그러나 국왕이나 재상의 비리를 거리낌 없이 탄핵한다는 것은 쉬운 일은 아니었다. 이상이 아무리 고결하다 해도 현실에서는 엄연한 한계가 있었다. 이 때문에 대간은 여느 관리와는 달리 기개와 패기가 필요했다. 자신의 목숨을 내던져서라도 직언을 꺾지 않을 수 있는 강인한 정신력이 있어야 했다. 또한 자신의 직책에 대한 사명감도 있어야 했다. 강직한 성품의 소유자만이 사명감이 투철하기 마련이다.

그렇다고 강직성만 요구되었던 것은 아니다. 청렴성 또한 요구되었다. 관리의 비리는 대체로 재물을 둘러싸고 일어나는 경우가 많았다. 오늘날과 마찬가지로 조선시대에도 관리의 뇌물수수사건이나 직책을 이용한 재산 증식 등이 문제되었다. 이를 적발하고 비판하는 직책이 대간이었던 만큼 대간은 여느 관리보다 청렴해야 했다.

1420년(세종 2년)의 일이다. 사간원에서 대사헌 이발李潑을 탄핵했다. 탄핵 사유를 들어보자.

> "사헌부는 백관을 규탄하며 풍속을 바로잡는 곳이오니, 그 책임
> 이 매우 중요합니다. 이제 대사헌 이발이 일찍이 중국 사절로 가
> 서 마음대로 무역을 했사오니, 과연 염치가 없는 일이온즉, 어찌
> 사헌부의 장이 될 수 있겠습니까?"
>
> 《세종실록》 권7, 2년 3월 23일

대사헌이라면 사헌부의 장으로서 백관의 모범이 되어야 하는 자리였다. 그런데 중국 무역으로 이익을 취득한 전력이 있는 사람이 어떻게 대사헌이 될 수 있는가 하는 탄핵이었다. 조선시대에는 중국 사절단에 참여한 관리들이 밀무역으로 돈을 버는 경우가 많았다. 원칙적으로 밀무역은 금지되었으나, 실제로 사절단 일행은 관직의 고하를 불문하고 밀무역으로 이익을 챙겼다. 과거의 전력이므로 다른 직책이라면 혹 묵과될 수도 있었는지 모를 일이었다. 그러나 대간에게는 과거의 전력으로도 있어서는 안 되는 일이었기 때문에 사간원은 이발을 탄핵했던 것이다.

대간은 임명되었다가도 탄핵받으면 곧바로 물러나야 했다. 어떤 이유에서건 탄핵당하면 물러나야만 했던 저변에는 수기정인修己正人의 정신이 깊숙이 깔려 있다. 자신의 몸가짐과 마음가짐을 올바로 다스린 후에야 타인을 바로잡을 수 있다는 생각에서이다.

강직과 청렴을 생명으로 하는 대간이다 보니 상피相避 문제는 대간 임용에 있어서 뜨거운 감자와도 같았다. 상피란 일정한 범위 안의 친족은 동일 관서나 상하관계에 있는 관서에 근무하지 못하게 하는 제도였다. 친족 간의 인정人情이 작용하여 업무를 공정하게 수행하지 못할 수도 있고, 또 한 가문에 권력이 집중될 우려가 있기 때문에 마련된 제도였다. 상피는 대간에게 더욱 중요할 수밖에 없었다. 자신의 가문 사람이 비리의 당사자일 경우 대간이 온정적으로 대처할 우려가 있기 때문이다.

상피는 조선 초기까지만 해도 그다지 문제가 되지 않았다. 1469년(성종 즉위년) 대사헌 이극돈李克墩, 병조판서 이극배李克培, 도승지 이극증李克增 삼 형제가 상피에 걸린 일이 있었다. 당시 원상院相들은 굳이 상피를 적용할 필요가 없다고 하여 그들은 그대로 근무할 수 있었다. 그런데 다음 해에 고신서경법告身署經法이 재개되면서 대사헌 이극돈은 피혐避嫌했고 이때는 대사헌을 사직해야 했다.

그러나 점차 대간의 상피는 엄격하게 적용되는 추세였다. 1479년(성종 10년) 대사헌 어세겸魚世謙과 병조판서 어세공魚世恭은 형제이기 때문에 대사헌 어세겸이 곧바로 체직되었다. 대간들의 상피는 같은 부서는 물론이고, 사헌부와 사간원의 양쪽 관원도 상피했다. 이런 경우 보통 아래 관원이 갈리는 것이 통례였다.

# 가문 좋고 문과 출신이어야 한다

조선시대에 행정관료는 오늘날과 달랐다. 행정 실무에 대한 지식보다는 인문학적 소양을 풍부하게 갖춘 사람들이 관료가 되었다. 문치주의에서 정치란 문文, 사史, 철哲을 두루 겸비한 사람이 수신을 바탕으로 행하게 되어 있었다. 따라서 문, 사, 철에 대한 관료들의 학식은 무엇보다도 매우 중요했다.

그런데 대간은 이러한 관료들을 상대하여 비판하는 직책이었기 때문에 더 많은 학식이 요구되었다. 따라서 대간은 공인된 학식과 실력을 갖춘 사람이어야 했다. 이로 인해 대간은 자연스럽게 문과 출신자로 구성되었다. 약간의 예외가 없는 것은 아니지만 대간직은 문과급제자들로 충원되었다. 특히 20~30대의 혈기 왕성하고 관직에 갓 나온 청년들이 대간이 되었다. 노회한 정치가보다는 젊은 신진관료들이 대간의 임무 수행에 더 적합했기 때문이다.

선조 초기에 이탁李鐸, 박순朴淳, 노수신盧守愼 등이 문과 출신은 아니지만 자질이 대간에 마땅한 사람들이 있으니 대간으로 임용하자고 건의한 일이 있었다. 이 건의가 받아들여져 성운成運, 임훈林薰, 한수韓修 등 비문과 출신자가 대거 대간에 임명되었다. 그러나 얼마 지나지 않아 대신들이 전례에 없는 일이라고 반발했기 때문에 비문과 출신자의 대간 임용은 중지되었다. 이러한 일례로 보아도 대간은 문과 출신자들로 충원하는 것이 원칙이었음을 알 수 있다.

또한 성종대 이후에는 홍문관의 관리들이 대간에 임용되었다. 홍문관은 조선 최고의 엘리트 문사들이 집결된 곳으로 문과급제자 중에서도 성적이 상위권에 든 사람들만이 갈 수 있는 문한기관文翰機關이었다.

조선시대 문과급제자들은 1등 장원壯元을 비롯한 갑과甲科 세 사람만 제외하고는, 모두 성적에 따라 해당하는 품계만 받고 3~4개의 부서에 배치되어 일정기간 동안 수습 관리로서 실무를 익혀야 했다. 이를 분관分館이라 한다. 조선 후기 실학자 이익李瀷은 이러한 분관의 기준에 대해 설명한 일이 있다. 즉, 승문원承文院에는 나이 어리고 총명한 자를, 성균관成均館에는 나이 많고 덕을 쌓은 자를, 교서관校書館에는 고금의 일에 박학다식한 자를, 홍문관弘文館에는 경서에 밝고 사리에 통달한 사람을 배치했다고 했다.

홍문관에 특히 경서에 밝고 사리에 통달한 사람을 배치하는 이유는 무엇이었을까? 홍문관의 직무가 서적을 관리하며 왕의 명령을 글로 짓고 왕의 자문에 응하는 것이기 때문이었다. 또 홍문관 관원들은 경연직經筵職을 겸직했다. 경연은 임금과 신하가 함께 공부하는 자리로서, 경연관은 경사經史를 강론하여 치도治道를 군주에게 가르쳤다. 이런 역할을 하던 홍문관 관원들의 학식은 당대 최고일 수밖에 없었다.

한마디로 말해서 홍문관은 문과급제자 중에서도 가장 뛰어난 인물만이 배치되는 로열코스로 홍문관 관원들이 대간에 임명되었던 것이다. 대간의 학문적 역량이 얼마나 요구되었는지 가히 짐작할 수 있다.

그러나 대간은 본인만 똑똑하다고 해서 될 수 있는 것은 아니었다. 아무리 과거시험에서 우수한 성적을 얻었다 해도 가문에 흠이 있으면 대간이 될 수 없었다. 관직 등용에 있어 가문을 문제 삼는 것은 대간뿐만이 아니고 청요직 전반에 걸쳐 있었다. 청요직淸要職은 청직淸職과 요직要職으로 의정부, 사헌부, 사간원, 홍문관, 예문관, 이조, 승정원 등의 관직이 이에 해당한다.

그런데 대간은 다른 청요직과는 달리 서경권署經權을 행사했기 때문에 가문 심사를 더욱 엄격히 했다. 조선시대에는 5품 이하의 관료를 임명할 때에는 대간의 서경을 거쳐야 했다. 서경이란 관리 후보자로 물망에 오른 사람이 결격 사유가 있는지 여부를 심사하는 제도이다. 일종의 신원조회로서 국왕이 독단적으로 인사권을 휘두르지 못하게 하는 신하들의 견제책이기도 했다. 대간은 임금이 지명한 사람이 적합한 인물이 아니라고 여기면 임명에 동의하지 않았다. 이처럼 대간은 서경권을 행사하는 입장에 있기 때문에 자신의 가문에 하자가 있어서는 안 되었다.

그래서 대간에 임명된 후에도 가문에 문제가 있다 싶으면 결국 임명이 취소되곤 했다. 본인의 4조祖인 아버지를 비롯하여 할아버지, 증조할아버지, 외할아버지에게 관리 임용상의 결격 사유가 있으면 탈락되었다. 또한 반역죄나 횡령죄를 범했거나 서얼 출신인 경우에도 대간이 될 수 없었다.


## 의무도 많고 특권도 많다

대간의 가장 중요한 임무는 왕의 잘못된 정사를 비판하고 뭇 관리들의 비행을 규찰하는 것이었다. 그러다 보니 대간 역시 언제 어디에서나 자신을 모함하고 헐뜯고자 하는 무리들의 매서운 감시를 받아야 했다. 자칫 조그마한 실수만 저질러도 역으로 관리들의 탄핵 대상이 되었기 때문에 항상 바늘방석 같은 입장에 있기도 했다.

그래서 대간들은 자신에게 잘못한다는 비난이 있으면, 그 잘못이 아무리 사소해도 스스로 대간직에서 물러나야 했다. 이를 '피혐避嫌'이라 했다. 타인에게 책을 잡혀서는 안 되는 직책의 성격상 대간의 피혐은 당연했다. 또 대간의 탄핵을 받은 관리가 일단 이유 불문하고 피혐해야 했던 것이 관행이고 보면, 대간 자신에게 비난이 일고 있는데 대간이 피혐하지 않을 수는 없었다.

그런데 피혐이 만연하면서 대간이 너무 빈번하게 교체되자 직무를 수행할 수 없는 지경에 이르렀다. 특히 당쟁이 심해진 조선 후기에는 대간의 피혐이 만연해서 비판의 소리가 높아졌다. 이익은 이러한 현상을 다음과 같이 개탄했다.

> "우리나라 사람들이 일을 꺼리고 숨기고 피하기만 하는 것은 오래된 고질병이다. 나는 우리나라 사람들이 관직과 녹봉을 사양하였다는 말을 들어 본 적이 없다. 그러나 대간만은 한번 사단이 발생하면 죽기를 무릅쓰고 물러나기만 한다. 혐의를 받았으니 물러나야만 한다고 핑계를 대고서는 아울러 자기가 병에 걸렸다는 점을 종이에 가득 써서 제출한다. 이것이 외람되고 번거로운 일임에도 전혀 꺼리는 바가 없다."
>
> 《성호선생문집》 권30, 잡저, 논대간조

피혐이 이렇듯 폐단을 낳기는 했지만 사실 이런 현상은 대간은 어떤 잘못도 해서는 안 되고 사소한 책도 잡혀서는 안 된다는 직책의 엄격함에서 비롯되었다. 대간은 언제나 타의 모범이 되어야 했던 것이다. 항상 타의 모범이 되어야만 뭇 관리들에게 위엄이 서고 신뢰를 받을 수 있기 때문에 대간들의 언행은 항상 조심스러웠다. 역설적으로 대간은 다른 관리들보다 훨씬 더 규제받는 존재여서 의무도 많았던 것이다.

그러나 대간이 누리는 특권도 많았다. 또 대간의 직무 성격상 특권을 보장해 줄 필요도 있었다. 먼저, 대간은 근무 일수에 관계없이 승진할 수 있었다. 따라서 대간을 역임한 사람은 누구보다 빨리 재상직에 올라갈 수 있었다. 여느 양반관료들이 종6품부터 정3품 당하관까지 올라가려면 약 32년이 걸렸지만, 대간은 6여 년이면 올라갈 수 있었다. 더욱이 대간이 탄핵이나 간쟁을 하다가 자리에서 물러나 있는 기간도 근무 일수로 계산해 주었다.

또 대간에 대한 근무성적 평가도 여느 관리들과 달랐다. 조선시대 관리들은 서울에서 근무하는 경우에는 해당 관사의 당상관, 제조提調 및 소속 부서의 당상관이, 지방 관리는 해당 도道의 관찰사가 매년 6월과 12월에 두 차례 근무성적을 왕에게 보고하도록 되어 있었다. 그런데 대간에게는 이러한 등급을 매기지 않도록 했다. 대간들이 근무성적 평가에 구애받지 않고 자유롭게 활동하도록 하기 위해서 취해진 조처였다.

대간은 당하관이라 할지라도 3품 이상의 관료의 자손에게만 주어지는 음직蔭職이 주어졌다. 그뿐만 아니라 사신이나 어사로 파견될 수 있었던 것도 대간이 누리던 특권 중의 하나였다. 대간은 언론을 펴다가 피해를 입는 경우가 많았기 때문에 대간에게는 불체포의 특권이 주어지기도 했다. 마치 오늘날의 국회의원이 의정활동의 보장을 위해 면책특권을 누리는 것과 마찬가지이다.

대간은 범법행위를 했을 경우에도 여느 관리와는 달리 형조에서 다루지 않았다. 사헌부 관리는 사간원에서 취조하도록 하고, 사간원 관리는 사헌부에서 취조하도록 했다. 이는 대간의 체모를 지켜주기 위한 조치였다. 성종대부터 시행되기 시작한 이러한 조처는 조선 후기 법전인 《속대전》에 명문화되어 있을 만큼 제도적으로 보장되어 있었다.


## 지방으로 좌천되지 않는다

대간은 공무를 수행하다가 좌천되는 일이 잦았다. 특히 조선 초기에는 대간이 직언을 했다가 좌천, 파직, 유배되는 일이 많았다. 이러한 처벌은 대간의 언론을 막는 장애물이었다. 대간에 대한 처벌이 거듭되자, 대간들은 임금이 직간 듣기를 즐겨도 신하들은 모든 것을 말하지 못하는 데 하물며 대간을 죄주는 상황이면 누가 말을 하겠느냐면서 개탄했다. 조선 중기로 접어들면서 대간이 자신의 언론으로 인해 좌천, 파직, 유배되는 일은 현저하게 줄어들었다.

그러나 대간들은 간언이나 탄핵을 하다가 좌천되는 일을 부끄러워하지 않았다. 오히려 영광스럽게 생각했다. 위험을 무릅쓰고 언론을 펴다가 좌천되는 것은 차라리 영광이지, 하는 일 없이 대간직에 무사히 오래 있는 것은 부끄러운 일이었다.

직언을 하다가 좌천되는 경우 외에 업무 과실로 좌천될 경우도 있었다. 업무 과실로 인한 좌천은 부끄러운 일이었다. 1453년(단종 1년) 사헌부에서 사간원이 잘못 서경한 일을 적발했다. 사헌부는 사간원을 탄핵했고 사간원 관원 모두가 좌천되었다. 이때 사헌부 지평 신자승申自繩은 업무 실책으로 좌천당하는 대간이 몹시 부끄럽다고 개탄했다.

> "대간의 좌천은 예로부터 있었으니 비록 낭패했을지라도 또한 영광스럽다. 다만 지금은 언사言事로 좌천당한 것이 아니므로 이것이 한스럽다."

《단종실록》 권7, 1년 9월 13일

좌천 중에서도 가장 나쁜 것은 대간이 지방으로 전출당하는 경우였다. 중앙 부서 내에서의 좌천은 다시 복직되거나 본래대로 회복되어 다른 부서로 옮겨지는 일이 많았다. 그러나 지방으로의 전출은 사정이 달랐다. 수령은 일정한 근무 일수를 채워야 했고, 또 한번 외직으로 나가면 다시 서울로 돌아오기가 여간해서 쉽지 않았다.

대간을 지방관으로 내보내는 문제에 대한 본격적인 거론은 1478년(성종 9년)에 있었다. 손순효는 대간을 수령으로 내보내는 관례가 있게 되면 그것을 빙자하여 집권자의 미움을 산 대간은 모두 지방관으로 좌천될 염려가 있다고 주장했다. 손순효의 말이 아니더라도,

사실 대간을 지방관으로 전출시킨다는 것은 대간의 위세를 꺾어 언론을 봉쇄하려는 의도에 지나지 않았다.

손순효는 실제 사례를 들었다. 정갑손鄭甲孫이 대사헌으로 있을 때에 하연河演이 윤삼산尹三山에게 서대犀帶를 받은 것을 탄핵한 일이 있었다. 하연은 이에 원망을 품고 있다가 나중에 정갑손을 함길도 감사로 전출시켰다. 자신을 탄핵한 정갑손을 지방 전출로 복수했던 것이다.

그러나 성종은 대간들이 지방관으로 부임하면 백성을 잘 다스릴 것이라면서 별달리 문제점으로 인식하지 않았다. 지방관에 대간 같은 자질 있는 관리가 임명되면 좋지 않느냐는 생각이었다. 하지만 대간들의 입장은 달랐다. 대간의 수령 임명은 탄핵에 대한 보복조치일 공산이 높았기 때문이다. 대간들은 정창손과 같은 일이 후세에 또 있을 것이라면서 대간을 수령으로 전출시켜서는 안 된다고 강경하게 주장했다. 여러 차례의 논란 끝에 결국 성종에게서 "대간은 수령으로 임명하지 않는 것이 옳다."라는 답변을 받아낼 수 있었다.

하지만 그 뒤에도 대간이 지방으로 전출되는 일은 종종 있었다. 1490년(성종 21년), 이 문제는 또다시 도마 위에 올랐다. 당시 관료들의 의견은 두 가지로 나뉘었다.

하나는 대간은 임금의 귀와 눈의 역할을 하기 때문에 쉽게 외직에 내보낼 수는 없지만, 수령도 맡은 바가 중대하니 대간을 수령으로 내보내도 좋다는 의견이었다. 이는 이극배의 주장이었는데, 지방으로 좌천시키는 것은 문제지만 능력 있는 대간을 승진시켜 수령으로 내보내는 것은 문제될 것이 없다는 의견이었다.

다른 하나는 어떤 경우에도 대간을 지방으로 전출시켜서는 안 된다는 의견이었다. 이는 홍응洪應의 주장이었는데, 뜻이 아무리 좋다 해도 대간을 지방으로 전출시키는 것은 대간에 대한 보복으로 악용될 소지가 있기 때문에 절대로 안 된다는 의견이었다.

두 의견이 팽배하게 맞서는 가운데 성종은 고심 끝에 결정을 내렸다. 원칙적으로는 대간을 지방으로 전출시키는 것은 안 되지만, 특별히 국왕이 명하는 경우는 괜찮다는 것이었다. 성종은 일종의 중도론을 취한 셈이었다. 이로써 대간을 임의로 외관직으로 보내는 것에는 제동이 걸렸다. 만약 대간을 지방으로 전출시키려면 특별한 이유나 국왕의 특명이 있어야 했다. 지방 전출을 꺼렸던 대간들은 자신들의 신분보장을 확보한 셈이었다.

그런데 수령직도 대간직만큼이나 중요한 직책이었다. 아전의 횡포를 누르고 백성을 다스리는 임무를 수행하려면 능력과 자질을 갖춘 관리가 필요했다. 1493년(성종 24년), 이조에서 수령직에 임명할 적임자가 없다는 보고를 올렸다. 이 보고를 받은 성종은 당시 대사헌 성현成俔을 경상도관찰사에, 사간 정석견鄭錫堅을 김해부사에 임명했다.

이에 대간들이 거세게 반발했다. 성종은 반발하는 대간 전부를 갈아 치웠다. 그러자 홍문관이 성종의 조치에 반대했고, 게다가 새로 임명된 대간들도 강력하게 반대했다. 거센 반대에 봉착한 성종은 얼마 지나지 않아 성현을 예조판서로, 정석견을 서울에 있는 관직으로 복귀시켜야 했다. 좌천이건 승진이건 대간의 지방관 임명은 봉쇄되고 있었던 것이다.

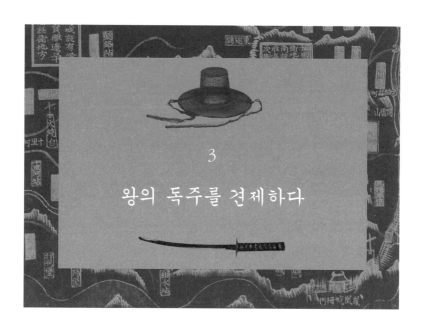

3

# 왕의 독주를 견제하다

## 대간은 임금의 눈과 귀

군주국가에서 군주의 정치적 영향력은 매우 크다. 그런데 군주 중에는 역량 있는 군주도 있지만 그렇지 못한 군주도 있다. 군주의 정치적 능력은 개인에 따라 다를 수밖에 없었다. 영명한 군주라도 무의식 중에 과실을 범할 수 있고, 그 과실은 정치에 큰 영향을 미친다. 그러므로 군주의 곁에서 군주의 과실을 일깨우는 일이 필요하다. 이 목적을 위해 행하는 대간의 임무를 '간쟁諫諍'이라 한다.

조선시대 국왕은 최고통수권자였다. 형식적이건 실제적이건 국왕을 통하지 않는 국정 처리는 없었다. 따라서 대간의 간쟁 범위 또한 국왕의 업무만큼이나 광범위했다. 그럼에도 불구하고 유독 자주 대간의 간쟁 대상이 된 사안이 있었다. 대간이 집중적으로 간쟁했던 것들은 무엇이었을까?

먼저 국왕이 자신의 직무를 게을리했을 때였다. 조선의 국왕은 최고통수권자로서 처리해야 할 일들이 많았다. 숱하게 올라오는 상소문을 읽어야 했고 각 기관에서 올린 서류를 결재해야 했다. 또 정기적으로 관리들을 만나 국사를 의논해야 했다. 왕이 이와 같은 자신의 직무를 방임하면 국사의 처리가 늦어져서 국정에 혼란을 빚었다. 이럴 때 대간은 왕이 자신의 직무에 성실하게 임할 것을 촉구했다.

이와 함께 국왕이 인사문제를 공정하게 처리하지 않았을 때도 간쟁의 대상이 되었다. 상벌이나 관리 임명이 정당하지 않을 때 대간은 이를 시정하기 위한 간쟁을 했다. 이 경우 상이나 벌을 받은 관리, 또는 임명을 받은 관리가 왜 합당하지 않은가에 대한 이유를 설명하게 된다. 달리 말하면 그 관리에 대한 탄핵인 것이다. 이런 경우의 탄핵은 그 사람을 임명한 국왕의 처사에 대한 간쟁이기도 했다. 간쟁활동과 탄핵활동은 표리일체를 이루면서 왕을 압박했다. 특히 인사문제에 대한 간쟁은 국왕의 인사권을 제약했기 때문에 왕권을 견제하는 강력한 수단이었다.

그리고 언로가 막혔을 때도 문제가 되었다. 국왕이 대간의 의견을 묵과하거나 심하게는 대간을 처벌할 때 대간은 국왕에게 언로를 열 것을 극력으로 간쟁했다. 언로를 열어야, 즉 대간의 말을 경청해야만 구중궁궐에 갇힌 군주가 세상사가 어떻게 돌아가는지를 알 수 있다는 것이다. 대간을 군주의 '이목지관耳目之官'이라고 한 것도 대간을 통해 세상사를 알아야만 제대로 통치할 수 있기 때문이었다.

또 국왕이 경연에 제대로 참석하지 않는 것도 간쟁 대상이었다. 경연에서 국왕은 신하들과 함께 유교 경전과 역사를 공부하면서 국정 전반에 대한 토론을 했다. 경연은 조선의 국왕을 이상적 유교 군주로 교육시키는 자리였다. 이 때문에 경연에 열심히 참석하는 것은 조선 국왕이 유교 군주로서의 성실성을 보이는 것이기도 했다. 국왕의 경연에의 불참이 잦아지면 대간은 경연에의 참석을 끊임없이 촉구했다.

대간의 간쟁은 어떤 방식으로 이루어졌을까? 대간이 국왕에게 자신의 의사를 개진할 때는 글로 하는 방법과 말로 하는 방법 두 가지가 있었다. 글로 하는 경우는 상서上書, 상소上疏, 상장上狀이라 했고, 말로 하는 경우는 간諫 또는 언사言事라고 했다. 이 두 가지 방법 중에 특히 글로 하는 방법이 국왕을 설득시키는 데는 더욱 효과가 있었다. 때문에 중요한 사안일 경우는 글로 했고, 작은 사안일 경우는 왕에게 직접 말로 의견을 개진했다.

글이든 말이든 대간이 특별히 왕에게 개진할 의견이 있을 때는 반드시 왕의 비서인 승지를 통해야만 했다. 승지를 통하지 않고 왕을 직접 면대하여 의견을 말하는 면계법面啓法은 잠시 통용되다가 곧 금지되었다. 국왕으로서는 일일이 대간을 면대하여 간언을 듣는다는 것은 매우 번잡한 일이기 때문이었다.

이처럼 조선의 대간은 왕의 국정 전반을 간쟁할 수 있었다. 대간의 간쟁이 있었기 때문에 조선 국왕은 전제군주가 될 수 없었다고 해도 과언이 아니다. 그러나 국왕의 전제권을 견제할 수 있을 만큼 대간의 간쟁이 활성화되기까지는 쉽지 않았다. 사사건건 입바른 소리를 하면서 왕의 일거수일투족을 제어하려 하는 대간이 국왕에게 달가울 리가 없었다. 그렇다고 대간을 전적으로 무시할 수도 없었다. 대간은 다른 신하들, 특히 고위관료들을 탄핵하고 일반관료들의 비리를 감찰했기 때문에 대간 없이는 관료조직을 제대로 운영할 수도 없었다. 조선 건국 직후부터 대간과 왕은 갈등을 거듭했다.

## 왕권에 협조적인 언론만 해라

조선 건국 직후 태조대의 대간은 개국공신을 중심으로 구성되었다. 이렇다 보니 대간은 개국공신 세력이 선봉이 되어 그들의 이익과 일치하는 방향으로 활동했다. 고려의 왕씨와 유신遺臣에 대한 처리는 새 왕조의 안위와 직결되어 있었다. 태조대의 대간은 개국공신의 공통과제였던 고려 왕씨를 숙청하는 작업에 앞장섰다.

1392년(태조 1년) 7월 20일은 이성계가 즉위한 지 3일째 되는 날이었다. 바로 이 날 사헌부에서는 고려의 왕씨를 모두 외방으로 옮겨야 한다고 주장했다. 이성계는 대간의 주장을 즉각 받아들여 순흥군과 아들, 정양군과 아들 둘을 제외하고 나머지는 모두 강화도와 거제도에 나누어 옮기도록 했다.

더 나아가 사헌부에서는 반이성계파를 숙청하는 작업에 착수했다. 문하찬성사의 김주金湊가 고려 말에 대사헌으로 있으면서 구귀족의 편에 섰을 뿐만 아니라 정도전에게 죄주기를 청했다는 사실을 들어 그를 유배할 것을 청했다. 이성계는 김주를 유배보내지는 않았지만 그를 파직시켰다. 또 사헌부에서는 고려 말에 예문춘추관사 이행李行이 사관으로 있으면서 이성계가 우왕, 창왕, 변안열邊安烈을 죽였다고 사초에 기록했다고 하여 그를 탄핵했다. 이후 이행은 유배되었다.

1394년(태조 3년) 동래현감 김가행金可行, 염장관, 박중질朴仲質 등이 새 왕조의 안위와 왕씨의 운명을 밀양에 사는 맹인 이흥무李興茂에게 점친 사실이 발각되었다. 그런데 여기에 찬성문하부사 박위朴葳가 관련되어 있었다. 대간은 이 사건에 관련된 김가행, 박중질, 이흥무, 박위에게 죄를 줄 것을 주장했다. 박위를 제외한 세 사람은 모두 변방에 유배되었다.

그런데 이 사건은 역모의 혐의가 분명치 않았다. 박위의 건만 해결되면 일단락되는 셈이었다. 하지만 대간은 분명치도 않은 역모사건을 왕씨 세력을 제거하는 구실로 삼았다. 그리고 3개월 동안 계속적인 탄핵상소를 통해 왕씨 제거가 불가피하다는 여론을 환기시켜나갔다. 이후 왕씨 세력은 완전히 숙청당했다.

사실 왕씨 제거는 집권층의 공동과제였다. 대간의 언론활동은 여론을 유리하게 만들어 간 준비작업이었다. 왕이 계속해서 대간의 요청을 허락하지 않았던 것도 여론을 고조시키기 위한 의도적인 것이었다. 왕이 거부하면 대간은 모두 집무를 거부했고 그러면 왕은 마지못하는 듯이 왕씨들을 유배보내는 식이었다.

그러나 조선 건국 직후 대간의 정치적 지위와 위세는 그다지 높지 못했기 때문에 왕권에 제재를 가할 정도는 아니었다. 왕권에 영합하는 대간의 활동은 용납되었지만, 왕권에 손상을 입히거나 왕의 의지에 반하는 활동은 강력하게 탄압받았다. 이런 상황을 보여주는 단적인 예가 있다.

1393년(태조 2년) 내시 이만李萬과 세자빈 유씨가 간통한 사건이 일어났는데 대간은 사람들이 의심하는 일이 없도록 이 사건을 철저히 규명해야 한다고 주장했다. 그러나 태조는 대노했다. 태조는 사사로운 집안일에 감히 대간이 간섭한다는 입장이었다. 태조는 이 사건을 철저히 조사하자고 주장한 대간들을 모두 유배시켰다.

태조의 이러한 조처는 왕씨세력을 제거하기 위한 대간의 언론에는 단 한 번의 좌천도, 유배도 없었던 것과는 대조적이었다. 왕권강화에 필요한 대간의 언론은 받아들여도 왕권을 손상시키는 언론은 받아들이지 않으려는 것이 왕의 입장이었던 것이다.


## 갖가지 방법으로 언론을 봉쇄하다

태종은 즉위하기 전에 1, 2차 왕자의 난, 도평의사사의 혁파, 사병 혁파 등을 통하여 개국공신의 기세를 꺾었다. 그는 즉위 후에도 왕권강화를 위한 행보를 계속하여 대간에 대해서도 탄압으로 일관했다.

태종대에는 대간이 그들의 직무인 언론으로 인해 벌을 받는 경우가 많았다. 대간의 언론은 때로 착오가 있을 수 있고 왕의 의지와 다른 경우도 있었다. 대간의 언론이 지나치다 해도 너그럽게 받아들이는 것이 유교정치 하에서 군주의 미덕이었다. 대간에 대한 지나친 징계는 곧 탄압이었기 때문이다.

1401년(태종 1년), 사간원에서 토목공사를 정지할 것을 청했다가 태종의 노여움을 사서 좌사간 윤사구尹思修 등이 하옥된 일이 있었다. 이때의 토목공사는 궁실의 건축으로 사간원으로서는 충분히 간쟁할 수 있는 사안이었다. 비록 대신 등의 만류로 용서받기는 했지만, 이 정도의 간쟁에 즉각 징계를 했다는 것은 대간 탄압의 조짐이 태종 즉위 직후부터 나타나고 있었음을 암시한다.

태종은 재위기간 동안 대간의 전면적인 인사이동을 자주 단행했다. 때문에 대간의 좌천, 파직, 유배 등이 빈번했다. 이 밖에도 태종은 대간의 언론을 봉쇄하는 다양한 방법을 썼다. 왕권에 크게 저촉되지 않는 대간의 요구를 징계하지 않는 차원에서 대응하는 방법이었다. 어떤 방법들이 구사되었을까?

먼저 승정원으로 하여금 대간의 언론을 전하지 못하게 하는 방법이 있었다. 대간의 의견은 승정원을 통해 왕에게 전달되기 마련인데, 태종은 승정원에 대간의 상소를 자신에게 아예 전하지 말라고 지시했다. 1412년(태종 12년), 대간은 사냥에 자신들을 대동하도록 청했지만 승지가 전달하지 않았다. 다음 해에도 대간이 온정 행행行幸에 호종할 것을 청하려고 했지만, 태종이 승지에게 입계入啓하지 말라고 명했다. 종일 상달할 수 없자, 사헌부 집의 김효손金孝孫은 "대간의 언론이 이와 같이 전해지지 않으니 임금의 덕에 누가 될까 두렵다."며 개탄하기도 했다.

다음으로는 대간이 사표를 올리면 즉각 수리하고 복직시키지 않는 방법이었다. 대간에게는 누차 상소를 올려 허락되지 않으면 사표를 제출하는 관행이 있었다. 그러면 국왕은 사표를 수리하지 않고 복직할 것을 명했다. 그런데 태종은 이 관행을 역으로 이용했다.

1412년, 대간은 박만朴蔓 등의 죄를 재차 청했으나 허락받지 못하자 사직을 청했다. 태종은 즉각 사표를 수리했다. 대간이 사직해 업무에 차질을 빚자 의정부에서 대간을 복직시킬 것을 거듭 청했다.

또 태종은 대간을 조참朝參, 조계朝啓에 참석하지 못하게 하기도 했다. 조참은 정기적으로 신하가 정전에 나온 왕을 만나 국정을 논의하는 자리이고, 조계는 왕이 매일 대신을 접견하고 정치에 대한 의견을 듣고 자문하는 자리였다. 때문에 조참과 조계는 대간이 왕에게 직접 의견을 제시할 수 있는 가장 좋은 기회였다. 대간이 조계에 참석하기 시작한 것은 1406년(태종 6년)부터였지만, 1414년(태종 14년)에 금지되었다. 이후 태종은 대간의 주장이 자신의 의지와 부합되지 않을 경우에 조참에 참석하는 것도 금지시키겠다고 위협하곤 했다.

이 밖에 언론의 방법을 규제하는 경우도 있었다. 상소문을 쓰지 못하게 하고 승정원을 통해 말로만 의견을 개진하게 하는 것과 같은 예이다. 승정원을 통해 말로만 대간의 의견을 개진하는 것은 대간의 언론활동을 약화시킬 수밖에 없었다. 말로만 하면 깊은 뜻을 전달할 수 없을 뿐 아니라 승정원이 말을 전하는 과정에서 본래의 취지를 잃을 수도 있기 때문이다.

## 세 번 이상 간하지 말라

태종이 대간의 언론을 봉쇄하는 데 사용한 고등수법은 중국 고전
에 나오는 '세 번 간하여 듣지 않으면 떠난다三諫不聽則去'였다. 태종
은 자신이 세 번 듣고도 허락하지 않으면 그 사안에 대해 더 이상 말
을 하지 말라고 했다. 물론 조선의 대간은 세 번 정도의 간쟁으로 뜻
을 굽히지는 않았다. 들어줄 때까지 거듭 간쟁했다. 다음은 왕과 승
정원 사이에 있었던 대화이다.

"옛날에 간하는 신하가 세 번 간해서 임금이 듣지 않으면 떠난
다는 말이 있는데 이때 떠난다는 것은 그 나라를 떠나는 것인가?
아니면 그 관직을 버리는 것인가?"

"중국은 여러 나라의 경계가 연이어 있기 때문에 올리는 말이
수용되지 않고 올린 계책이 행해지지 않으면 그 나라를 버리고 다
른 나라로 갔습니다. 그러나 우리나라는 갈 수 있는 땅이 없으므
로 단지 그 관직을 버리는 것입니다."

"세 번 간하여 듣지 않아 떠났으면 군신의 의는 이미 끊어졌다.
지금 신하로서 누가 땅과 집이 없어 조용히 떠나지 않겠는가? 금
후로 언론이 만약 허락되지 않아 문득 자신의 땅과 집으로 돌아가
면 종신토록 돌아오지 않는 것이 마땅하다."

《태종실록》권28, 14년 7월 13일

당시 관료들은 대체로 지방에 경제적 기반을 가지고 있었기 때문

에 관직을 버리고 고향으로 돌아가는 것을 두려워하지 않았다. 태종은 자신의 뜻이 관철되지 않아 관직을 버리고 낙향하는 대간은 종신토록 관직에 진출하지 못하게 하겠다고 위협하고 있는 것이다.

1415년(태종 15년), 대간은 민무휼閔無恤, 민무회閔無悔 등에게 죄줄 것을 여러 차례 청했다. 태종이 계속 허락하지 않자 대간은 모두 사직했다. 이숙번李叔蕃의 수습으로 복직되기는 했지만 태종은 대간들을 심하게 질책했다.

> "언론의 책임이 있는 자가 그 언론이 용납되지 않으면 떠나는 것이다. 이는 노나라에서, 제나라에서, 초나라에서 떠나는 것을 이르는 것이다. 지금의 사직은 과인을 두렵게 하고자 한 것이다. 지금부터 사직하고자 하면 제주도는 비록 해외에 있으나 나의 땅이니 마땅히 일본이나 요동으로 달아나는 것이 옳다."
>
> 《태종실록》 권30, 15년 7월 18일

일본이나 요동으로 떠나갈 자신이 없으면 잠자코 있으라는 말이었다. 국왕의 말을 듣지 않을 것 같으면 차라리 다른 나라로 가라는 태종의 말은 대간에게는 무시무시한 협박이었다. 이후에도 태종은 세 번 이상 간언하는 대간에게는 죄를 묻겠다고 여러 차례 으름장을 놓았다.

## 오늘은 대간, 내일은 죄수

우리 역사상 가장 훌륭한 군주로 손꼽히는 세종은 대간에 대해 어떻게 대처했을까? 세종대에는 유교적인 제도와 의례가 정비되었고 이를 토대로 유교정치를 할 수 있는 확고한 기반이 마련되었다. 유교정치의 성숙과 대간의 활동은 밀접한 관계가 있다. 유교정치가 성숙해야 대간의 활동범위가 넓어지는 것이다.

세종은 치세 전반기에는 아버지 태종과 비슷하게 대간에게 대처했다. 1426년(세종 8년), 세종은 특지로 한유문韓有紋을 이조참의로 임명했다. 대간은 이 인사가 잘못되었다고 주장했다. 세종은 대간들을 의금부에 하옥시켰다. 다음날 대신들은 언관이 비록 과실이 있더라도 너그럽게 용서하는 것이 마땅하다면서 만약 좌천하고자 하면 일단 복직한 후에 다시 임명하는 것이 옳다는 의견을 제시했다. 그러나 세종은 사간원 관리 전원을 재인사조치했다.

다음 해에도 비슷한 일이 발생했다. 1427년(세종 9년), 사헌부와 승정원 사이에 다툼이 벌어졌다. 사헌부 장령 양활梁活이 승정원을 통해 상소를 올리려고 했지만 승지가 접견하지 않았던 것이다. 그러자 사헌부에서 승정원을 탄핵했다. 사헌부의 탄핵을 받은 6명의 승지는 사표를 제출했다. 그러나 세종은 승정원의 편을 들었다. 장령 양활은 파직시키고 나머지 사헌부 관리는 모두 좌천시켰던 것이다. 세종은 대간들에게 일방적인 징계를 가했던 것이다.

세종 치세 전반기에는 이처럼 대간들의 파직, 좌천, 하옥이 잦았다. 이런 일들이 비일비재하게 일어나자 비록 영예스런 대간에 임명되었다 해도 내일을 기약할 수 없었다. 의금부 옥졸들이 "오늘은 비록 헌사憲司에 앉아 있으나 다음날은 반드시 하옥되어 나의 통제를 받을 것이다."라고 비야냥거릴 지경에 이르렀다. 언제 파직되고 언제 하옥될지 모르는 대간직이란 것이 그다지 영광스런 직책이 아니었던 것이다.

그러나 세종은 치세 후반기에 접어들면서 대간에게 운신의 폭을 넓혀 주었다. 이러한 변화가 가능했던 것은 무엇보다 유교정치의 진전에 있었다. 세종은 집현전을 통해 우수한 유학자들을 양성했고 그 학자들을 동원하여 유교적 체제를 정비했다. 세종 자신의 유교정치에 대한 이해도 깊어졌다. 세종 20년대 이후, 세종은 대간에 대한 탄압이나 징계를 거의 하지 않았다. 자신의 의지에 반대되는 대간의 주장이라도 받아들이지 않는 것으로 대응했을 뿐, 징계는 가하지 않았다.

세종 치세 말기로 접어든 1448년(세종 30년), 세종은 궁궐 내에 불당을 건축할 것을 결정했다. 이는 유교국가인 조선의 국시에 어긋나는 결정이었다. 즉각 의정부, 육조, 승정원, 대간, 집현전, 성균관 등에서 내불당의 건축을 정지할 것을 청했다. 특히 대간, 그리고 이미 언론기관화되고 있던 집현전의 반대는 매우 격렬했다. 거센 반대에 봉착한 세종은 양위할 뜻까지 비추었다. 그럼에도 불구하고 세종은 대간을 징계하지도 탄압하지도 않았다. 세종대에 조선의 대간은 점차 자신의 위상을 확립해 가고 있었던 것이다.

## 대간은 필요없다

세조는 태종처럼 대간에 대한 탄압으로 일관했다. 대간에 대한 탄압으로 일관한 두 국왕의 공통점은 둘다 전제군주였다는 사실이다. 신권보다 왕권을 우위에 두고자 했던 세조는 신권 중심의 정치, 즉 양반관료 중심의 정치를 지향하는 대간에 적대적일 수밖에 없었다.

게다가 세조는 단종의 왕위를 찬탈한 왕으로 유교이념에서 볼 때 세조의 집권 자체가 반유교적이었다. 집권과정에서부터 원죄를 안은 세조는 유교이념의 파수꾼과 같은 대간과 사이가 좋을 수가 없었다.

즉위한 직후의 세조는 유교적 군주로서의 포부를 피력했다. 매일 경연에 나가 신하들과 유교적 도의를 논하고 또 유교적 이념에 입각하여 정치를 펼치겠다고 다짐했다. 그러나 세조의 이런 포부는 자신도 지키지 못하는 바람일 뿐이었다. 실제 그의 행동은 전혀 다르게 나타났기 때문이다.

즉위한 지 얼마 되지 않은 1456년(세조 2년)의 일이다. 사헌부에서 일반 평민에게 성행하는 미신행위를 금해야 한다는 건의가 올라오자, 세조는 사헌부 장령 김서진金瑞陳에게 명했다.

"지금 사헌부에서는 법규에 구애되어 억지로 별 것도 아닌 일을 금하는 폐단이 있다. 무릇 나의 말이 법이다. 오늘날의 유자들은 하루 아침에 높은 지위에 올라 망령되이 스스로를 고상하다고 자처하며 대체大體를 돌보지 않고 눈앞의 사소한 일에 대한 자신들의 견해를 고집하는 데만 급급하니, 이는 결코 용납할 수 없다."

《세조실록》 권4, 2년 5월 7일

'무릇 나의 말이 법이다'라는 세조의 단언은 대간은 필요없다는 말이기도 했다. 이것은 유교적인 군주의 입에서 나올 수 있는 말이 아니었다. 세조는 자신의 왕권을 절대화하기 위해 대간을 탄압하겠다는 의사를 분명하게 밝힌 것이다.

세조는 즉위 후 3년 동안은 자신의 정통성을 확립하는 문제로 계속 시달리고 있었다. 사육신사건이 터졌고 친동생 금성대군錦城大君이 연루된 단종복위사건이 있었다. 금성대군을 사형에 처한 바로 그날, 세조는 대간에게 보다 확실한 입장을 표명했다. 먼저 자신이 즉위한 이후 자신의 태도로 인해 대간의 언론이 활발하지 못했음을 인정했다. 그러면서도 만약 대간이 사소한 일을 문제 삼으면 거부할 것이라는 것, 그리고 불교에 대한 자신의 태도를 문제 삼으면 반드시 꾸짖겠다고 했다. 사실 유교국가인 조선왕조에서 국왕의 호불적인 태도는 항상 대간들의 간쟁 대상이었다. 그런데 이를 원천봉쇄하는 것은 대간의 입을 막자는 것이었다.

대간의 발언권을 억제하려던 세조는 제도적으로도 대간의 기능을 축소했다. 세조는 관제개혁을 단행하면서 대간의 인원을 축소시켰다. 사헌부의 겸감찰兼監察 5명을 삭감하고, 사간원에서는 사간 1명, 헌납 2명, 정언 1명 등 모두 4명의 인원을 줄였다. 모두 10명에 지나지 않는 사간원 관리를 4명이나 줄이고, 25명의 감찰 가운데서 5명을 감원시킨 것이다.

## 직속감찰기구로 만들려 하다

왕권의 절대화를 추구했던 세조는 간쟁기구화한 대간을 왕의 직속 감찰기구로 전환시키려고 했다. 사헌부는 감찰기구로 되어 있었지만, 실제에 있어서는 사간원과 함께 유교적 이념에 입각한 간쟁기구로 간주되었다. 대간의 왕권견제적 기능을 마땅치 않아 했던 세조는 대간의 유교이념적인 측면을 극도로 약화시키고, 대신 왕에 직속된 감찰기구로 전환시키고자 했다.

1455년(세조 1년), 세조는 분대어사를 파견하겠다는 의사를 피력했다. 백성의 실정을 직접 파악하기 위해 왕의 직속 어사를 파견하겠다는 뜻이다. 이 과정을 통해 관료들의 권한을 약화시키겠다는 내심이 있었다. 이어서 세조는 감찰관은 유교적인 이념의 수호자로서 군주의 절대권을 견제하는 것이 아니라 글자 그대로 왕의 입장에서 비행 관리를 감찰하는 일에 전념해야 된다는 뜻을 밝혔다.

세조는 왕권이 조선에 비하여 훨씬 절대화되었던 중국 황제들을 염두에 두고 있었다. 그러므로 이러한 그의 제안은 관료들의 지지를 받기 어려웠다. 하지만 관료들의 반대에도 불구하고 세조는 자신의 계획을 밀고 나갔다.

전국에 어사를 파견하려는 세조의 의도에는 물론 지방관의 잘못을 미리 방지하여 백성들이 안심하고 생업에 종사할 수 있도록 한다는 것도 있었다. 그러나 동시에 세조가 관료들에 대한 감찰권을 보다 확고하게 장악하겠다는 것이기도 했다. 더욱이 세조는 도덕적 정통성을 결여하고 있었기 때문에 대간제도가 왕권을 제약하는 방식으로 운영되는 것을 두고 볼 수는 없었다. 세조는 중국의 황제처럼 감찰기구를 자신의 직속관할에 두어 권력을 강화하려고 했던 것이다.

신하들의 반대도 만만치 않았다. 양성지梁誠之는 중국의 어사제도가 가혹한 통치를 조장하여 마침내는 나라의 원기를 손상시켰다면서 반대했다. 조정의 대신들은 세조의 어사 파견에 모두 반대하는 입장이어서 어사 파견은 그다지 순조롭지 못했다.

이후 어사 파견이 이루어지기는 했지만, 중국의 어사 파견과 같은 효과를 얻지는 못했다. 고위관리의 반대를 무릅쓰고 자신의 의사를 관철할 수 있을 만큼 세조의 왕권이 절대적이지는 않았기 때문이다. 유교적인 이념을 바탕으로 건국되었고, 그러한 방향으로 국가의 문물제도가 발전한 조선왕조에서 세조의 시도는 성공할 수 없었다. 세조의 재위 기간 동안 대간의 활동이 위축되었다는 점에서 왕권이 상대적으로 강화되었던 것은 사실이다. 그러나 대간을 감찰기구화하여 왕권강화라는 목적에 이용하지도 못했다.

## 권력균형의 축으로 등장하다

왕과 갈등을 거듭하던 대간은 조선 건국 후 100여 년이 지난 후에야 비로소 자신의 위상을 정립할 수 있었다. 성종대에 이르러 대간의 활동은 전대에 비할 수 없이 활발해졌다. 이는 성종대의 정치상황의 변화와도 밀접한 관련이 있다. 성종대는 유교적인 정치이념이 매우 고양된 시기였다. 이런 유교적 정치이념의 고양은 대간에게 운신의 폭을 넓혀 주었다.

더욱이 정치세력에 있어서도 변화가 일고 있었다. 초기의 정계를 주름잡던 훈구대신들을 비판하면서 신진사림들이 성종의 비호 아래 대거 중앙정계로 진출하고 있었다. 유학, 그중에서도 도학으로 무장된 신진사림들은 대간직으로 포진했다. 사림정치가 시작된 것이다. 사림정치에서 대간은 꽃이었다.

사실 성종 이전의 조선 초기에는 국왕과 고위대신이 권력의 두 축이었다. 그러나 성종대에 이르러 대간은 최고위 대신들을 무한정 탄핵했다. 대간들의 간쟁과 탄핵이 미치지 않는 곳이 없을 만큼 그 범위가 광범위해졌다. 대간은 국왕이 신임하는 최고위 인물들을 끊임없이 탄핵했다. 성종대에 대간의 지속적인 탄핵을 받지 않은 고위인사는 거의 없을 정도였다. 이렇게 되자 세조대 이래의 훈구대신들의 정치적 영향력은 급속히 쇠퇴했다.

성종은 대간들의 활동을 전대의 어떤 왕보다 관대하게 수용했다. 물론 성종이 대간의 의견을 모두 수용한 것은 아니었다. 대간과 국왕 사이에는 언제나 의견 대립이 있을 수밖에 없었다. 그러나 유교적 군주상에 충실하고자 했던 성종은 전대와 같은 과격한 방식으로 대처하지는 않았다. 대간의 공격적인 간쟁이나 탄핵을 접하면 성종은 인사조치시키는 정도로 대응했다.

이 때문에 성종대는 전대와는 달리 대간의 인사교체가 빈번했다. 세종 30여 년간에 모두 44명의 대사헌이 교체된 데 반해, 성종 26년간에는 무려 68명의 대사헌이 교체되었다. 그러나 대간들은 인사조치 받는 것을 전혀 개의치 않았다. 날이 갈수록 대간의 교체는 빈번해졌지만 그건 오히려 영광이었다. 대간은 그들의 발언이 문제되지 않고 장기간 대간직에 머무는 것을 수치로 여겼다.

대간은 군주의 충성스러운 신하임을 의심하지 않았지만, 동시에 유교이념의 수호자로 자처했다. 섬겨야 할 군주와 신봉하는 신념 사이에 갈등이 생길 때 대간은 신념에 따르는 것이 도리라고 생각했다. 군주에 대한 진정한 충성은 군주에게 버림받아 죽더라도 군주를 올바른 도리로 이끌도록 간언하는 것이라 여겼다. 이들은 사대부들이 추구하는 유교적인 이념이 더욱 중요한 것임을 감추지 않고 왕에게 간쟁했다. 비록 왕이라 할지라도 여기에 어긋나는 행위는 해서는 안 된다는 것이다. 이러한 신념은 자연히 왕의 절대권을 크게 제약했다. 그리고 어떤 고위관리도 대간의 치열한 탄핵으로부터 벗어날 수 없었다. 바야흐로 조선의 대간은 권력균형을 이루는 중심축으로 등장한 것이다.

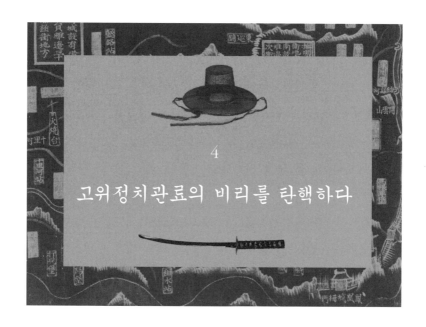

4

# 고위정치관료의 비리를 탄핵하다

## 권신의 출현을 막다

민주주의 시대라는 요즘도 지배층의 부정부패는 망국의 요인이다. 몇 년 전 하마터면 국가부도 사태를 유발할 뻔했던 IMF는 정경유착이 낳은 결과였다. 고위관료층과 재벌, 그리고 금융권의 유착으로 빚어진 위기였다. 물론 구조조정이다, 부실기업 퇴출이다 하여 IMF 위기를 가까스로 넘긴 했지만, 그 과정에서 수백만 명의 실업자가 배출되어 결국 애꿎은 국민들만 지배층의 부정부패로 빚어진 고통을 고스란히 감수해야 했다.

조선은 양반을 중심으로 설계된 사회였다. 조선왕조는 절대군주제 국가라기보다 양반관료제 국가였다. 조선의 국왕은 중국 황제처럼 절대권을 행사할 수 없었다. 무제한의 절대권을 행사하려는 군주는 연산군처럼 양반관료들에 의해 축출당하고 말았다. 국왕이 전제군주가 될 수 없었던 조선정치의 구도에서는 왕권을 능가하는 권력을 가진 권신權臣이 생겨날 수 있는 소지가 많았다. 왕권을 무력화하고, 국정을 좌지우지하면서 국가를 자신의 사유물인 양 다룰 수 있는 권력을 지닌 신하가 언제든지 나타날 수 있었다.

실제로 조선왕조의 멸망은 국가를 무력화시킨 권신의 출현에 기인한다. 조선 말기 세도정치가 시작되면서 조선왕조는 망국의 길로 접어들고 있었다. 세도정치란 한 가문에 국가권력이 집중된 정치형태를 말한다. 국왕도, 다른 어떤 가문도 정권을 잡은 세도가문을 견제할 수 없었다. 세도가문은 국가를 자신의 사유물인 양 운영했다.

관직을 얻기 위해서 양반들은 과거시험에 집중하기보다는 세도가문에 줄을 대는 편이 빨랐다. 공정하게 치러져야 하는 과거시험 자체가 부정부패했고, 또 합격했다 해도 세도가문의 후광 없이는 관직을 얻기가 하늘의 별따기만큼이나 어려운 실정이었다. 세도정치 하에서 조선사회의 각 분야는 속속들이 부패해 갔다.

그러나 조선 500여 년의 길고 오랜 역사에서 세도정치는 고작 조선 말기 60여 년 정도의 정치형태에 지나지 않는다. 나머지 긴 세월 동안 조선왕조에서 그와 같은 권신은 탄생하지 않았다. 잠시 출현했다 해도 곧 축출당했다. 물론 그것이 가능할 수 있었던 것은 바로 대간이 존재했기 때문이다.

그렇다면 대간은 어떤 방식으로 권신의 출현을 방지할 수 있었을까? 사실 대간의 품계는 대신들만큼 높지 않았다. 대간 중에서 품계가 가장 높은 직책은 사헌부의 대사헌으로 종2품이었다. 더욱이 고위대신들을 가장 신랄하게 탄핵하던 대간은 대사헌이나 대사간 같은 고위 대간이 아니라 하위 대간이었다. 이들 하급 대간들이 신분 고하를 막론하고 정치관료들의 비리나 위법을 끊임없이 비판했기 때문에 조선왕조에서는 비대한 권력을 행사하는 권신의 출현이 어려웠다고 해도 과언이 아니다.

대간의 탄핵은 무서웠다. 대간은 대신을 비롯한 모든 관원을 탄핵했다. 대간 상호 간은 물론이고 상관이든 동료 간이든 가리지 않고 탄핵했다. 조선의 양반관료들은 국왕에게 미움받는 것보다 대간에게 탄핵받는 것을 더 두려워했다. 국왕에게 미움을 받으면 귀양갔다가 풀려나면 그만이었지만, 대간에게 탄핵받으면 이후 관직생활이 불가능했다. 대간의 탄핵, 이것이야말로 최고위층 관료들에 대한 감찰이었던 것이다.


## 사헌부와 사간원, 서로 견제하다

법제적으로 탄핵은 사헌부의 직무였지 사간원의 소관은 아니었다. 이 때문에 조선 초기에는 사헌부가 사간원의 탄핵을 월권이라고 비판하기도 했다. 그러나 실제로 사간원은 사헌부와 마찬가지로 탄핵활동을 했고, 점차 사간원도 탄핵기관으로 인식되어 갔다. 마치 국왕에 대한 간쟁이 사간원의 직무였지만 점차 사헌부 또한 간쟁기

고위정치관료의 비리를 탄핵하다

관으로 인식되어 갔던 것과 같은 맥락이었다.

사헌부와 사간원은 상호 보완적으로 탄핵활동을 전개했다. 대간은 탄핵하다가 파면, 사직되는 일이 많았다. 사헌부가 어떤 관리를 탄핵을 하다가 전원 사직하거나 파면되면, 사간원에서 그 관리에 대한 탄핵을 계속했다. 또 사간원에서 탄핵하다가 사직하거나 파면되면 사헌부에서 탄핵했다. 또 탄핵 사안이 중요할 때는 사헌부와 사간원이 연대하여 탄핵하기도 했다.

이처럼 서로 도와가며 활동하긴 했어도 사헌부와 사간원은 분명 다른 기관으로 본연의 임무는 달랐다. 사헌부, 즉 대관은 관료를 규찰하고 탄핵하는 풍헌관風憲官이었고, 사간원, 즉 간관은 국왕을 상대로 시비를 따지는 간쟁관이었다. 직무의 본질적 특성이 달라서인지 대관과 간관은 근무기강이나 관리로서의 성향이 많이 달랐다.

대관은 출근 시에 품계가 1품만 차이가 있어도 하급자는 상관에게 반드시 영접의 예우를 갖추어야 할 만큼 엄격한 위계질서가 있었다. 반면 간관은 출근하는 상관에게 그다지 존경의 예우를 차리지 않았다. 또 금주령이 내려졌을 때 대관은 솔선수범해서 절대로 음주하지 않았지만, 간관은 금령을 어기면서 음주하기도 했다. 뿐만 아니라 간관은 금주령을 엄격히 지키는 대관을 야유하기조차 했다. 관료의 기강을 규제하는 대관이 엄격했다면, 국왕의 잘못을 비판하는 간관은 보다 자유분방했다고 할 수 있겠다.

두 기관은 상호 간에도 잘못이 있으면 서로 탄핵했다. 사헌부에서는 사간원의 불법이나 위법사항이 있으면 강력히 탄핵했고, 사간원역시 사헌부의 공무 불충실이나 위반사항이 있으면 거침없이 탄핵했다. 서로의 잘못을 비판하여 시정할 수 있다는 점에서 긍정적인 기능이었다.

그런데 대간 상호 간의 탄핵은 감정 싸움으로 번지는 역기능도 있었다. 사헌부 관리가 어떤 잘못이 있어 사간원의 탄핵을 받으면, 나머지 사헌부 관리들이 사간원의 잘못을 들추어내 탄핵했다. 반대로도 그랬다. 그렇게 서로 탄핵을 하다 보니 상호 보복을 하는 모양새가 되었다.

1402년(태종 2년), 사헌부와 사간원 관리들이 서로 탄핵하다가 사이가 나빠졌다. 그러자 사헌부에서 사간원의 관리들을 탄핵한 일이 있었다. 사간 윤사수尹思修 등이 간관諫官의 체통을 잃고 미륵사 등지에서 창기를 불러 밤새도록 연회를 벌였다는 것이다. 동료들이 모두 탄핵당했을 때, 마침 자리에 있지 않았던 사간원 헌납 한승안韓承顔은 이 사실을 듣고 역으로 사헌부를 탄핵했다.

한승안은 사헌부 대사헌 이지李至가 사평우사司平右使를 지낼 때 저화楮貨를 쓰자는 의논에도 참가하고 또 쓰지 말자는 의논에도 참여해서 상소를 올렸다면서 일관성없이 우왕좌왕한 처사를 했다며 비판했다. 한승안은 더 나아가 전임 대사헌 이원李原의 잘못까지도 들추어내어 탄핵했다. 감정적인 다툼이었다. 너희 사헌부가 우리 사간원의 잘못을 들추어내고 있으니 우리 사간원도 너희 사헌부의 잘못을 들추어내겠다는 식이었다.

태종은 한승안의 탄핵을 수용하지 않았다. 탄핵할 일이 있으면 그때 바로 했어야지 이미 사헌부가 탄핵당한 이후에 죄를 청하는 것은 늦었다고 했다. 이렇게 되자 사헌부에서는 한승안을 탄핵했다. 이미 사간원이 탄핵을 받았는데 사간원 관리인 한승안이 죄를 승복하기는커녕 도리어 사헌부를 탄핵한다는 것이다. 태종은 사헌부의 탄핵을 받아들여 한승안을 파직시켰다. 동료를 탄핵한 사헌부를 탄핵하려다가 한승안은 도리어 파직당했던 것이다.

대간들이 서로 탄핵하면서 다툼이 심해지자 보다 못한 의정부에서 상소를 올렸다.

> "근년 이래로 대간원이 혹시 공죄公罪가 있어 그중 한 사람이 탄핵을 받으면 나머지 사람들이 반드시 하자를 찾아내어 도리어 탄핵을 함으로써 보복합니다. 그리하여 한 번만 과오가 있으면 경중을 논하지 않고 아울러 탄핵을 가하여 그것을 잘하는 계책으로 압니다. 이 때문에 선비의 풍습이 아름답지 못할 뿐 아니라 이것으로 인하여 직사職事을 폐하게 되어 중요한 임무의 뜻을 저버리게 됩니다. 금후로 대간이 공죄를 범하면 해당 한 사람만 조사하여 사실을 가려서 신문하기를 전과 같이 하고, 자기의 잘못을 돌아보지 않고 다투어 서로 보복하는 자는 죄과의 이름을 기록하여 종신토록 벼슬에 등용하지 마옵소서."
>
> 《태종실록》 권2, 1년 11월 27일

서로 잘못을 들추어내어 탄핵하는 대간들은 아예 벼슬에 등용하지 말자는 의정부의 상소를 태종은 받아들였다. 상호 보완하면서 활동했지만 서로 견제도 해야 했던 사헌부와 사간원의 미묘한 알력이 빚어낸 사건이었다.

사헌부의 대관은 대사헌, 집의, 장령, 지평으로 네 직위가 있다. 사간원의 간관은 대사간, 사간, 헌납, 정언으로 네 직위가 있다. 그런데 탄핵을 주도한 것은 대사헌이나 대사간 등 고위 대간이 아니라 오히려 하위 대간들이었다.

사헌부에서는 장령과 지평의 탄핵활동이 가장 활발했고, 사간원에서도 헌납과 정언의 탄핵활동이 가장 활발했다. 또 대사헌이나 대사간의 탄핵이라고 해서 하위 대간의 탄핵보다 더 효과가 있지도 않았다. 오히려 하위 대간의 탄핵이 고위 대간의 탄핵보다 관철되는 경우가 더 많았다.

사간원과 사헌부가 합동으로 탄핵하는 경우도 많았는데 이 경우 다양하게 조합되었다. 사헌부와 사간원, 사헌부대사헌(종2품)과 사간원대사간(정3품), 사헌부집의(종3품)와 사간원사간(종3품), 사헌부장령(정4품)과 사간원대사간(정3품), 사헌부장령(정4품)과 사간원사간(종3품), 사헌부지평(정5품)과 사간원대사간(종3품) 등이 합동으로 상소를 올렸다.

여기서 나타나는 것처럼 품계가 동등한 대간끼리만 합동탄핵을 했던 것이 아니다. 사헌부의 말단 관리인 지평과 사간원의 장인 대사간이 합동으로 탄핵상소를 올리기도 했다. 직위의 고하에 관계없이 탄핵사안에 대한 의견이 합치하는 대간끼리 합동탄핵을 했던 것이다.

또 하위 대간이 직속상관을 탄핵하는 일도 많았다. 사헌부나 사간원의 관원들이 그들의 장인 대사헌이나 대사간을 탄핵하는 것도 흔한 일이었다. 직속상관의 잘못을 공식적으로 탄핵한다는 것이 요즘 생각하기에는 의아스러운 일이지만 조선시대에는 가능했다. 모든 관리의 비행을 감찰, 탄핵해야 하는 대간이기 때문에 자체 내에서의 비행이나 위법에는 더욱 엄격하게 대처했던 것이다.

이처럼 하위 대간의 활동이 보장받을 수 있었던 것은 기관 내에 위계질서는 있었어도 탄핵활동을 할 때는 직위의 고하에 영향을 받지 않았기 때문이다. 사헌부나 사간원의 하급 관원이 그가 속한 기관의 장이나 상급자에게 견제를 받았다면 불가능한 일이다. 대간들 사이에는 직무를 수행하는 데 있어서는 엄격한 상하관계가 존재하지 않았다. 대간은 직위의 고하를 불문하고 대간으로서의 탄핵권의 행사를 실제적으로 보장받고 있었던 것이다.


## 탄핵의 주 대상은 고위정치관료


대간 탄핵의 주 대상은 고위정치관료, 즉 대신이었다. 여기에 대간 탄핵권의 역사적 의의가 있다. 조선시대에 권력을 독점한 독재자의 출현을 막았던 것은 바로 이러한 고위정치관료를 겨냥한 대간의 탄핵이었다.

조선 초기, 대신에 대한 대간의 탄핵은 그다지 활발하지 못했다. 대신을 탄핵했다가 파직, 하옥, 유배당하는 일이 많았기 때문이다. 그러나 사림정치가 시작되는 성종대에 이르면 상황은 반전된다. 이

시기의 대간은 대신들 거의 전부를 탄핵했다. 오랜 관직 생활 끝에 대신의 지위에 오른 노회한 정치가들이었지만 대간의 거듭되는 탄핵에 곤욕을 치러야 했다.

성종대 대간에 의해 탄핵된 고위 인사는 총 2,702명에 달한다. 연평균 108명 정도의 고위관리가 대간에 의해 탄핵당했다. 한 번의 탄핵으로 여러 명의 인사가 동시에 탄핵되기도 했고, 한 인물이 계속해서 탄핵되기도 했다. 대간의 빈번하고 지속적인 탄핵은 정국에 상당한 영향을 미쳤다.

세조가 집권할 때 가장 중요한 역할을 했고, 이후 강력한 권한을 행사했던 인물은 한명회韓明澮였다. 한명회는 세조 이후 예종, 성종대까지 강한 권력을 행사했다. 그런 한명회가 성종 치세 동안에 무려 107회에 걸쳐 대간으로부터 탄핵당했다. 탄핵 사유는 그때마다 달랐지만, 지속적인 탄핵 뒤에는 한명회를 정계에서 퇴진시키려는 정치적 배경이 있었다.

성종대에 새로운 정치세력으로 등장한 신진사림은 세조대의 훈구대신으로 정국 운영을 장악하고 있는 한명회 세력과 충돌하고 있었다. 신진사림들은 대거 대간으로 진출했다. 이들은 탄핵을 무기로 훈구대신의 비리를 계속 폭로하고 비판했다. 대간의 탄핵으로 한명회를 비롯한 훈구대신들이 일거에 물러난 것은 아니지만, 점차 그들의 정치적 영향력은 감소했다. 대간의 탄핵권은 정국의 지각변동을 일으키고 있었던 것이다.

비단 한명회뿐만이 아니었다. 좌리공신佐理功臣 임원준任元濬은 20회, 그의 아들이었던 임사홍任士洪은 무려 140회, 정인지鄭麟趾가 17

고위정치관료의 비리를 탄핵하다

회, 김국광金國光이 27회, 유자광柳子光이 56회에 걸쳐 탄핵당했다. 이 들은 모두 의정부의 고위대신이거나 아니면 당시 정치에 중대한 역 할을 하였던 원상院相들이었다. 대간은 이들 최고위 관리들에게 집 중 포화를 퍼부었다.

나아가 대간은 한 개인이 아니라 정부의 주요기관 전체를 탄핵했 다. 인사권을 장악하고 있는 이조 전체가 29회, 병조도 13회에 걸쳐 탄핵당했다. 삼정승 및 육조의 판서 모두가 한 번에 탄핵당하는 일 도 있었다. 성종대에는 영의정에서 시작해서 모든 지위의 관리, 공 신, 원상할 것 없이 대간이 탄핵하려는 사람의 지위나 권력 때문에 탄핵을 망설인 때는 없었다.

대간의 탄핵 요구는 실제로 어느 정도 관철되었을까? 탄핵 요구 는 대부분이 국왕에 의해 거부되는 편이었다. 국왕의 입장에서는 이 를 모두 수용할 수는 없었다. 성종은 대간의 탄핵대로 했다가는 정 치를 할 수 없을 지경이라면서 대간이 지나치게 사소한 일로 대신을 탄핵한다고 대간을 질책하기도 했다.

그렇다고 대간의 탄핵이 큰 효과가 없었던 것은 아니었다. 국왕이 거부했다 해도 대간은 탄핵하고자 한 바를 바로 포기하는 일은 없었 다. 한명회 같은 인물이 100번 이상이나 탄핵당했다는 사실로도 이 를 알 수 있다. 지속적으로 탄핵받는 대신은 운신의 폭이 좁아졌고 점차 정치적 영향력을 상실했다. 따라서 대간의 탄핵은 국왕이 묵살 하더라도 지속되었기 때문에 정국에 강력한 파장을 미쳤다. 성종대 이후로는 어떤 고위관리도 대간의 탄핵으로부터 자유로울 수가 없 게 된 것이다.

# "그의 살코기를 씹고 싶습니다"

대간이 탄핵하고 대신이 탄핵당하는 기사는 《조선왕조실록》을 가득 메우고 있다. 조선의 정치는 탄핵으로 점철되어 있다고 해도 지나친 단언은 아니다. 대신의 권력을 제어하려는 대간과 대간의 발언권을 제재하려는 대신은 그 과정에서 서로에게 매우 신랄한 언사를 퍼부었다. 연산군 치세 초반에 영의정 노사신盧思愼과 대간들 사이에 벌어진 논쟁을 살펴보자. 이때는 연산군이 아직 폭정으로 치닫기 전이다.

1497년(연산군 3년), 사간 홍식洪湜과 집의 강경서姜景敍가 채윤공蔡允恭의 고양군수 임명을 반대했다. 채윤공에게 글 읽기를 시험했더니 전혀 이해를 못했다는 것이다. 글을 읽을 줄도 모르는 사람을 어떻게 목민관으로 부임시킬 수 있느냐는 것이 대간의 주장이었다. 그런데 영의정 노사신은 수령이 반드시 글에 능해야 할 필요는 없고 또 채윤공은 수령이 될 만한 자질이 있다면서 채윤공을 편들고 나섰다.

그런데 채윤공은 노사신의 집 근처에 살고 있었다. 대간 강경서는 이 사실을 지적하면서 채윤공이 벼슬을 하게 된 것은 모두 노사신에게 아부한 때문이라고 했다. 그리고 노사신이 사심을 가지고 채윤공 편을 들고 있다고 비판했다. 이렇게 수령직 임명 여부를 놓고 시작된 대간과 영의정 간의 논쟁은 비화되어 대신과 대간이 팽팽히 충돌하는 사태로 번져 나갔다.

영의정 노사신은 사심 때문에 채윤공을 옹호한다고 비판받자, 대간에게 거세게 반발했다. 그러면서 대간이 모두 공자라면 모를까 공자도 아닌데 대간의 말을 따를 수는 없다면서 자신의 뜻에 부합하지 않으면 사심이 끼었다고 하는 대간의 풍토를 바로잡아야 한다고 했다. 자신의 뜻을 반드시 관철시키려는 대간의 버릇을 고치겠다는 의미였다.

노사신의 이 발언은 대간의 언로를 차단하려는 저의로 비쳐졌고, 대간은 이에 대해 발끈했다. 이틀 후, 대간은 노사신이 언로를 차단하려 하고 있다면서 국문해야 한다고 주장했다. 대간은 임금이라도 허물이 있으면 꺼리지 않고 지적하는데 하물며 재상의 잘못을 왜 지적하지 못하느냐면서 재상의 잘못을 대간이 지적하지 않으면 재상의 권력이 강성해져 나랏일이 잘못되어 간다고 했다. 노사신은 자신의 권력을 강화하기 위해 대간을 탄압하려 하므로 국문해야 한다는 것이다.

그러나 연산군은 노사신을 국문하라는 대간의 주장을 받아들이지 않았다. 오히려 대간들이 대신을 경멸하고 있다면서 대간을 질책했다. 이렇게 되자 사간원 정언 조순趙舜이 격앙된 어조의 상소를 올렸다.


"지금 저희들에게 '대신을 경멸한다'라고 하시는데 저희들이 어찌 대신을 경멸하겠습니까? 노사신이 앞에서 대간의 논박을 당했으면 죄를 기다리기에 겨를이 없어야 할 것인데, 도리어 대간더러 '고자질을 해서 곧다는 이름을 취득하는 짓이다'라고 했습니다. 이는 전하께서 대간의 말을 듣지 않으시고 자기 말만을 믿게 하기 위해 감히 가슴속의 음모를 드러낸 것입니다. 춘추의 법을 말하면 노사신의 죄는 비록 극형에 처해도 도리어 부족합니다. 저희들은 그의 살코기를 씹고 싶습니다. 이를 다스리지 않는다면 신하로서 누가 임금 앞에서 직언할 자가 있겠습니까?"

《연산군일기》권25, 3년 7월 21일

조순은 노사신의 살코기를 씹고 싶다는 말까지 서슴지 않았다. 그만큼 노사신과 대간들 간의 감정은 쌓여 있었다. 비단 채윤공 문제뿐만 아니라 노사신은 번번이 대간의 언론에 적대적인 발언을 해왔고 대간도 계속해서 노사신을 탄핵해 왔던 터였다. 그동안 양자 간에 쌓였던 갈등이 대간의 입을 통해 "그의 살코기를 씹고 싶습니다."라는 말로 터져 나왔던 것이다.

연산군은 대신에게 극언을 했다는 이유로 조순을 국문하라고 명했다. 조순을 국문하라는 명이 떨어지자 사헌부, 사간원뿐만 아니라 홍문관, 승정원에서도 조순을 국문해서는 안 된다는 상소가 빗발쳤다. 연산군이 "너희들이 다투어 와서 (조순을) 구원하는구나! 만약 임금이 일이 있을 때 모두 이같이 구원하겠느냐?"라고 했을 만큼 신진관료들이 포진된 기관들은 조순의 입장을 두둔했다. 말이 심했다 해도 대간이니까 그 정도는 말할 수 있고, 또 그런 이유로 대간을 국문하면 언로가 막힌다는 것이다.

결국 조순은 파직당했다. 조순이 파직당하자 대간에서는 모두 사직하겠다고 했다. 또 홍문관에서도 노사신을 더욱 비난하는 상소를 올렸다. 예전부터 대신은 나라를 그르쳤어도 대간이 나라를 그르치게 한 적은 없었다면서 노사신이야말로 나라를 그르치는 대신이라는 것이다. 그러니 조순의 '그 살을 씹어 먹고 싶다'는 말도 틀린 이야기가 아니라고 했다.

이후에도 노사신에 대한 탄핵은 빗발쳤다. 그러나 연산군은 끝내 노사신을 파직시키지 않았다. 연산군으로선 누대에 걸친 훈구대신인 노사신을 배척할 만한 입장도 아니었다. 그러나 연산군은 대간과 노사신 사이에 알력을 불러일으킨 당사자인 채윤공을 파직시켰다. 연산군의 말을 들어보자.

"근자에 채윤공으로 고양군수를 삼았는데, 대간이 배우지 못했다고 탄핵했다. 그래서 시험삼아 《맹자》를 강했더니 구두를 잘 떼어 읽지 못했다. 또 《대전》을 강했더니 거의 이해하지 못했다. 칠사七事에 있어서도 역시 그 방법을 알지 못하여 백성을 다스리는 중한 소임을 맡길 수 없기 때문에 지금 체임을 했다. 혹시 도내의 수령 중에도 채윤공 같은 자가 있어, 자목字牧에 어두워 백성들을 병되게 하지 않나 염려되니, 경卿들은 나의 지극한 마음을 본받아서 그 소임을 감당 못하는 자를 자세히 조사해서 보고하라."

《연산군일기》 권25, 3년 7월 27일

처음부터 사건의 발단은 채윤공이 불학무식不學無識하기 때문에 수령직에 임명할 수 없다는 대간의 탄핵에서 시작된 것이었다. 결국 연산군은 대간의 말이 옳았음을 인정한 셈이다. 노사신은 끝내 파직되지 않았지만 채윤공이 파직됨으로써 사건은 일단락 지어졌다.

# 당대 권신 한명회를 탄핵하다

성종 치세가 시작되었을 때 당대 최고의 대신은 한명회였다. 예종과 성종에게 두 딸을 왕비로 들여 왕실과 혼인관계를 이중으로 맺어 권력 기반을 다진 한명회였다. 훈구대신의 전형인 한명회는 신진사림들로 포진된 대간에게 쉼 없이 탄핵을 받았다. 수많은 탄핵 중 한 예를 들어보자.

1481년(성종 12년), 대사헌 조간曹幹이 한명회를 탄핵했다. 이유는 한명회가 주문사奏聞使로 명나라에 가서 환관 정동鄭同에게 뇌물을 바쳤고 또 한명회 자신도 정동이 주는 뇌물을 받아왔다는 것이었다. 한명회가 일개 환관에게 아첨하여 조선 국왕을 욕되게 했다는 것이다. 성종은 한명회를 파직하라는 대간의 요구를 기각했다.

몇 차례 더 한명회에 대한 탄핵상소가 올라갔으나 성종은 듣지 않았다. 그러자 이번에는 사헌부, 사간원이 합동으로 한명회를 탄핵했다. 대간 전체가 자신을 탄핵하고 나서자 궁지에 몰린 한명회는 자신의 무고를 주장했다. 중국에서 형세가 그러해서 뇌물을 주었을 뿐 환관 정동과 야합한 것은 아니었다는 항변이었다. 성종은 그 자리에서 일단은 한명회의 변명을 수긍했다.

그러나 사실 성종은 한명회가 주문사로 떠나기 전에 이미 정동을 통하지도 말고, 뇌물도 주지 말 것을 당부했었다. 그런데도 한명회는 성종의 뜻을 어기고 정동을 통해 일을 처리하고 많은 뇌물을 바쳤던 것이다. 부사副使로 따라간 이승소李承召가 말렸지만 권세 당당한 한명회는 듣지 않았다. 이런 정황을 성종이 모를 리가 없었다. 그러나 성종으로서는 한명회에게 추궁할 만한 입장이 아직 아니었다. 이 일은 얼마 지나지 않아 다른 일이 터져 한명회가 파직당하는 사건으로 발전했다.

한명회는 중국 사신이 자신의 별장인 압구정에 올 예정이니 담당 기관을 시켜 궁궐에서만 쓰는 장막을 쳐달라고 성종에게 요청했다. 이때 온 중국 사신이 정동이었다. 한명회는 자신과 친분이 두터운 정동을 자신의 별장에서 근사하게 접대하고자 궁궐에서만 쓰는 장막을 내달라고까지 했던 것이다.

성종은 거절했다. 압구정이 좁다면 제천정에서 잔치를 하면 된다고 했다. 그러자 한명회는 이번에는 또 다른 장막을 청했다. 이번에도 성종은 거절했다.


"이미 압구정에서 잔치를 차리지 않기로 했는데 또 무엇 때문에 처마에 잇대는가? 지금 큰 가뭄을 당했기 때문에 뜻대로 유람할 수 없거니와, 내 생각으로는 이 정자는 헐어 없애야 마땅하다. 중국 사신이 중국에 가서 이 정자의 풍경이 아름답다는 것을 말하면 뒤에 우리나라에 사신으로 오는 사람이 모두 유람하려고 할 것이다. 이는 폐단을 낳는 것이다. 또 강가에 정자를 꾸며서 유람하는 곳으로 삼은 자가 많다고 하는데, 나는 이 일을 아름다운 일로 여기지 않는다. 내일 제천정에 잔치를 차리고 압구정에 장막을 치지 말도록 하라."

《성종실록》 권130, 12년 6월 25일

한명회의 압구정은 호화롭기로 유명해 중국까지 소문이 나 있었다. 이를 마땅치 않아 했던 성종은 아예 압구정을 헐어야 한다고까지 하고 있다. 게다가 성종은 주문사 건으로 한명회를 괘씸해하고 있었다.

자신의 별장에 연회를 열 수 없게 되자 한명회는 아내가 병이 깊다면서 제천정 연회에 갈 수 없다고 답변했다. 한명회의 답변은 누가 봐도 앞뒤가 맞지 않았다. 자신의 별장에서 연회를 열겠다고 해놓고는 다른 곳에서 연회를 연다고 하니 갑자기 아내가 아파서 참석할 수 없다고 했기 때문이다.

대간은 한명회의 이 언행을 놓치지 않고 탄핵했다. 한명회의 무례가 이만저만이 아니라는 것이다. 성종도 이번에는 한명회를 용서하지 않았다. 한명회를 추국하라고 명했다. 추국 당할 지경에 이른 한명회는 놀라서 변명하였지만 성종은 듣지 않았다. 사헌부에서 한명회를 추국하라고 명했다.

한명회를 추국한 사헌부에서 보고가 올라오자 성종은 한명회를 파직하라고 명했다. 그러나 대간에서는 한명회를 외방에 귀양 보낼 것을 주장했다. 또 한명회 편을 들어 벌을 경감시킨 영의정 정창손도 탄핵했다. 결국 한명회는 파직당하고 말았다. 6개월 정도 지나 다시 복직했지만 한명회로서는 곤욕 중의 곤욕을 치른 셈이었다. 나는 새도 떨어뜨린다는 한명회의 세도가 한풀 꺾인 사건이었다.

고위정치관료의 비리를 탄핵하다

5

풍문만으로도 탄핵할 수 있다

## 아니 땐 굴뚝에 연기 나랴

　원칙적으로 대간들은 관리의 비행에 대한 정보를 수집한 후 근거를 제시하며 탄핵을 해야 했다. 그런데 사헌부와 사간원에 배속된 대간의 수는 모두 합쳐도 10여 명밖에는 되지 않는다. 이 인원으로 당시 모든 관료들의 비행을 일일이 감찰하여 구체적인 자료를 제시한다는 것은 불가능했다. 또 고위정치관료의 비행에 구체적인 근거를 댄다는 것은 실제로 불가능했다. 누군가 그 사실을 제보해준다 해도 정치적 보복이 두려워 익명을 요구했을 것이다.

　그런데 대간들은 어떻게 그렇게 많은 탄핵을 할 수 있었던 것일까? 탄핵상소로 점철된 《조선왕조실록》 기사를 읽으면 신기하기조차 하다. 조선의 대간은 구체적인 물증이 없어도 탄핵할 수 있었다. 지금으로서는 납득하기 어려운 일이지만, 소문만으로도 탄핵할 수 있었다. 어떤 관리에 대한 나쁜 소문이 돌면, 그 소문 자체가 탄핵 사유가 될 수 있었다. '아니 땐 굴뚝에 연기 나랴'는 속담도 있지만 소문은 완전한 거짓만은 아닐 경우가 많다.

실제로 조선의 대간은 풍문風聞에 의존해 탄핵했다. 특히 고위관료에 대한 탄핵은 태반이 풍문탄핵이었다. 그러나 풍문탄핵은 문제가 많았다. 피탄핵자가 억울한 누명을 쓸 수 있었다. 또 풍문으로 탄핵당한 사람이 반발하기 때문에 풍문의 사실 여부를 확인해야 했다. 그러나 풍문의 사실 여부를 확인하기란 쉬운 일이 아니었다. 또 대간들이 의존했던 풍문의 진원지가 어디인지도 문제였다.

기본적으로 문제를 안고 있는 풍문탄핵은 실제로 많은 논란거리가 되었다. 탄핵자인 대간과 피탄핵자, 그리고 이를 최종적으로 처리해야 하는 국왕을 위시하여 조정 전체가 풍문탄핵의 여부를 두고 심각한 논쟁을 벌이곤 했다. 고려시대까지만 해도 용인되었던 풍문탄핵은 조선왕조가 건국되자 금지되었다. 태조가 건국에 공로가 있는 신하를 임용하려는데 대간이 풍문으로 탄핵하자 풍문탄핵을 금지시켰다. 그 후 세조대에 풍문탄핵이 일시 허용된 적이 있었으나 곧 취소되었다.

그러나 대간으로서는 풍문탄핵이 허용되지 않으면 언론활동이 위축되었기 때문에 계속해서 풍문탄핵의 허용을 주장했다. 풍문으로 탄핵할 수 있다면 대간의 탄핵은 무소불위할 수 있었다. 대간의 활동이 활발해진 성종대부터 풍문탄핵은 허용되었다. 국왕의 묵인이 있었던 것이다. 풍문탄핵이 문제가 있다 해도 군약신강君弱臣强의 정국에서 풍문탄핵이 없이는 국왕이 권신을 통제할 수 없었기 때문이다.

대간이 관료를 탄핵하는 근거로는 풍문風聞, 명문名聞, 허문虛聞, 실문實聞, 실견實見, 허견虛見, 실지實知, 허지虛知 등 8가지가 있다. 이 중 실지로 듣거나 보거나 아는 것을 근거로 탄핵해야지 잘못 듣거나 잘못 보거나 잘못 아는 것을 근거로 탄핵해서는 안 되었다. 정보 부족으로 대간의 언론이 위축될 염려가 있었기 때문에 풍문탄핵이 용인된 것일 뿐 이를 권장한 것은 아니었다. 풍문탄핵은 양날의 검과도 같아서 권장할 수는 없었던 것이다.

## 풍문의 근거를 대라

풍문탄핵의 문제 중 가장 큰 논란거리는 탄핵 근거인 해당 풍문이 과연 사실에 근거한 것인지 아닌지 하는 점이었다. 피탄핵자는 풍문의 근거를 대라면서 반발하는 경우가 많았다.

1470년(성종 1년), 대간은 부평부사로 임명된 김칭金偁이 형의 기생첩을 간음했다면서 탄핵했다. 그런데 김칭을 탄핵하면서 대간은 탄핵의 근거를 명확하게 제시하지 않았다. 장령 이육李陸은 단지 "이러한 사실을 상세하게 알지는 못하지만 이미 사림士林들은 오래전부터 이 일을 말해 왔다."라고만 했다.

탄핵이 있은 다음날, 원상院相들은 이 사건의 진위를 밝혀야 한다고 주장했다. 풍문이 어디서 나왔는지를 밝혀야 한다는 것이다. 성종은 사간원에 소문의 진원지를 조사하여 보고하라고 명했다. 이에 장령 박숭질朴崇質은 김칭의 추행에 관한 소문이 어디에서 나온 것인지는 알 수 없지만, 그러한 소문이 있는 사람을 목민관에 임명할 수는 없다고 했다.

그러자 이번에는 승정원에서 사헌부가 사실이 아닌 일을 왕에게 보고했다고 다그치면서 그런 말을 최초로 발설한 사람을 대라고 요구했다. 장령 이육과 정언 박사동朴思同은 그 소문을 들은 지가 오래되어 누구인지 기억할 수 없다고 답변했다. 그러나 왕은 근거도 없이 억울한 누명을 씌울 수는 없는 것이니 소문의 출처를 기억해오라고 했다. 그러나 끝내 대간에서는 소문의 진원지를 왕에게 보고하지 않았다.

대간은 탄핵의 근거를 순순히 대지 않았다. 만약 그렇게 했다면 대간의 탄핵권은 유명무실한 것이 되었을 것이다. 김칭은 그다지 비중 있는 관리가 아니었다. 그럼에도 불구하고 김칭에 대한 탄핵이 조정의 관심을 끌었던 것은 대간의 탄핵을 제한하고자 한 대신들의 입장 때문이었다. 대신들은 풍문탄핵을 가능한 한 용납하지 않으려 했다.

그러나 풍문탄핵은 성종대에는 이미 대세를 형성하기 시작했다. 풍문탄핵을 용인하지 않고자 하는 대신들도 대간의 풍문탄핵을 억제할 수는 없었다. 유사한 사건은 이후에도 반복해서 일어났다.

1471년(성종 2년), 대사헌 김지경金之慶은 오백창吳伯昌이 담비가죽을 뇌물로 받은 적이 있다고 탄핵했다. 그러자 오백창의 아들 오의손吳義孫이 아버지에 대한 탄핵의 사실 여부를 밝혀 달라고 요청했다. 오의

손이 아버지를 변호하고 나서자, 당사자인 오백창도 자신을 대간과 대질시켜 진상을 밝혀 달라고 했다. 이에 대해 원상 정인지鄭麟趾는 대간과 피탄핵자를 대질시킨 예는 없다면서 반대했다. 만약 피탄핵자와 대간을 대질시키면 양자 간의 주장이 상반될 것이 확실했다. 상반된 주장을 하는 데 진상을 가리기란 더욱 어려운 일이었다.

## 대신을 풍문탄핵하다

피탄핵자가 풍문의 근거를 대라면서 반발하는 경우에, 크게 비화되지 않는 사건이 있는가 하면 크게 비화되는 사건도 있었다. 피탄핵자가 정치적으로 중요한 인물일 경우 풍문탄핵은 정치적 파장이 큰 사건으로 비화될 수 있었다. 실제로 이런 일이 일어났다.

1477년(성종 8년), 양성지梁誠之가 대사헌에 임명되었다. 그런데 사헌부의 장령 김제신金悌臣은 자기가 속해 있는 사헌부의 장으로 임명된 양성지를 탄핵했다. 양성지가 이조판서 재임 시에 많은 뇌물을 받았던 탐욕스러운 사람이므로 대사헌으로 임명될 수 없다는 것이다. 탄핵을 받은 양성지가 거세게 반발했다. 양성지는 자신이 언제 누구에게 뇌물을 받았는지를 구체적으로 증명해달라고 요구했다.

성종은 장령 김제신에게 양성지의 이조판서 재임 시의 일을 어떻게 알았는가를 물었다. 김제신은 풍문의 근거를 대는 것을 거부했다. 자신이 직접 눈으로 본 것은 아니지만, 그러한 나쁜 소문이 있는 사람은 대사헌이 될 수 없다고만 답변했다. 이번에는 대신들이 피탄핵자인 양성지를 두둔하고 나섰다. 정창손鄭昌孫은 풍문으로 대신을 탄핵해서는 안 된다면서 소문의 진원지를 밝혀야 한다고 주장했다.

그런데 성종은 오히려 대간의 편에 섰다. 풍문의 진원지를 밝히라고 한다면 대간 어느 누구도 마음속에 있는 말을 다할 수 없다면서 양성지를 다른 직책으로 전보시키려고 했다. 정창손은 대신의 잘못을 탄핵할 때는 반드시 증거가 제시되어야 한다고 주장했지만 성종은 양성지를 이틀 만에 대사헌의 직에서 교체했다.

대사헌에서 교체된 양성지는 탄핵의 근거를 제시하라고 요구했다.

> "지금 대간에서 저를 지목하여 뇌물을 받았다고 했습니다. 그런데 전하께서 그러한 소문을 어디서 들었느냐고 질문하셨을 때는 남에게 들었다고 하고 혹은 모든 사람들이 다 아는 일이라고 대답하기도 합니다. 소위 남에게서 들었다면 그는 누구이며 모든 사람이 다 안다고 하면 그들은 또 누구입니까? 엎드려 바라옵건대 저를 옥에 가두고 김제신과 경준慶俊과 더불어 대면하게 하시어 시비를 가리되, 만약 저에 대한 탄핵이 근거 없는 것이라면 그 옳고 그름을 밝혀 주소서."
>
> 《성종실록》 권85, 8년 10월 7일

양성지는 대간과 자신을 대질하여 사실 여부를 가려 달라고 요구하고 있다. 대신들은 서로를 대질시켜 시비를 가리자는 입장이었지만, 대간에서는 이를 거부했다. 그리고 성종은 대질을 요구하는 양성지의 입장을 받아들이지 않았다. 오히려 대간의 편에 섰으며 양성지를 탄핵하는 데 앞장섰던 김제신을 해임하지도 않았다.

사실 어느 인물을 탄핵하려면 그 인물의 잘못에 관한 증거가 분명하게 제시되어야만 억울한 누명을 쓰는 일이 생기지 않을 수 있다. 그렇기 때문에 풍문탄핵이 허용되어서는 안 된다는 것이 피탄핵자들의 주장이었다. 이에 반하여 대간에서는 증거에 의거한 탄핵만을 하라는 것은 대간의 언로를 막는 처사에 지나지 않는다고 주장했다.

사실 어느 누구도 고관대작의 비행에 관한 구체적인 증거를 제시할 만큼 정확한 정보를 획득할 수는 없었다. 또 그러한 증거를 가지고 있다 하더라도 자신의 신분을 밝혀가면서까지 대간에 자료를 제시하지도 않았다. 이런 의미에서 풍문탄핵은 불가피했다.

원칙적으로는 증거에 의한 탄핵만이 유효하다. 그러나 대간의 탄핵 대상은 주로 고위대신들이었다. 증거에 의한 탄핵만으로는 대신들을 탄핵할 수 없었다. 풍문탄핵이 아니면 대간의 탄핵은 유명무실할 수밖에 없는 것이 현실이었던 것이다. 이 때문에 대간들은 풍문탄핵을 해야 했고, 풍문의 근거를 대라 했을 때는 결코 대지 않았던 것이다.


## 선 발언자를 추궁하다


풍문탄핵의 근거를 제시하기란 어렵다. 대간에서 근거를 확보하고 있다 해도 제시해서는 안 되지만, 대부분 말 그대로 풍문이었기 때문에 정확한 근거도 없었다. 풍문의 근거를 찾을 수 없게 되면, 국왕이나 대신은 그 풍문을 처음 발언한 사람이 누구인가를 추궁했다. 선 발언자先發言者를 찾는 것이다. 선 발언자를 추궁하는 것은 대간에 대한 압박이기도 했다.

1472년(성종 3년), 집의 임사홍任士洪과 장령 이맹현李孟賢이 평창군수로 임명된 김순성金順成을 탄핵했다. 김순성이 평창군수로 발령을 받고서도 대신에게 청탁하여 임지로 부임하지 않고 있다는 것이 탄핵 사유였다. 그러나 대간이 내심 지목한 것은 김순성의 배후에 있는 한명회韓明澮였다. 김순성이 한명회 세력을 믿고 임지로 부임하지 않았던 것이다.

대간이 자신을 겨냥하고 있는 것을 아는 한명회는 그러한 고발이 근거 없는 것이라 하면서도, 자신의 직첩을 거두어 달라고 왕에게 요청했다. 물론 한명회가 진심으로 사직하려 한 것은 아니었다. 어린 왕에게 은근히 압력을 넣기 위한 의도였다. 왕은 이맹현에게 김순성이 한명회에게 청탁한 사실을 누가 보거나 들었느냐고 물었다. 장령 이맹현은 답변했다.

"저희들이 그러한 사실을 직접 듣거나 목격하지는 않았습니다. 그러나 김순성이 청탁하지 않았다면 한명회가 어떻게 김순성의 처가 병중인 것을 알았겠습니까? 그러한 이유로 김순성이 한명회에게 청탁하였을 것이라는 점을 알게 되었으며, 이러한 부탁을 받아들이는 것은 대신의 도리가 아니라고 판단했습니다."

《성종실록》 권25, 3년 12월 7일

이맹현은 풍문의 근거는 대지 않고 정황 설명만을 했던 것이다. 이렇게 되자 성종은 이번에는 선 발언자를 추궁했다.

대간에서 상소를 올릴 때는 전원 합의를 원칙으로 했다. 그러나 의견이 일치하지 않을 경우 사헌부나 사간원 단독으로 상소를 올리기도 하고, 몇 사람이 공동으로 상소를 올리기도 했다. 경우에 따라서는 단독으로 올리기도 했다. 대간의 탄핵상소 또한 대간 내에서 이미 토의하고 합의한 후에 올렸다. 선 발언자가 누구인가에 무관하게 풍문에 입각한 탄핵상소가 올라갔다.

그런데 성종은 선 발언자를 추궁했다. 선 발언자를 자꾸 추궁하게 되면 이 또한 대간의 언론을 위축시키게 된다. 책임 추궁을 당하게 되면 대간은 자유롭게 의견을 개진할 수 없기 때문이다. 때문에 대간에서는 풍문의 근거도 대지 않았지만, 선 발언자가 누구인지도 밝히려 하지 않았다.

피탄핵자가 당대 최고의 권신인 한명회인 만큼 문제는 심각했다. 선 발언자를 대라는 거센 압박에 몰리자 대간은 선 발언자를 대지 않을 수 없었다. 선 발언자는 대사헌 권짐이었다. 권짐이 자신이 먼저 말했다는 사실을 성종에게 고했다. 이렇게 되자 집의, 장령, 지평 등 사헌부 관리는 선 발언자를 추궁하는 일이 부당하다고 주장했다.

"권짐이 비록 선 발언했다 해도 저희들 모두가 의논하여 합의를 본 후에 건의한 것입니다. 왕의 실수를 말하는 이는 많아도 대신의 잘못을 말하는 이는 적습니다. 그러므로 선 발언자를 찾아내어 문책한다는 것은 대체人體에 해가 되는 일입니다. 그러므로 조종조

에서는 이를 불문에 부쳤던 것입니다. 차후로 선 발언자를 묻지
않으면 다행이겠습니다."

《성종실록》권25, 3년 12월 8일

선 발언자를 문책한다 해서 풍문의 근거가 밝혀지지는 않았다. 성
종은 대간이 사소한 일로 대신들을 탄핵했다면서 대사헌을 비롯한
사헌부 관리 전원을 인사조치시켰다. 사헌부 관리가 인사조치된 다
음날 사간원에서 이의를 제기하고, 조석문曹錫文과 같은 대신도 이의
를 제기했지만 성종은 이미 행한 조처를 취하하지는 않았다.

## 풍문탄핵의 근거는 공론이다

대간의 풍문탄핵은 대부분 고위관료들을 겨냥하고 있었다. 그리
고 언제나 풍문탄핵의 근거가 없다는 비판을 받았다. 대간들은 자신
들의 탄핵이 사실무근인 풍문을 근거로 한 것이라는 반격을 받았을
때, 구체적인 근거를 대지 않았지만 이러한 반격에 침묵한 것은 아
니었다.

대간은 풍문의 근거를 대라는 반격을 받으면 으레 '나라 사람이
다 안다' 라든가 '사림이 다 알고 있다' 라고 했다. 소문이 공공연하
게 드러나 있고 특히 그 소문이 사림 혹은 사대부 사이에 널리 알려
져 있다고 주장한 것이다. 사대부들의 여론, 즉 공론公論이 이미 그
를 지탄하고 있는 것이 풍문의 근거라고 주장했다. 공론이 그러한데

구차하게 물적인 증거를 제시할 필요도 없다는 것이다.

1492년(성종 23년), 임사홍에 대한 탄핵이 문제시되었다. 이때 대사헌 김여석金礪石과 대사간 윤민尹慜은 임사홍의 사람됨이 소인小人이라는 것은 이미 다 아는 사실이며 그러한 공론에는 왕도 따라야 된다고 했다. 공론은 풍문의 근거일 뿐만 아니라 국왕이라도 따라야 한다는 주장이었다.

같은 해, 성종이 대간의 거듭된 반대에도 불구하고 박원종朴元宗을 승지로 임명하려 했다. 이때 홍문관부제학 안침安琛이 말했다.

> "무릇 관리를 임명하는 것이 비록 임금에게서 나온다 하더라도
> 조정의 공론이 있으므로 임금이라도 마땅히 공론을 좇아야지 임
> 금 마음대로 할 수는 없는 것입니다."

《성종실록》 권268, 23년 8월 11일

왕이라도 공론에 따라서 인사조치를 해야지 자의대로 할 수 없다는 것이다. 달리 말하면 왕은 공론을 대변하는 대간의 뜻을 좇아야 한다는 뜻이었다.

대간의 풍문탄핵은 바로 이러한 사대부의 공론을 반영했다. 대간은 사대부 공론의 대변자였던 것이다. 대간이 구체적인 증거도 없이 풍문에 의거해서 고위대신들을 탄핵할 수 있었던 것은 사대부들 사이에 그러한 공론이 형성되어 있다는 확신이 있었기 때문이다. 공론에 입각해서 간쟁하고 탄핵하는 것이야말로 유교 이념을 수호하는 길이라고 그들은 확신했다.

피탄핵자가 근거를 대라고 항의하고, 왕도 대신을 풍문으로만 탄핵하면 정치가 이루어질 수 없다고 누차 경고하는 것은 당연했다. 그럼에도 불구하고 대간은 왕과의 대립을 불사하고 풍문탄핵을 계속했다. 대간들은 자신들이 공론을 반영한 풍문탄핵을 해야 조선왕조의 도덕적 기초를 수호할 수 있다고 믿었다. 왕과 대신이 정치의 현실적 측면을 중요시했다면 대간은 정치의 이념적, 도덕적 원칙을 더욱 중요시했다.

그런데 대간의 풍문탄핵은 항상 피탄핵자의 인간됨을 문제시했다. 그가 치자治者, 즉 관리로서 지녀야 할 덕성의 여부에 집중되고 있었다. 관리로서의 행정능력은 그다지 중요하지 않았다. 풍문탄핵에 있어 항상 문제가 되었던 것은 관리들이 수행했던 구체적인 업무 때문이 아니라 인간됨이었던 것이다.

가능하면 인격적으로 완성된 사람만이 관리가 될 수 있다는 입장에서 대간은 풍문탄핵을 했다. 실제로 조선왕조의 정치가 매우 이상적, 도덕적으로 이루어졌던 것은 아니다. 그러나 관리에 대한 엄격한 기준에서 보면 조선시대와 오늘날은 비교가 되지 않는다. 대간은 실무능력보다 관리가 될 만한 덕성과 자질을 겨냥한 풍문탄핵을 통해 관리들의 부정부패를 원천적으로 막고 있었다.

그러나 풍문탄핵은 악용될 소지를 내포하고 있었다. 대간 자신이 공론의 대변자를 자처할 만큼 공정하고 도덕적으로 완성된 인간이라는 것을 보장할 수 없기 때문이다. 풍문탄핵이 당파적인 이익을 추구하는 도구로 전락할 가능성은 얼마든지 있었다.

더욱이 대간을 비판한다는 것 자체가 부도덕한 일이며, 왕조차도 대간을 통제할 수 없어지면서 풍문탄핵의 위험은 더욱 커졌다. 조선 후기 당쟁이 격화되면서 대간의 풍문탄핵은 정권을 획득하는 당파 싸움의 도구로 이용되었다. 풍문탄핵이 상대 당파를 공격하는 데 악용되었던 것이다. 풍문탄핵이 무제한으로 허용되었기 때문에 이를 통해 반대파를 공격하면서 당쟁은 더욱 심해졌다. 풍문탄핵은 고위 정치관료의 부정부패를 방지하는 데 크게 기여했지만 동시에 당쟁을 격화시켰다는 점에서 양날의 검처럼 작용했다고 할 수 있다.

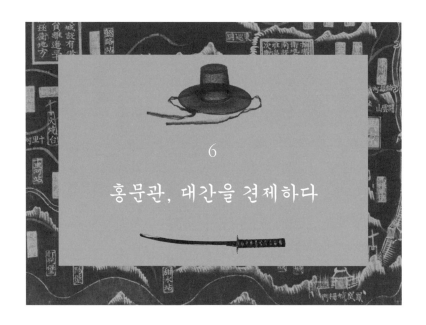

6

# 홍문관, 대간을 견제하다

## 대간은 누가 견제하는가

대간의 권한이 풍문탄핵을 바탕으로 무소불위에 가까웠음은 앞서
누누이 이야기했다. 그런데 이런 대간을 견제하는 기관은 없었을
까? 대간도 실책을 범할 수 있었다. 그리고 대간 자체가 부정부패를
할 경우 이를 어떻게 통제할 것인가도 중요한 문제였다.

조선 중기 이후 대간의 언론활동에 홍문관弘文館이 참여했다. 홍문
관은 대간처럼 탄핵도 하고 간쟁도 하고 시정 논의도 했다. 대간과
같은 역할을 하였던 것이다. 이렇게 되자 사헌부, 사간원, 홍문관을
합쳐서 언론 삼사言論三司라고 불렀다. 나아가 홍문관의 언론활동은

대간을 지휘, 감독하는 데까지 이르렀다.

홍문관은 독자적으로 언론활동을 하기도 했고 대간과 함께 하기도 했다. 특히 대간과 함께 올리는 삼사의 상소는 그 위력이 대단했다. 홍문관과 대간이 함께 올리는 상소는 '삼사합계三司合啓'라 했다. 삼사의 합동 상소는 국정 전반에 심대한 영향을 미쳤다.

또 홍문관은 대간의 실책을 비판하는 기관이기도 했다. 대간의 탄핵이나 간쟁을 여느 관리가 정면으로 대응하고 나서기는 어려웠다. 자신을 변명하는 것에 지나지 않는다고 여겨질 공산이 컸다. 그러나 홍문관이 대간을 탄핵하는 경우라면 문제는 달랐다.

홍문관은 조선 최고의 실력을 갖춘 학자들이 모여 있는 곳이었다. 유교를 기본이념으로 하는 조선왕조에서 가장 뛰어난 유학적 실력을 갖춘 전문가 집단이 홍문관이었다. 홍문관 관원들은 풍부한 학식과 식견을 갖추고 있었기 때문에 이들의 비판은 이론적이고 논리적인 기반이 있었다. 이들이야말로 대간을 견제할 수 있는 위상을 가지고 있었다.

대간은 언론을 펴는 직책이기 때문에 때로는 언론이 요식행위로 이루어질 때가 있었다. 판에 박은 진부한 말만 하기도 해서 언론을 위한 언론을 한다는 비판을 받기도 했다. 또 왕권이나 고위대신에 압도되어 제 기능을 하지 못할 때도 있었다. 대간도 업무상 과실을 범하는 경우가 있었다. 이럴 때 엘리트 문사이면서 국왕의 시신侍臣인 홍문관은 대간을 비판했고, 더 나아가 대간을 지휘, 감독했다.

홍문관은 원래 왕실도서관에서 출발하여 학술기관으로 변했다. 홍문관의 직무는 궁궐의 책을 관리하고 국왕이 발행하는 공식문서를 작성하며 국왕의 고문역할을 하는 것이었다. 이런 홍문관이 본래의 직무에서 벗어나 대간과 함께 언론 삼사를 이루게 되고 대간을 능가하는 역할을 하게 되었다. 문한文翰기관이 강력한 언론으로 정치적 영향력을 행사하는 것은 중국이나 고려에서는 볼 수 없는 현상이었다. 이런 현상을 조선 후기의 실학자 유수원柳壽垣은 다음과 같이 표현했다.

"우리나라에서는 홍문관, 사헌부, 사간원을 삼사三司라 칭하고 언론의 책임을 부여했다. 그러나 삼사라는 명칭은 본래 근거한 바가 없다. 홍문관은 담론談論과 사려思慮를 하는 곳이고 임금의 잘못을 간하여 바로잡는 직책이다. 삼사의 합사진계合辭陳啓라 하여 이들로 하여금 정사를 처리하게 하는 것은 전대前代에서 찾아보아도 이러한 예는 없었다."

《우서迂書》권4

어떤 과정을 거쳐 홍문관이 정치기관화하여 강력한 언론을 행사하게 되었는지를 살펴보자. 홍문관이 언론기관화하는 과정에는 조선 유교정치의 특색이 여실히 나타나 있기도 하다.

## 집현전의 후신인 홍문관

홍문관을 이해하기 위해서는 세종대의 집현전을 먼저 살펴보아야 한다. 홍문관은 집현전의 후신이기 때문이다. 집현전은 1420년(세종 2년) 호학군주인 세종이 학자양성과 학문진흥을 목적으로 설치한 기관이다. 그런데 집현전 관리는 전원이 경연관經筵官을 겸하고 있었다. 또 집현전 관리는 세자를 가르치는 서연관書筵官까지도 겸하게 되었다.

주목해야 할 것은 집현전에서 경연을 담당했다는 사실이다. 경연은 왕에게 정치하는 도리를 강론하는 자리였다. 유교경전과 역사서를 공부하면서 학문을 토론하는 자리였다. 조선왕조에서 왕의 학문적 소양 여부는 매우 중요했다. 특히 유교정치를 위해서는 왕의 유교적 소양은 필수불가결했다. 집현전 관리들은 당대 최고의 학문적 실력을 갖춘 유학자들이었기 때문에 이들이 경연관을 하는 것은 당연했다.

그런데 경연에서 집현전 관리들은 국정에 관해서도 그들의 의견을 개진하곤 했다. 집현전에는 본래 언관 기능이 없었다. 경연석상에서의 의견개진이 제도언론에 속하는 것은 아니었지만 언론에 속하는 것은 사실이었다. 유학은 학문과 정치를 체體와 용用의 관계로 보았다. 따라서 유학자는 누구나 학문적 이상을 현실 정치에서 실현하고 싶은 욕구를 가지고 있었다. 경연에서 국정에 관한 의견을 개진하면서 집현전은 정치적 영향력을 행사하기 시작했다.

집현전 관리들은 점차 정계 진출의 의욕을 보이기 시작했다. 그동안 갈고 닦은 학문적 이상을 정치를 통해 구현하고 싶었던 것이다. 집현전 관리들은 특히 대간직으로 진출하고 싶어했다. 그러나 세종은 집현전 관리가 종신토록 학문에만 전업할 것을 바랐기 때문에 세종 재위 시에는 집현전 관리들이 대간직으로 진출한 일은 없었다.

그런데 1443년(세종 25)경부터 세자의 섭정이 시작되었다. 세종의 병이 악화되자 세자가 대신 정무를 보게 된 것이다. 집현전 관리는 서연관도 겸하고 있었기 때문에 세자와 가장 긴밀한 관계에 있었다. 세자의 섭정이 시작되면서 집현전 관리는 세자를 보필하게 되었고, 자연히 정치에 관여하게 되었다. 집현전 관리들은 대간으로 진출하지 않고서도 활발한 언론활동을 할 수 있었다.

대간이 있는데도 불구하고 왜 집현전은 언론활동을 했던 것일까? 집현전의 언론은 대간의 무성의한 언론을 탄핵하는 것에서부터 출발했다. 세종대 초기만 해도 대간들의 활동은 위축되어 있었다. 대간들은 왕에게 간쟁하거나 대신을 탄핵하다가 죄를 받기 일쑤였다. 세종대에는 대간직을 기피하는 풍조가 있었다. 일반인들조차 대간이 되는 것을 상서롭지 못하게 여길 정도였다. 이런 상황에서 대간의 언론활동이 활발할 수는 없었다. 집현전은 대간의 이러한 무기력한 태도를 탄핵하면서 출발했던 것이다.

또 대간의 간쟁과 탄핵, 시정 건의는 국정 전반에 걸쳐 있어 매우 광범위했다. 고작 10여 명에 지나지 않는 대간이 국정의 모든 분야에 대해 전문적인 지식을 갖추는 것은 불가능했다. 그런데 효과적인 언론을 위해서는 그 분야에 대한 전문적인 지식이 필요했다. 왕에게 올바른 간쟁을 하기 위해서는 정치에 대한 높은 식견이 필요했다. 의례제도에 대해 의견을 개진하기 위해서는 중국 고제古制에 대한 해박한 지식이 필요했다. 또 학문적, 학술적 언론을 위해서는 학문적 소양이 깊어야 했다. 그런데 실제로 대간이 이런 식견과 지식을 모두 갖추고 있었던 것은 아니었다. 대간의 언론활동에는 일정한 한계가 있었던 것이다.

반면 집현전 관리들은 당대 최고의 엘리트 문사들었다. 뿐만 아니라 집현전에서 실무를 익힌 전문가들이었다. 특히 유교국가인 조선에서는 유교적 의례제도, 유학의 진흥, 유교정치의 구현에 관한 정책들이 중요했다. 당시 이 방면에서 가장 뛰어난 전문가 집단은 집현전 관리들이었다. 따라서 집현전 관리들의 의견 개진은 권위 있는 언론이 되었다. 세종 치세 후반기에 집현전의 언론활동은 기정사실화되었다. 그러나 집현전의 언론활동은 제한적이었다. 유교 이념을 수호하고 불교와 같은 이단을 배척하는 사안에 집중되었다.

세조가 집권하면서 집현전은 1456년(세조 2년)에 폐지되었다. 집현전 관리들이 사육신사건에 연루되었기 때문이다. 또 강력한 왕권주의자인 세조는 집현전의 고압적인 간쟁을 싫어했다. 세조는 대간에 대해서도 탄압으로 일관한 왕이다. 그러나 문치주의 국가에서는 집현전 관리와 같은 이론에 밝고 학식이 풍부한 인재는 반드시 필요하기 마련이다. 집현전에서 배출한 우수한 인력을 쓸 수 없게 되자 1459년(세조 5년) 겸예문관兼藝文官을 두어 집현전의 역할을 대신하게 했다.

세조는 집현전을 폐지하면서 경연도 폐지했다. 그러나 성종이 즉위하면서 사정은 달라졌다. 성종은 13살에 즉위했지만 세종과 마찬가지로 호학군주였다. 즉위한 다음 해부터 매일 경연에 나감으로써 경연의 기능이 회복되었다. 이때 경연은 예문관에서 담당했다. 이렇게 되자 예문관으로서는 직무에 혼동이 왔다. 이에 예문관에서 홍문

관을 분리, 독립시켜 경연을 담당하게 했다. 이렇게 해서 집현전의
경연 기능이 1478년(성종 9년)에 홍문관에 부과되었다.

## 홍문관은 언론기관인가

성종대 완성된 《경국대전》에 규정된 홍문관의 직무는 궁궐의 서
책을 관장하고 왕의 공식문서를 작성하며 왕의 고문역할을 한다는
것이다. 궁궐의 서책을 관장하는 것은 홍문관 본래의 직무였고, 나
머지 두 직무는 나중에 부과된 것이다. 홍문관은 왕실도서관이면서
문한기관이고 경연기관이었다. 여러 차례 변천을 거쳐 성립된 홍문
관은 이처럼 단일기관이라기보다 복합기관이었다.

홍문관에는 19명의 관원이
있었는데, 정1품부터 종9품까
지 고루 분포되어 있었다. 이
중 세 고위 직책, 즉 영사, 대
제학, 제학은 겸직이었고 부제
학 이하가 전임직이었다. 따라
서 부제학이 실질적인 책임자
라고 할 수 있다.

그렇다 해도 홍문관의 직무
에는 언론활동은 포함되어 있
지 않았다. 그런데도 홍문관은

**홍문관의 직제**

| 직책 | 품계 | 인원 |
| --- | --- | --- |
| 영사(領事 · 겸직) | 정1품 | 1명 |
| 대제학(大提學 · 겸직) | 정2품 | 1명 |
| 제학(提學 · 겸직) | 정2품 | 1명 |
| 부제학(副提學) | 정3품, 당상 | 1명 |
| 직제학(直提學) | 정3품, 당하 | 1명 |
| 전한(典翰) | 종3품 | 1명 |
| 응교(應敎) | 정4품 | 1명 |
| 부응교(副應敎) | 종4품 | 1명 |
| 교리(校理) | 정5품 | 2명 |
| 부교리(副校理) | 종5품 | 2명 |
| 수찬(修撰) | 정6품 | 2명 |
| 부수찬(副修撰) | 종6품 | 2명 |
| 박사(博士) | 정7품 | 1명 |
| 저작(著作) | 정8품 | 1명 |
| 정자(正字) | 정9품 | 1명 |

대간을 능가하는 언론기관으로 등장했다. 여기에는 홍문관이 집현전의 후신이라는 후광이 크게 작용했다. 홍문관이 언론활동을 하게 되면서 홍문관이 본래의 직무를 어기고 있다는 비판이 일었다. 홍문관이 과연 간쟁기관인가의 여부가 문제시되었던 것이다.

1495년(연산군 1년), 대간이 합동으로 윤대비의 동생인 윤탕로尹湯老를 탄핵했다. 윤탕로는 성종 승하 시 국상 중에 상복을 입고 기녀에게 출입한 일이 있었다. 대간의 탄핵은 연산군에게 허락되지 않았다. 연산군은 대간의 기개를 꺾어야겠다면서 대간을 구금하라는 명령을 내렸다. 그러자 홍문관 전원이 절대로 대간을 처벌해서는 안 된다면서 왕의 언론 탄압을 비판했다. 홍문관이 대간을 편들고 나선 것이다.

이 사건을 발단으로 홍문관과 대간이 한편이 되고, 대신과 국왕이 한편이 되어 논쟁이 벌어졌다. 영의정 노사신盧思愼은 왕명을 거역한 대간의 구금은 현명한 군주의 결단이라면서 대간을 비판했다. 대간에서는 노사신이 군주의 의사에 영합하고 있다고 반발했다. 영의정 노사신이 대간 구속을 전폭적으로 지지하고 나서자 홍문관에서 부제학 이하 전원이 합동으로 노사신을 탄핵했다. 노사신의 말을 조목 조목 거론하면서 반박하는 긴 상소문을 올렸다. 그중의 일부이다.

"대간이 그 직책을 다하는 것은 왕명을 거역하는 일이 아니고, 대간을 하옥시켜 구금하는 일이 좋은 일이 아닙니다. 그런데 노사 신은 처음에는 전하의 처사가 합당하다면서 영합했습니다. 또 현 명한 군주의 위대한 결단이라고 하면서 경하했습니다. 이는 군주를 인도하여 대간을 견제시켜 할 말을 하지 못하게 하는 것이니 저희들은 노사신이 이런 마음씀으로 무엇을 하려는지 모르겠습니다. 이것은 반드시 전하에게 걸왕과 주왕이 그들의 현신인 용봉과 비간을 살해한 것처럼 하고 난 후에야 제 마음에 통쾌하게 여길 것입니다. 이것이 망국할 말이 아니고 무엇이겠습니까?

《연산군일기》권7, 1년 7월 18일

홍문관은 노사신이 나라를 망하게 하는 발언을 했다면서 노사신을 몰아쳤다. 홍문관의 이런 상소에 노사신 또한 가만히 있지 않았다. 노사신은 정권은 하루라도 조정 대신에게 있지 않으면 안 된다면서 대간에게 정권이 있으면 나라가 망한다는 논리를 폈다. 노사신에 대해 홍문관이 즉시 반격에 나섰고 잇따라 대간도 노사신을 공격했다.

노사신은 홍문관이 자꾸 자신을 공격하자 이번에는 공격의 화살을 다른 문제로 돌렸다. 대간 구속의 문제가 아니라 홍문관이 본래의 직무를 어기고 간언諫言하고 있다고 공격했다. 본래의 직무에나 충실하지 왜 대간의 편을 들면서 언론활동을 하느냐는 반박이었다. 그러자 이번에는 대간이 홍문관이 간언을 할 수 있는 기관임을 논증하는 상소를 올렸다.

"대체로 나라에 큰일이 있으면 다만 대간만이 말할 뿐 아니라 홍문관도 또한 당연히 말하게 되어 있습니다. 우리 조정의 일로서 살펴보더라도 옛날의 집현전은 곧 지금의 홍문관입니다. 고문顧問,

논사論事의 처지에 있기 때문에 무릇 말할 만한 일이 있으면 문득 거리낌 없이 시비를 열거해서 비평했던 것입니다. 그러므로 지금 도 또한 일을 만나서 할 말을 하는 것은 곧 그 직책상 당연한 일이 므로 무슨 불가不可함이 있겠습니까. 노사신이 '옛날에 이런 일이 없었고 우리 조정에서도 또한 이런 일은 듣지 못했던 바입니다'라고 하니 이는 전하를 눈앞에서 속이는 것입니다."

《연산군일기》 권7, 1년 7월 20일

홍문관이 집현전의 후신이기 때문에 의당 간쟁할 권한이 있다는 것이다. 연산군대에 홍문관은 대간과 연합전선을 구축하여 언론활동을 하고 있지만, 노사신의 태도에서 나타나는 것처럼 아직 홍문관은 언론기관으로 기정사실화되지는 않았다.

연산군은 말기에 들어 실정을 거듭했다. 홍문관을 폐지하고 그곳에 보관된 서적은 예문관으로 옮기도록 했다. 그때 연산군은 홍문관을 혁파하는 이유로 홍문관이 본연의 직책을 벗어나 과분하게 임금에게 간언했다는 사실을 제시했다. 연산군대에까지도 홍문관은 집현전처럼 언론활동을 하고 있었지만 일각에서는 본연의 직책은 아니라는 인식이 있었던 것이다.


## 홍문관과 대간이 대립하다

중종반정으로 연산군이 축출되고 나서 홍문관은 다시 복구되었다. 또 중종대에는 연산군대와는 달리 홍문관의 언론기관으로서의 기능이 기정사실화되었다. 이후 홍문관은 대간과 함께 대신의 비행, 정책의 시행착오 등을 논하면서 국정을 감찰하는 임무를 수행했다. 더 이상 홍문관이 언론기관인지 여부를 따지는 시비는 일지 않았다.

그런데 또 다른 문제가 발생했다. 홍문관과 대간의 기능이 겹치게 되자 두 기관 사이에 충돌이 일어난 것이다. 홍문관과 대간의 발언 범위를 어떻게 구분해야 하는지 한계가 분명치 않았고, 또 상호 간에 서로 비난하고 공격하는 일도 빈번했다.

대간 측에서 보면 홍문관과 대간은 같은 입장이 아니었다. 홍문관은 국가의 중대사와 군주의 과실에 대해서만 논쟁할 수 있을 뿐이라는 것이다. 단지 연산군대에는 실정이 많았기 때문에 홍문관이 국정 전반에 걸쳐 광범위하게 의견을 개진할 수 있었을 뿐이라면서 홍문관의 발언 범위를 제한하려 했다. 대간은 그 직책상 국정의 모든 것을 논박할 수 있지만 홍문관은 그렇게 할 수 없다는 것이었다. 또 홍문관에서는 대간이 일을 제대로 하지 않는다면서 대간 전체를 탄핵했다.

이처럼 직무의 혼동으로 인해 다투는 일은 있었지만 홍문관과 대간이 상호 협조하고 상호 견제해야 한다는 사실만큼은 서로 인정했다. 홍문관과 대간은 일체이기 때문에 대간이 과실이 있으면 홍문관에서 지적하고, 홍문관에 과실이 있으면 대간이 지적해야 한다는 것이다.

1528년(중종 23년), 홍문관은 사헌부 관리가 종묘대제에 사고를 핑계로 불참했음에도 사간원에서 이를 탄핵하지 않았다며 사헌부와 사간원의 대간 전원을 파직해야 한다고 상소했다. 중종은 사헌부의 잘못을 지적하지 않은 사간원을 탄핵한 홍문관의 타당성을 인정했다. 중종은 대간 전원을 파직시켰다. 이때 중종이 한 말은 사헌부, 사간원, 홍문관의 언론 삼사의 견제관계를 보여준다.

> "사헌부 관리 5인이 사고가 있어 모두 불참했다면 홍문관에서 논계論啓하는 것은 당연한 일이다. 항상 사헌부에서 과실이 있으면 사간원에서 규찰하고 사간원에서 과실이 있으면 사헌부에서 규찰하고, 사간원과 사헌부 모두 과실이 있으면 홍문관에서 논계할 수 있다."

《중종실록》권63, 23년 10월 20일

이에 더해 중종은 홍문관이 자꾸 대간을 논박하는 사실에 대해 불만을 토로했다. 대간의 실책은 홍문관이 비판하지만 정작 홍문관의 실책은 누가 비판하겠는가라며 우려를 표명했다. 사실 홍문관의 발언권은 대간도 견제할 수 없을 만큼 점차 막강해지고 영향력도 강해져 가고 있었다. 그렇다면 홍문관은 누가 견제했을까?

## 대간, 홍문관, 이조전랑의 삼각구도

조선 초기의 집현전 관리는 대간직으로 진출하고 싶어했지만 진출할 수 없었다. 그러나 홍문관 관리는 대간직으로 진출할 수 있었다. 홍문관 관리의 대간 진출은 1491년(성종 22년)부터 허용되었다. 홍문관 관리는 다른 부서로는 갈 수 없었지만 대간이나 이조의 낭관 郎官으로는 진출할 수 있었다.

홍문관 관원이 되기 위해서는 홍문록弘文錄에 올라야 했다. 이때 대간 중에서 후보자를 추천해 투표 점수를 많이 받은 자를 골랐다. 이를 이조에 보내면 이조에서 다시 의정부로 보내어 무리가 없으면 그 이름을 홍문록에 기재했다. 홍문록에 든 사람은 홍문관에 결원이 생기면 충원되었다. 대간이 홍문관 관원으로 진출했던 것이다.

이렇게 되자 홍문관 관리와 대간은 밀접한 관계가 되었다. 홍문관 관리는 대간으로부터 선발되었고 대간은 홍문관으로부터 선발되었다. 서로 인적 자원을 교류하면서 홍문관과 대간의 언론활동은 보다 밀착되었다. 대간은 언론을 펼 때 홍문관의 눈치를 보지 않을 수 없었다. 이는 홍문관이 대간을 견제하고 나아가 지휘, 감독할 수 있게 된 또 하나의 배경이었다.

그런데 대간과 홍문관의 인사권은 이조에서 관할했다. 이조판서가 선발한 것이 아니라 이조의 낭관들이 선발했다. 이조의 낭관, 즉 전랑銓郎은 고작 정5품, 정6품에 지나지 않는 하위관리였다. 그런데 이조전랑은 문관 인사에 있어 정승이나 판서도 제재할 수 있을 정도로 권한이 컸다. 이조전랑은 의정부의 사인舍人, 승정원의 승지, 그리고 사헌부, 사간원, 홍문관 삼사의 낭관에 대한 인사권을 쥐고 있었다. 이조전랑이 인사권을 가진 이들 관직은 조선 관리들이 가장 선망하는 청요직淸要職이었다.

품계상으로 하위관리인 이조전랑이 청요직의 인사권을 쥐고 있는 것은 조선 사림정치의 가장 두드러진 특징이다. 인사권이 고위관료에게로 집중되지 않고 상하로 양분되어 있었던 것이다. 이와 같은 인사권의 분리는 권력의 집중을 막아 권신의 독주를 제어하기 위한 장치였다. 비록 당상관이라 하더라도 길에서 이조전랑을 만나면 말에서 내려 인사할 정도로 이조전랑의 영향력과 명망은 높았다. 대간과 홍문관의 인사를 좌우하는 이조전랑은 언론권마저도 통제할 수 있는 위치였다.

이러한 이조전랑은 대간과 홍문관 관원 중에서 선발되었다. 이조전랑을 선발하는 과정은 매우 독특했다. 이조전랑이 되기 위해서는 전임자의 추천을 받아야 했다. 이를 자천제自薦制라 한다. 고위관료가 이조전랑을 선발하는 것이 아니라 전임 전랑이 후임 전랑을 추천하여 선발했다. 전임 전랑은 사헌부, 사간원, 홍문관 관원 중에서 후보자를 추천했다.

결국 대간과 홍문관, 이조전랑은 서로 협조하고 견제하는 삼각구도에 놓여 있었던 것이다. 홍문관은 대간을 견제하고, 대간을 견제하는 홍문관은 이조전랑에 의해서 견제당하고, 이조전랑은 홍문관과 대간의 탄핵에 의해서 견제당했다. 그리고 이들은 국왕이나 고위대신에 대해서는 공동전선을 구축하여 대항했다. 하위관리가 고위관리의 권력독점을 견제할 수 있는 구도는 말할 것도 없지만, 홍문관, 대간, 이조전랑의 삼각구도는 절묘하기조차 하다. 조선왕조가 500여 년을 지속될 수 있었던 비결은 권력균형에 있었다. 이처럼 절묘한 삼각구도로 권력균형이 가능했던 것이다.

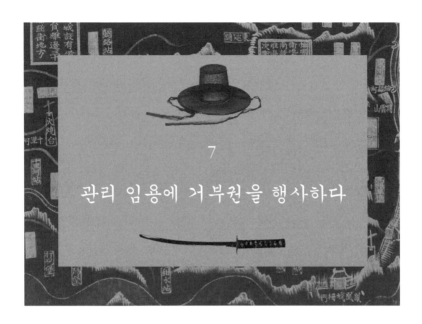

7

## 관리 임용에 거부권을 행사하다

### 대간의 동의가 없으면 관직에 나갈 수 없다

대간의 권한 중에는 서경署經이라는 것이 있었다. 서경은 관리를 임용할 때 대간의 서명을 받아야 하는 것을 말한다. 국왕이 어떤 관리를 임명하고자 해도 대간이 임명장에 서명하지 않으면 그 관리는 관직에 취임할 수 없었다.

요즘 세태에서 보면 언뜻 이해되지 않는 제도이다. 오늘날 대통령이 어떤 사람을 관리로 임명했는데 누가 반대할 수 있는가? 물론 대통령의 인사권에도 일정한 한계가 있어서 국회나 국무총리의 동의를 필요로 하는 고위급 직책이 있다. 하지만 국회나 국무총리가 동의하지 않아 대통령이 임명한 사람이 취소되는 경우란 실제로는 별로 많지 않다. 제도가 있다 해도 유명무실화되기 일쑤이다.

그러나 조선시대는 달랐다. 대간들은 서경권을 십분 활용했다. 관리가 되기에 부적합한 사람이 임명을 받으면 그 임명장에 동의하지 않았다(50일 이내에 동의 여부를 정하게 되어 있었다). 동의하라는 국왕의 재촉이 빗발쳐도 하지 않았다. 그래도 강요하면 대간 전원이 사직서를 냈다. 직책에 복귀해도 동의하지 않았다. 그래도 동의하라 하면 다시 사직했다. 심한 경우 사직과 복직을 수십 차례 반복하기도 했다. 대간에서 동의를 거부한 사람은 가까스로 관직에 나갔다 해도 오래 있지는 못했다.

이처럼 대간은 국왕의 인사권에 실제적인 거부권을 행사할 수 있었다. 대간은 어떤 사람에게 거부권을 행사했던 것일까? 물론 관리가 되기에 부적합한 사람이다. 그 사람이 과연 그 직책을 수행할 능력이 있는지, 인격은 충분한지, 과거에 뇌물을 받았다는 혐의는 없는지 등을 고려했다. 당사자뿐만 아니라 가문도 고려했다. 서경은 인사적부심사라고 할 수 있다. 오늘날 제도로 보면 인사청문회라고도 할 수 있다. 서경을 위해 대간은 관리의 인사관계자료, 즉 이력서를 갖추고 있으면서 관리 개개인의 문벌, 능력, 품행, 경력을 파악하고 있어야 했다.

대간의 동의가 필요했던 것은 비단 관리 임명만은 아니었다. 법을 새로 만들거나, 기존의 법을 고치거나 할 때 대간의 서경이 필요했다. 대간은 입법에도 관여했던 것이다. 의정부에서 논의해서 국왕에게 올린 입법안을 국왕이 결재했다 해도 대간의 서경이 있어야만 해당 관청으로 보내지고 효력을 발휘했다. 삼년상 중에 있는 관리를 특별히 임명하는 경우에도 대간의 서경이 필요했다.

대간은 서경권을 통해 인사권과 입법권에 깊이 개입하였다. 인사권과 입법권이야말로 어느 시대를 막론하고 정치의 요체라고 할 수 있다. 이 점에서 대간은 정국 운영의 핵심에 있었다. 최종 인사권자인 국왕, 인사기관인 이조, 병조, 그리고 정권책임자인 고위대신들 사이에는 대간의 서경을 둘러싼 갈등이 있을 수밖에 없었다.

## 서경의 기준과 방법

서경의 세부적인 절차는 어떠했을까? 원칙적으로는 간관, 즉 사간원 관리가 먼저 심사하고, 대관인 사헌부 관리에게 넘기도록 되어 있었다. 이럴 경우 의견이 달라 논쟁이 생길 수도 있었지만 실제로 그런 일은 별로 없었다. 간관과 대관이 직무상으로 엄격하게 구별되지 않았는데다가 대간들은 한자리에 모여 함께 의논한 뒤에 일을 처리했기 때문이다. 함께 의논하여 일을 처리하는 것을 원의圓議 또는 완의完議라고 했다. 원의는 대간 구성원 3인 이상 또는 전원의 의견을 합치시키는 의사결정장치였다.

이조는 대간에 서경을 세 번 요청할 수 있었다. 그래도 통과되지 못하는 경우는 이조에서 고신(告身, 관직임명장)을 발급할 수 없었다. 심사원으로는 사헌부와 사간원에서 각각 2~3명씩 차출되었다. 그런데 이런 심사제도는 절차가 번잡한 편이었다. 대간이 서경을 빨리

관리 임용에 거부권을 행사하다

해야 결원된 관원을 채울 수 있는데 더디어지는 경우가 잦았다. 이 때문에 인조대에는 한 번으로 간소화했다.

관리 임명장에 대간의 서경이 반드시 필요했기 때문에 임명 당사자는 부계 4조, 모계 4조를 기록한 서류를 대간에 제출해야 했다. 또 처가 4조까지 기록한 서류를 제출해야 하는 관직도 있었다. 이때 제출된 서류를 서경단자署經單子라고 한다. 대간은 심사한 결과, 관직 임명에 아무런 결격 사유가 발견되지 않으면 서명했다. 그러나 해당 관직에의 임명이 부당하다고 판단되면 '작불납作不納'이라고 써서 이조로 돌려보냈다.

이 밖에 일종의 조건부 서명이 있었다. 특별한 관직의 취임은 허락하지 않지만 나머지는 취임해도 된다는 조건부 승인이었다. 조선시대에 특별한 관직으로는 청요직淸要職을 들 수 있다. 의정부, 육조, 사헌부, 사간원, 홍문관, 예문관 등의 청요직에의 임명은 다른 관직보다 훨씬 까다로웠다. 서경 대상자가 청요직으로 나가기에는 부족해도 다른 관직에는 괜찮다고 판단되면 '정조외政曹外'라는 단서를 달아 서명했다.

또 '한품자限品者'라고 단서를 다는 경우도 있었다. 관직 임명장을 받은 사람이 일정한 관품 이상으로는 승진할 수 없다는 한품 서용限品敍用을 전제로 한 서명이다. 신분사회였던 조선왕조는 신분에 따라 관직도 제한했다. 품계의 구애를 받지 않고 종9품에서 정1품까지 올라갈 수 있는 신분은 양반뿐이었다. 기술관이나 양반서얼은 정3품 당하관, 향리는 정5품, 서리는 정7품이 한품으로 되어 있었다.

## 서경 범위를 둘러싼 논쟁

관리 임용에 대간의 서경이 있어야 했던 것은 고려시대 이래의 전통이었다. 국왕은 관리를 임명할 때마다 번번이 대간의 허락을 받아야 했다. 또 대간은 부적합한 사람이 관리로 임명되면 의당 거부권을 행사했다. 이러다 보니 국왕은 대간의 서경 범위를 제한하려 했고 대간은 서경의 범위를 넓히려고 했다.

국왕으로서는 대간의 서경권에 일정한 한계를 설정해야만 자신의 통치권이 강화된다고 생각했다. 반면 대간은 서경이 없는 국왕의 자의적인 관직 임명은 국왕의 독주일 뿐이라는 입장이었다. 이렇게 대립된 입장이 조선 초기에는 상당한 논쟁을 불러일으켰다.

고려시대에 대간은 정1품에서 종9품까지 모든 관리의 임명에 서경권을 행사할 수 있었다. 고려의 왕은 정1품의 재상조차도 마음대로 임명할 수 없었다. 모든 관리의 임명에 대간의 동의를 필요로 했던 것이다. 이처럼 고려시대 대간의 권한은 매우 막강한 듯 보이나 실제로 그렇지만은 않았다. 고려의 대간은 재상의 지휘 하에 있었고, 재상이 대간을 장악하고 있어 대간의 서경권은 오히려 재상에게 유리하게 운용되었다.

반면, 조선왕조에서는 대간과 재상 사이의 연결고리가 끊어졌다. 대간이 재상으로부터 독립했고, 중서문하성에 속해 있던 낭사郎舍는 사간원으로 독립했다. 또 고려시대에는 어사대의 장관을 재상이 겸임했지만 조선시대에는 그런 일이 없었다. 조선시대에는 사헌부의 장관인 대사헌의 품계를 종2품으로 올려 그 스스로가 재상과 동등한 위치에 있도록 했다. 이로써 고려와는 달리 조선에서의 대간은 재상의 통솔을 벗어나 독립적으로 활동할 수 있게 되었다.

대간을 이처럼 독립시키자 대간의 서경권 범위를 둘러싸고 갈등이 일어났다. 고려와는 달리 재상도 통제할 수 없는 조선의 대간에게 모든 관리에 대한 서경권을 인정할 경우 국왕의 인사권은 유명무실화될 위험이 있었다. 이런 조짐은 조선 건국 직후부터 보이기 시작했다.

조선이 건국된 후 태조는 휘하에서 공을 세운 군관들을 승진시키려고 했다. 논공행상의 차원에서 당연한 일이었다. 그런데 대간에서 이들의 임명장에 서경을 거부했다. 그들에게 결격 사유가 있었던 것이다. 대간의 거부권 행사로 인해 입장이 곤란해진 태조는 아예 서경권의 범위를 축소시켰다. 태조는 대간의 서경을 5품에서 9품까지의 관리 임용에만 적용하도록 했다. 4품 이상 1품까지의 고위관리 임명에는 대간의 서경 없이 왕이 직접 임명했다. 고려시대에 9품부터 1품까지 대간의 서경이 필요했던 것에 비하면 범위가 엄청나게 축소된 셈이다.

이후 서경의 범위를 1품까지 확대하려는 대간과 이를 제한하려는 국왕과 고위대신 사이에 장기간에 걸친 논쟁이 계속되었다. 정종이 즉위하자 대간에서는 예전처럼 모든 관리에 대한 서경을 인정해야 한다고 거듭 주장했다. 대간의 주장이 관철되어 모든 관리의 임명은 대간의 서경을 경유하게 되었다.

그러나 태종이 즉위하면서 상황은 다시 달라졌다. 태종은 강력한 왕권주의자였다. 국왕의 인사권을 침해하는 대간의 서경권이 달가울 리 없었다. 대간의 서경권에 다시 제한이 가해졌다. 대간에서는 극렬하게 반대했고 태종은 아예 대간의 서경권 자체를 박탈하려고 도 했다. 대신들의 만류로 대간의 서경권을 박탈하지는 않았지만, 5품 이하 관리의 임명에만 대간이 서경하도록 했다.

이후에도 대간은 자신들의 주장을 굽히지 않았다. 서경의 범위를 1품까지 확대해 달라고 계속해서 요구했다. 한때는 태종이 양보하여 일시적이지만 대간의 서경권이 1품에까지 미쳤다. 그런데 이조판서 이천우李天祐, 참찬의정부사 유정현柳廷顯 등 대신들의 임명에 대간이 서경을 거부한 사건이 연달아 일어났다. 고위관료들의 임명을 의지 대로 할 수 없게 된 태종은 다시 5품 이하로 서경권을 제한시켰다.

서경의 범위에 대한 논쟁은 세종이 즉위한 후에도 그치지 않았다. 세종 5년, 대사헌 하연河演은 대간의 서경을 1품까지 미치게 해달 라고 요청했다. 세종은 이 요청을 기각했다. 그러나 세종 8년, 결국 대간의 요구는 관철되었다. 이때 세종은 고려 말에 대간이 제때 서 경을 하지 않아 여러 가지 폐단이 많았다고 지적하면서 대간이 서경 권 행사를 신중하게 할 것을 당부했다.

얼마 지나지 않아 왕과 대간은 다시 충돌했다. 세종이 병조판서에 이발李潑을 임명했는데 대간이 서경하지 않았다. 또 유정현을 우의 정에 임명했을 때도 서경하지 않았다. 이처럼 대간의 서경 거부가 연이어 발생하자 세종은 자신의 인사권이 제대로 행사되고 있지 못 하다고 생각했다. 세종은 서경권을 확대시킨 지 1년도 못 되어 다시 5품 이하로 제한시켰다. 건국 이래 서경의 범위를 둘러싸고 엎치락 뒤치락 했던 갈등은 일단 이것으로 종지부를 찍었다. 성종대에 완성된《경국대전》에는 서경의 범위가 5품 이하로 한정되어 있다.

## 서경은 언제 거부되었을까?

대간의 서경권은 인재를 적재적소에 배치하고 부적합한 사람을 배제하는 것이 목적이었다. 대간은 어떤 사람에게 서경하지 않았을까? 대간이 서경을 거부한 사람은 뒤집어 말하면 관리가 될 자격 요건을 갖추지 못한 사람이라고 할 수 있다. 조선시대에 관리가 될 수 없는 사람은 가문과 당사자 자신에게 하자가 있는 사람이었다. 이런 사람일 경우 대간은 서경하지 않았다.

가문에 하자가 없어야 한다는 것은 모계나 부계 중 서얼이 없어야 한다는 뜻이다. 조선시대에는 한번 서얼이면 대대로 서얼로 살아야 했고, 서얼은 서얼금고법에 의해서 관직 진출에 제한을 받았다. 대간에서는 서얼의 자손이 아닌가를 먼저 파악했다. 그리고 죄인이 있는 가문의 자손도 안 되었다. 정치적 분쟁에 휩쓸려 죄인이 된 양반의 경우, 시대가 흐르고 정권이 바뀌면 복권되곤 했다. 복권되고 나면 그 자손은 관직에 나갈 수 있었지만 복권되기 전까지 그 자손은 관직에 진출할 수 없었다.

당사자에 하자가 없어야 한다는 것은 관리로서의 능력이 있는지 그리고 관리가 될 만한 인품인지의 여부를 판단한다는 것이다. 조선시대에는 관리의 실무적인 능력보다 오히려 관리로서의 덕성을 중요시했다. 또 청백리를 이상으로 했던 시대이기 때문에 뇌물을 받은 혐의가 있는 관리에게는 서경을 거부했다. 서경이 거부된 사례를 구체적으로 살펴보자.

1426년(세종 7년)의 일이다. 세종이 맹효증孟孝曾을 전구녹사典廐錄事에 임명했다. 시간이 지났지만 대간에서는 맹효증의 고신에 서경하지 않았다. 세종은 사간원 좌정언 조수량趙遂良에게 빨리 서경할 것을 재촉했으나 조수량은 서경 거부의 사유를 이렇게 밝혔다.

> "전일에 저희가 받은 맹효증孟孝曾의 고신 서경에 관한 교지를 본원에서 논의했습니다. 맹효증은 이무李茂의 외손으로 관직에 임명되는 것이 마땅치 않으므로 감히 교지를 받들지 못하겠습니다."
>
> 《세종실록》 권28, 7년 4월 22일

이무는 조선 초기 중앙정계에서 활약한 정치가이다. 우의정까지 역임한 이무였지만, 1409년(태종 9년) 태종의 처남들인 민무구閔無咎, 민무질閔無疾의 옥사에 관련되어 창원으로 유배되었다가 그곳에서 사형당했다. 후일 복권되었지만 세종대까지만 해도 죄인의 신분으로 남아 있었다. 맹효증은 바로 죄인 이무의 외손자였기 때문에 서경을 거부당한 것이다. 세종은 죄가 외손에 미친다는 것은 법률 조문에 없는 것이라며 서경하기를 강요했다. 세종대 분위기로 보아서 대간은 국왕의 서경 강요를 거부할 만한 처지는 못되었다. 이처럼 당사자의 결격 사유가 아니라 가문의 하자로 인해 서경이 거부당하는 경우는 비일비재했다.

1451년(문종 1년), 문종은 이승윤李承胤을 감찰에 임명했지만 대간은 이승윤의 고신에 서경하지 않았다. 사헌부 지평 문여량文汝良은 이승윤의 아버지에게 문제가 있기 때문에 서경할 수 없다고 대답했다. 그의 말을 들어보자.

"이양李穰의 매부 안구安玖와 이보정李補丁은 모두 감찰직에 임명되지 못했고, 안구의 아들인 안지귀安知歸와 사위 허인許認은 비록 감찰에 임명되었지만 고신은 아직 지체되고 있습니다. 하물며 이승윤은 이양의 아들이 아닙니까? 현재 이를 상량商量하고 있는 중입니다."

문여량의 말을 자세히 살펴보면, 사실 이승윤의 아버지 이양에게 어떤 하자가 있었던 것도 아니다. 단지 이양의 매부와 사위, 그리고 매부의 아들에게 어떤 문제가 있었던 것이다. 그런데도 대간에서는 서경을 꺼리고 있었다. 당사자도, 당사자의 아버지도 분명한 결격 사유가 있는 것이 아닌데 친인척의 분명치 않은 이유 때문에 서경을 꺼린 것은 이승윤이 임명받은 직책이 바로 감찰직이었기 때문이다.

감찰은 사헌부의 관원으로 일반관료의 부정부패를 감사하는 관리였다. 다른 관리의 비행을 감사하는 감찰은 어떤 하자도 있어서는 안 되는 직책이었다. 자신이 떳떳해야 타인의 잘못을 들출 수 있기 때문이다. 때문에 대간에서는 감찰로 임명되는 관리의 자격 여부는 더욱 까다롭게 심사했다. 이승윤은 결국 자신의 인척 내에 있는 사람의 하자로 인해 대간의 서경을 받지 못하고 있었던 것이다.

사헌부 하급관원인 감찰에 대한 서경이 이처럼 까다로웠다면, 사헌부 상급관원에 대한 서경이 더욱 까다로웠을 것임은 미루어 짐작할 수 있다. 1415년(태종 15년), 태종은 장진張珍을 사헌부 헌납으로 임명했지만, 50일이 지나도록 대간에서는 장진의 고신에 서경하지 않았다. 50일은 대간에서 서경을 마쳐야 하는 기간이었다. 재촉을 받았지만 대간은 여전히 서경하지 않았다. 한 달 가량이 흐른 후 사헌부에서 서경 거부의 이유를 설명했다.

> "헌납 장진이 가난한 것을 싫어하고 부자가 되기를 구하여 조강지처를 버리고 판원주목사 정남진의 병든 딸에게 다시 장가를 들었습니다. 그러니 마음과 행실이 청렴하지 못합니다. 저희들은 감히 고신에 서경하지 못하겠습니다."
>
> 《태종실록》 권30, 15년 7월 26일

장진은 조강지처를 버린 사람이라 사헌부 관리로는 적합하지 않다는 것이었다. 마음과 행실이 청렴하지 못한 사람이 어떻게 대간직에 있을 수 있느냐는 것이다. 태종은 대간의 서경 거부가 타당하다고 여겨 장진을 다시 예조정랑으로 임명했다. 장진이 조강지처를 버린 행동은 예조정랑에는 취임할 수 있었지만, 대간직에는 취임할 수 없는 사유였던 것이다.

# 고위관직에 대한 인사 거부권 행사

대간의 서경 범위는 5품에서 9품까지였다. 나머지 1품에서 4품까지의 관리 임명은 국왕의 전결로 처리할 수 있었다. 그러나 대간은 서경권이 없는 관직에의 임명은 탄핵을 통해 인사 거부권을 행사했다. 끊임없는 탄핵으로 기어이 관직에의 취임을 저지하고자 했다. 이 경우 대간의 탄핵은 국왕의 인사권에 대한 정면 도전이나 다름없었다. 이 과정이 어떻게 전개되는지를 살펴보자.

1481년(성종 12년), 성종은 송영宋瑛을 사헌부 장령으로 임명했다. 바로 그날 대간에서는 송영의 임명은 불가하다고 강력하게 항의했다. 송영은 송현수宋玹壽의 조카이기 때문에 대간직에는 합당하지 않다는 것이 이유였다.

송현수는 단종의 장인이다. 세조에 의해 단종이 왕위에서 축출된 후 금성대군에 의해 단종복위사건이 일어났다. 이때 송현수는 단종복위사건에 가담했다는 혐의를 쓰고 교사되었다. 그 뒤에 아들 송거宋琚가 과거시험을 보려 한 적이 있었을 때도 대간은 대역죄인의 아들이라는 이유로 반대했다. 그러나 성종의 특별한 배려로 송거는 과거시험에 응시해서 관직에 진출했다.

성종은 바로 그 송현수의 조카를 사헌부장령, 즉 정4품의 대간직에 임명했던 것이다. 송현수가 아직 복권되지 않은 마당에 조카의 대관직 진출은 무리가 있었다. 그러나 성종의 뜻은 완강했다. 성종은 송영이 이미 다른 관직을 역임했기 때문에 대간에 임명되지 못할 이유가 없다고 주장했다. 그러나 대간에서는 어떻게 가문에 하자가 있는 사람을 대간에 임명할 수 있느냐면서 주장을 굽히지 않았다.

송영의 인사를 대간이 집요하게 반대하자 사태는 크게 번져갔다. 성종은 이제 송영의 인사 여부 문제는 차치하고 대간이 자신의 권위에 도전한다고 여겼다. 성종은 대간을 심하게 질책했다. 그러나 대간은 조금도 물러서지 않고 거듭하여 송영을 탄핵했다. 사헌부의 탄핵을 한 번만 받아도 사헌부 관리가 될 수 없는데 여러 차례 받은 송영이 어떻게 사헌부 관리가 될 수 있느냐면서 성종을 압박했다. 급기야 성종은 분노했다.

> "그대들은 사헌부의 탄핵을 한 번 받으면 그 사람은 사헌부에 출사할 수 없다고 하는데 그렇다면 왕의 교지는 사헌부의 한 번의 탄핵만도 못하다는 말인가? 그대들이 이렇게 고집을 부리는 것은 결국 나라의 권력을 다 장악하겠다는 것이다."
>
> 《성종실록》 권156, 14년 7월 11일

성종은 국왕의 존재가 사헌부만도 못하냐면서 대간이 국가권력을 모두 장악하려 하고 있다고 극언했다. 그러나 이 같은 성종의 분노에도 불구하고 대간은 뜻을 굽히지 않았다. 송영의 임명을 반대하는 대간의 입장은 조정의 공론을 대변하고 있다고 주장했다.

결국 성종은 대간의 반대를 무릅쓰고 송영을 장령에 임명했다. 대간의 요구대로 송영의 임명을 취소했다가는 자신의 권위에 심각한 손상을 입는 지경까지 사태가 발전했기 때문이다. 하지만 송영의 재직기간은 짧았다. 성종은 일단 송영을 장령에 임명했지만 재빨리 그를 다른 자리로 교체했다. 대간의 지속적인 탄핵을 받은 사람을 대간직에 오래 둘 수는 없는 노릇이었다.

대간은 5품 이하의 관리 임명에는 서경으로 인사 거부권을 행사했으나 자신들의 서경이 미칠 수 없는 고위관리의 임명에는 이처럼 즉각적인 탄핵을 통해 인사 거부권을 행사했다. 결국 대간의 인사 거부권은 조선의 모든 관리에게 미치고 있었던 것이다. 성종의 예에서 나타나는 것처럼, 대간이 지속적으로 탄핵하는 관리는 기어이 임명했다 해도 오래 머물게 할 수는 없었다.

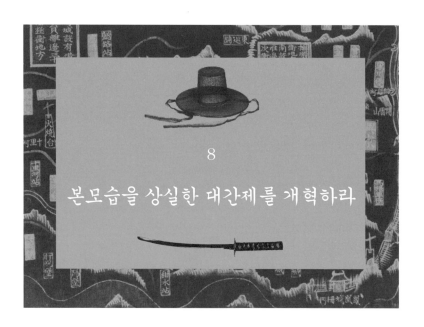

8

# 본모습을 상실한 대간제를 개혁하라

## 당쟁과 대간

모든 제도는 폐단이 생기게 마련이다. 제도도 유기체처럼 생성, 성장, 소멸한다. 영원히 존속할 수 있는 완벽한 제도란 없다. 조선 정치에서 권력균형의 축으로 기능한 대간제도도 폐단이 점차 농후해져 갔다. 왕권과 신권을 견제하면서 권력의 중심을 잡아 부정부패를 막는 데 가장 지대한 역할을 했던 대간제도가 본래의 기능을 상실해 갔다.

대간제도는 그 자체 내에 모순의 소지가 많았다. 특히 풍문탄핵이 그러했다. 풍문탄핵은 대간의 발언권을 확대시켜 대간의 역할을 활성화하는 데 기여했지만, 소문만으로 탄핵을 한다는 것은 문제의 소지가 있었다. 반대파에 대한 근거 없는 인신공격으로 악용될 수 있는 소지가 다분했다.

조선 후기 당쟁이 격화되면서 이런 우려는 현실로 나타났다. 대간은 풍문탄핵의 근거로 공론을 들었다. 그러나 공론이란 것도 당쟁이 격화된 시기에는 분열된 당론黨論에 지나지 않았다. 당쟁의 시대에 대간의 풍문탄핵은 반대 당파를 공격하는 도구로 악용될 뿐이었다. 더욱이 대간을 비판한다는 것 자체가 부도덕한 일로 여겨질 만큼 대간의 탄핵권이 강성했을 때는 풍문탄핵을 저지할 길이 없었다. 풍문탄핵이 무제한 허용되었기 때문에 더욱 그러했다.

당쟁시대는 군약신강君弱臣强의 정국이 전개되었다. 이 시대에 대간은 군주를 압박하고 당쟁의 앞잡이가 되는 경우가 많았다. 따라서 당쟁시대에는 정권을 잡기 위해서는 우선 대간을 장악하고, 대간의 언론을 통해 상대당을 공격했다. 상대당을 일망타진하기 위해서는 공격이 신랄할 수밖에 없었고 형벌이 가혹할 수밖에 없었다.

이처럼 폐단이 날로 심해지자, 대간의 언론이 지나치게 난무하는 것을 방지해야 한다는 의견이 등장했다. 대간의 언론 기능을 억제하는 구체적인 방책이 다각도로 제시되었다. 문서로 상소하는 소주(疏奏, 문서로 올리는 上疏와 上奏)만 하게 하고, 말로 의견을 말하는 진계陳啓나 사헌부와 사간원이 연대해 말로 의견을 말하는 연계連啓는 못하게 하자는 것 등도 그 방책의 하나였다.

그러나 대간이 언론하는 방식 정도를 바꾼다고 해서 될 일이 아니었다. 무소불위한 대간의 언론권에 제약을 가해야 했다. 1741년(영조

17년), 영조는 이조전랑의 자대권白代權과 당하통청권堂下通淸權을 혁파했다. 자대권은 이조전랑이 자신의 후임자를 추천하는 것으로 고위관료가 이조전랑의 임명에 관여하지 못하게 하는 제도였다. 또 당하통청권은 청요직에 당하관을 추천하는 것으로 이조전랑의 막강한 인사권이었다. 영조는 이를 모두 혁파해 이조전랑이 가졌던 권한을 유명무실화시켰다.

이조전랑의 권한을 유명무실화시킨 조처는 대간의 언론권도 제약했다. 대간에 대한 인사권이 이조판서에게로 넘어갔기 때문에 대간은 예전처럼 자유롭게 대신들을 공격할 수 없었다. 비단 대간뿐 아니라 홍문관 관원에 대한 인사권도 마찬가지였다. 대신들에 의해 인사가 좌우되는 마당에서 언론 삼사가 대신들을 신랄하게 탄핵할 수는 없었다.

대간의 언론권이 제약되면서 사실상 조선의 정치구도는 바뀌게 되었다. 대간의 언론권은 권신의 출현을 방지했지만, 대간의 언론권이 제약되면서 권신이 출현하게 된 것이다. 사림정치의 틀이 무너진 것이다. 조선 말기의 세도정치는 한 가문에 국가권력이 집중된 정치형태이다. 대간의 유명무실화는 결국 세도정치를 낳았다. 세도정치하의 조선왕조는 부정부패로 점철되었고 망국의 나락으로 빠져들었다. 견제되지 않는 권력은 부패한다는 동서고금의 진리가 그대로 실현된 것이다.

# 아침에 임명되고 저녁에 교체되는 대간

조선 후기, 그중에서도 당쟁이 극심하던 시기에 대간은 아침에 임명되면 저녁에 교체된다는 말이 회자될 만큼 대간직에 오래 머물지 못했다. 당쟁이 가장 극심했던 경종대의 상황을 알아보자.

경종은 숙종의 뒤를 이은 왕이다. 경종의 다음에는 영조가 즉위했다. 영조대에 걷잡을 수 없는 당쟁을 수습하고자 탕평책이 실시되어야 했을 만큼 경종대에 노론과 소론의 대립은 극에 달해 있었다. 이 시기에 대간의 교체는 매우 빈번했다. 경종이 4년간 재위하는 동안 사헌부에 총 230명, 연평균 57.5명, 그리고 사간원에 263명으로 연평균 66명이 교체되었다. 대간이 총 493명이 교체되었던 것이다.

조선 전기 성종이 재위한 기간이 25년이고, 대간이 622명이었던 것에 비하면 경종대인 조선 후기에 대간의 교체 빈도가 얼마나 심했는지를 알 수 있다. 이렇게 자주 교체되고도 직무가 제대로 수행되었겠는가 하는 의문이 생길 정도이다.

대간이 이처럼 자주 교체되었던 것은 대간들 자신이 스스로 피혐避嫌하여 물러나는 풍조가 만연했기 때문이다. 피혐이란 공격을 받은 사람이 혐의를 피해 사표를 내는 것을 말한다. 조선 후기에 대간은 사소한 일로 공격받아도 스스로 자리에서 물러나려고 했다.

1722년(경종 2년), 사간원정언 이광도李廣道는 양전量田의 존폐문제 등 몇 가지 사안에 대해 상소를 올렸다. 그런데 이조판서 이광좌李光佐가 이러한 문제는 국가의 대사인데 의정부에서 알지 못하는 사이에 대간이 왕에게 상소한다는 것은 곤란하다고 했다. 그러자 정언

이광도는 즉시 이를 핑계삼아 피혐사직避嫌辭職했다.

　조선 전기의 기준으로 보면 이는 전혀 사직의 이유가 되지 못했다. 성종대에도 대간의 교체는 빈번했다. 그러나 이때는 대간들이 대신들을 집요하게 탄핵하고 이에 대해 왕은 대신을 사소한 이유로 탄핵해서는 안 된다고 하면서 대간과 왕의 견해가 대립하는 경우에 교체되었다. 그러나 조선 후기에 대간은 자신의 견해에 사소한 이견異見만 제기되어도 이를 핑계로 사직했다. 대간의 피혐사직은 조선 후기에 만연된 풍조였다. 숙종은 이런 풍조를 개탄했다.

　　"대간은 임금의 이목耳目이므로 하루라도 넓지 않으면 안 된다. 그러나 오늘날 대간은 사소한 혐의만 있어도 물러나며, 얼마 있지 않아 다시 임명된다. 또한 아침에 임명하였다가 저녁에 이를 교체하니 옛 제도와는 크게 어긋난 처사이다. 이후로는 실제로 병이 들지 않은 이상 결코 사직해서는 안 된다."

　　　　　　　　　　　　　《증보문헌비고》권219, 직관고 6, 사헌부조

　이처럼 대간에게 피혐사직이 팽배하게 된 것은 대간의 활동이 위축된 증거이다. 당쟁이 심해지면서 대간은 전과는 다른 처지에 놓였다. 조선 후기 집권자들은 언로를 지배하기 위해서 대간에 자기 파의 사람만을 임명했다. 이런 상황에서 대간이 독자적으로 활동할 수는 없었다. 대간은 대간으로서 해야 할 일을 할 수 없는 상황에서 하루라도 빨리 물러날 기회만 노렸다. 또 언제 곤란한 지경에 빠질지 모르기 때문에 사직할 구실만을 찾았다. 조그마한 구실이라도 찾으면 곧바로 사직했다. 반대 당파에 대한 공격이 난무하던 당쟁의 시대에는 설령 곧은 뜻이 있는 대간이 있어 직책을 제대로 수행하려고 해도 대간직에 오래 머물 수는 없었다. 이들을 공격하여 사직케 하는 것은 당시로서는 아주 간단했다.

　대간제도의 폐단이 만연하자 개혁방안들이 경세가들에 의해 모색되었다. 이미 본모습을 상실한 대간제는 개혁되어야 했다. 자신이 직접 대간직을 역임하면서 실제 체험한 폐단을 논한 사람도 있고, 대간직을 역임하지는 않았으나 경제적 차원에서 대간제의 개혁을 주장한 사람도 있었다. 특히 조선 후기 실학자들은 다각도로 개혁안을 제시했다. 아예 대간제를 없애야 한다고 극언하는 실학자까지도 있었다. 그 시대를 살면서 대간제도의 폐단을 피부로 실감했던 사람들의 생생한 증언을 들어보자.


## 유성룡의 대간 개혁론

　유성룡柳成龍은 바야흐로 당쟁이 시작되던 선조대에 대사간을 역임했다. 본인 자신이 대간직에 있었기 때문에 폐단의 실상을 누구보다 꿰뚫어 보고 있었다.

　유성룡은 무엇보다 먼저 풍문탄핵의 폐단을 지적했다. 대간은 군주의 이목지관으로 사실을 사실대로 간언해야 하는데 실제 그렇지 못하다고 했다. 그러다가 사실 여부가 드러나면 대간은 '풍문을 듣고서 일을 말하게 되니 일의 허실을 어떻게 죄다 가릴 수 있겠는가'

라면서 빠져나가고, 군주는 '대간이 풍문을 듣고서 일을 말하게 되니 이런 사태가 초래된 것을 괴이하게 여길 것 없다'라고 회피한다는 것이다. 대간과 군주는 피차 풍문을 핑계로 사실 여부를 피해가고 있다는 지적이다.

다음으로 지적한 폐단은 대간의 원의圓議이다. 대간은 모여서 토의하고 합의한 후에 의견을 개진했다. 유성룡은 바로 이 의사결정장치가 권신에 이용되고 있는 실태를 비판했다. 대간들이 부화뇌동하여 합의한 뒤에야 군주에게 의견을 개진하고, 혼자서 개진하는 일이 없다고 했다. 권신의 권력이 막강할 경우, 대간은 그 권신의 편에 서서 모든 대간들이 그 뜻에 따르도록 회의를 꾸려나간다는 것이다. 대간의 원의가 권신에게 농락당하던 실태를 보여주고 있다. 유성룡은 무엇보다 원의라는 의사결정장치를 개혁할 것을 주장했다.

"내가 전일에 사간원에 있을 때 세 가지 일을 건의했다. 첫째는 조종의 시사(視事, 임금이 정사를 보는 것)하는 규정을 준수하여 군주가 정무에 정신을 쓰는 실상을 다하는 것이다. 둘째는 대신의 서사(署事, 사무를 처리하는 것)하는 법을 회복시켜 조정의 체통을 확립하는 것이다. 셋째는 대간이 단독으로 계사啓事하는 길을 열어서 여러 관원들이 부화뇌동하는 폐단을 제거하는 것이다. 바로 이 세 번째 일 때문에 의론을 꺼냈다.

이 의론은 비록 시행되지는 않았지만 식견이 있는 사람은 간혹 이 의론을 옳게 여기는 사람도 있었다. 그러나 대간은 그만두고라도 지금에 와서는 유사遊士의 무뢰배들을 결합하여 민간의 공론이

라 명칭하고는 간사한 꾀를 함께 만들어 마음은 고치지 않고 겉만
달라진 체하면서 군주의 총명을 가리고 있다. 이 때문에 군주가
그 실태를 변별하기가 더욱 어렵게 되었다. 아아, 세상사가 변하
여 타락된 것을 이루 말할 수가 있겠는가."

《서애전서》 별집 4권, 잡저

## 유형원의 사간원 폐지론

유형원柳馨遠은 조선 후기의 실학자이다. 평생 관직에 나가지 않
은 채 은거하면서 20여 년에 걸쳐 《반계수록》 26권을 저술한 경세가
였다.

유형원은 예전에는 모든 관원이 군주에게 간언할 수 있었다면서
왜 군주에게 간언하는 별도의 관청이 필요한지에 대해 반문했다. 그
리고는 가능하면 대간 전체를 폐지했으면 좋겠지만 갑자기 모두 폐
지하기가 현실적으로 어려우면 사헌부는 남겨두어도 좋다는 의견을
제시했다. 사헌부를 남겨두는 데도 단서를 달고 있다. 사헌부에서
풍문에 따라 조사하는 것은 금지해야 한다는 것이다. 유형원에게도
풍문탄핵의 폐단은 심각한 문제였던 것이다.

"이 관사(사헌부)는 당연히 폐지해야만 한다. 옛날에는 간관에
일정한 관원이 없었으니 모두가 군주에게 다 진간할 수 있었는데
한대로부터 비로소 간관을 두게 되었다. 논자들은 이것이 언로를

넓혔다고 말하고 있지만 실제로 언로가 좁아진 것이 간관을 설치한 때로부터 시작된 것임을 전혀 알지 못하고 있다.

공경公卿 등 보필하는 신하들이 아침저녁으로 군주에게 선언善言을 아뢰고 맡은 사무에 따라서 바르게 진간進諫하고 있으며, 백관들은 각각 맡은 사무를 가지고 진간하고 있으며, 민간의 미천한 사람까지도 기탄없이 바른 말을 하도록 했다. 이 같이 한다면 군주의 덕이 수양되지 않을 이치가 없고, 일이 바르게 되지 않을 이치가 없을 것이니 참으로 언로가 열려 넓혀졌다고 할 수 있다. 그런데 어찌 군주에게 진간한다고 명칭하고 별도로 한 개의 관사를 설치할 필요가 있겠는가.

후세에 와서 모든 일이 성취되지 않는 것은 논설을 말하는 곳이 많기 때문이다. 그러니 대간의 폐해도 그다지 작은 것이 아니다. 다만 지금 인재를 임용하는 일이 예전과 같지 않아서 공경 등 군주를 보필하는 신하를 반드시 모두 그 적임자를 놓지 않으려고 하는 사람이 있다. 그러니 갑자기 다 폐지하기가 어렵다면 중국 조정의 고제에 의거하여 다만 사헌부만 남겨두는 것이 좋겠다."

《반계수록》권16, 관제지제 사간원조

## 이익의 대간 개혁론

이익李瀷은 실학을 본격적으로 연 사람으로 꼽힌다. 그의 실학사상 자체가 조선의 사회현실을 총체적으로 분석하여 개혁방안을 내

놓았다는 점에서도 그렇고, 그의 문하에 있던 제자들이 후일 다방면에서 활약했기 때문이다. 그의 학맥은 실학을 집대성한 것으로 알려진 정약용에게까지 이르고 있다. 이익은 대간의 폐단, 그중에서도 대간의 피혐사직을 신랄하게 비판했다.

"우리나라 사람들이 해야 할 일은 하지 않고 회피하는 것은 커다란 병폐이다. (평소에 대간들이) 벼슬과 녹봉을 사양했다는 말을 들어 본 적이 없는데도, (곤란한) 일에 봉착하면 죽기를 무릅쓰고 물러나려고 한다. 자신에게 조금이라도 허물이 있으면 물러나야만 하는 것이라고 핑계를 댄다. 아울러 자기 몸에 병이 있다는 것을 종이에 가득 써서 제출하여 외람되고 번거로움을 꺼려하는 바가 없다. 이것은 다름이 아니라 대간은 명예만 높고 제 몸을 살찌게 할 실속이 없는 까닭이다.

더욱이 아침에 (대간을) 면하여도 저녁에는 (다른 관직에) 임명되어 그의 벼슬길이 막히는 법이 없다. 때문에 스스로 처리 곤란한 입장에서 벗어나기 위해 이처럼 사직하려는 것이다. 이보다 더 심한 자들은 자기를 부르러 보낸 심부름꾼이 집앞에 당도하여도 누워서 꼼짝도 하지 않는다. 이를 예사로 생각하니 어찌 국가의 기강이 무너지지 않겠는가?"

《성호선생전집》권45, 논간관조

대간의 피혐사직을 개탄한 이익은 개선방안도 동시에 제시했다. 그는 특별한 경우가 아니면 대간의 사직을 받아들이면 안 된다고 했다. 흔히 사직을 할 때는 신병을 이유로 내세우는데, 이 경우에도 실제로 병이 있으면 재상이 사실대로 아뢰도록 해서 함부로 거짓 핑계를 대지 못하도록 해야 한다고 했다. 또 만약 함부로 사직서를 제출하고 출근하지도 않고, 출근하라고 명을 내려도 응하지 않는 사람은 아예 향후 일 년간은 어느 관직으로도 복직시키지 말자는 제안을 했다. 이렇게 하면 일신의 영달을 도모하기 위해 대간직을 쉽게 사직하지 않을 것이라는 것이다.

이익은 피혐사직뿐만 아니라 풍문탄핵의 폐단도 거론했다. 풍문으로 관리를 탄핵하는 것은 남의 행위를 헐뜯고 남의 비밀을 들추어내는 풍습이라고 비판했다. 사람의 죄과는 그 행위를 조사해야만 추궁할 수 있기 때문에 반드시 실상을 조사해야만 하는데 근거 없는 뜬소문만으로 탄핵해서는 안 된다는 것이다. 또 이익은 대간들의 활동을 평가하는 제도를 만들어야 한다고 주장했다. 사실 그때까지 대간의 활동이 총체적으로 평가된 적은 없었기 때문에 대간이 자신들의 언행에 대해 깊은 책임감을 느끼지는 않았다. 이 평가제도에 대해 이익이 제시한 방안은 매우 구체적이었다.

먼저 간관으로 재직한 사람들의 명부를 만든 다음, 대신들이 합석하여 간관들의 재임기간과 이들이 논한 사건들을 명부에 자세하게 기록하자고 했다. 그리고 이 명부는 세 벌을 만들어 하나는 사헌부에, 하나는 의정부에, 나머지 하나는 궁중에 두고 각 간관의 활동을 세밀하게 관찰해야 한다는 것이다. 그 간쟁 내용이 국가에 도움이 된 간관에게는 상을 내리고, 반대로 간쟁할 때 제대로 하지 못하고 우물쭈물하거나, 또 시세에 아부하거나 당파의 이익을 대변하는 간쟁을 한 자에게는 벌을 주어야 한다고 했다. 특히 이들이 논한 사건의 허실을 기록하여 함부로 풍문으로 탄핵하지 못하도록 하자고 제안했다.

이익은 대간의 활동에 대해 사후 평가를 하게 되면 이들이 무책임한 활동을 하지 않을 것이라 여겼다. 이렇게 되면 자연히 근거 없는 뜬소문으로 관리를 탄핵할 수도 없을 것이고, 이들의 권한이 당쟁의 이용 대상으로 전락하지도 않을 것이라고 생각했던 것이다.

## 정약용의 대간 폐지론

이익은 대간제의 폐단을 신랄하게 비판하기는 했지만 대간제 자체를 부정하지는 않았다. 단지 그 역기능을 비판했을 뿐이다. 그런데 아예 대간제 자체를 폐지하자고 가장 급진적인 방책을 제시한 실학자가 있다. 조선 최대의 경세가로 불리는 정약용丁若鏞이다. 정약용의 말을 들어보자.

"천하를 어떻게 다스릴 것인가? 관각(館閣, 홍문관, 예문관, 교서관, 규장각)과 대간을 없애면 천하가 다스려질 것이다. 백성을 어떻게 하면 편안하게 할 수 있겠는가? 관각과 대간을 없애면 백성이 편안해질 것이다. 임금의 덕을 어떻게 바르게 할 것인가? 어떻게 해야 모든 관료가 자기가 맡은 책임을 다할 수 있을까? 기강을 어떻게 바로잡으며 풍속은 어떻게 해야 두터워질 것인가? 관각과

대간을 없애면 임금의 덕이 바로 서고 모든 관료가 제 할 일을 다
하게 되고, 기강이 바로잡히고 또 풍속이 두터워질 것이다."

《여유당전서》 권1, 논부 직관론 1

정약용의 주장에 따르면 당시 조선 사회의 모든 폐단은 대간 때문
에 생기고 있다고 할 수 있다. 정약용이 이처럼 대간에 대해 극언했
던 것은 당시 대간의 폐단이 실로 컸기 때문이다. 정약용이 본 대간
폐단의 실상은 어떠했을까?

"무릇 간관이 된 사람들은 앞을 돌아보고 뒤를 쳐다보면서(남의
눈치만 살피면서) 감히 다른 관원들을 논박하지 못하게 되니 하물
며 군주에게 간언할 수 있겠는가? 다만 낭패를 당한 사람에게만
깊은 못에 밀어놓고서 돌로 내리누르는 일로써 직무를 삼고 있을
뿐이다. 그러나 아침에 임명되었다가도 저녁에 교체시켜 마치 물
결이 모래를 세차게 씻어내리듯이 하여 3일 동안 공무를 집행하는
사람이 드물게 되었다. 또한 한마디 말과 한 가지 행동도 승지가
살펴서 조사하기 때문에 피혐하여 물러가 기다린다. 인책하여 군
주의 명령을 어기고 나오지 않으며, 하찮은 체면 차리기가 마치
쇠털처럼 빽빽하기만 하고, 자질구레한 염치 따지기가 마치 모기
속눈썹처럼 세세하기만 하다."

《경세유표》 권1, 춘관예조 사간원조

대간제의 폐지를 주장한 정약용도 국왕과 고위대신을 탄핵하는

언로의 기능이 절대적으로 필요하다는 것은 알고 있었다. 국왕과 대신을 견제하는 기능이 없어서는 안 되었기 때문이다. 정약용은 자신의 시대에는 아주 극소수의 사람에게만 언로를 맡겼기 때문에 언로가 좁아졌다면서 모든 관리들에게 언로를 넓혀야 한다고 주장했다. 중국 고대에는 간관의 직책이 따로 있었던 것이 아니라 모든 관리에게 언로가 개방되어 있었다고 정약용은 믿었다. 그 이상적인 시대로 돌아가자는 것이다. 결국 정약용의 극단적인 대간 폐지론은 대간의 언론기능을 보다 활성화시키고자 한 역설적인 개선책이었다고 할 수 있다.

# 감찰 이야기

## 2

- 감찰은 사헌부의 하급관원
- 동분서주하는 감찰
- 감찰, 지방에 파견되다
- 감찰은 퇴출 대상이 아니다

## 1
## 감찰은 사헌부의 하급관원

## 이원적인 사헌부 직제

사헌부의 옛 이름은 어사대御史臺이다. 이밖에 상대霜臺라고도 불렸는데, 사헌부의 규찰이 서릿발과 같다고 해서 얻은 별명이다. 그래서 당시에는 흔히 '대臺'란 글자 하나만으로도 사헌부를 나타내기에 충분했다. 사헌부의 관원을 대관臺官이라 하고, 아전을 대리臺吏라 한 것도 한 예이다.

이러한 대관은 흔히 언관으로도 불렸다. 간관과 함께 탄핵이나 간쟁 등의 언론활동을 주로 했기 때문이다. 그러나 모든 대관이 언관이었던 것은 아니다. 사헌부의 최하급 관원인 감찰은 이 언관에 포함되지 않았다. 언론활동에 동참하지 못했기 때문이다. 언론활동은 지평 이상 상급관원들만의 몫이었다. 실제로 감찰이 탄핵 등의 언론활동을 행한 사례는 찾아볼 수 없다. 그들에게는 상급 관원과는 성격이 전혀 다른 직무가 맡겨졌다.

결국 사헌부는 소관 업무의 성격이 전혀 다른 두 부류의 관원이 상하로 편제된 이중적 구조를 갖추고 있었던 셈이다. 이 점은 다른 관청과는 아주 다른 사헌부만의 특징이다. 직무의 성격이 다른 만큼 상관인 대관과 하관인 감찰監察은 서로 다른 청사를 사용했다. 대사헌의 집무처인 대청大廳과 집의의 집무처인 집의청執義廳, 4명의 장령과 지평이 집무하던 대장청臺長廳은 본청사에 있었다. 반면, 24명의 감찰들이 근무하는 감찰방監察房은 별청에 따로 마련되어 있었다.

별청에 독립된 감찰방은 다시 내방과 외방으로 구분되었다. 내방은 감찰방을 대표하는 방주(房主, 방주감찰)가 2명의 유사(有司, 유사감찰)와 함께 집무하던 곳이다. 반면 외방은 이들을 제외한 나머지 감찰들의 집무처로, 여기에는 책임자로서 비방주批房主가 있었다.

그러면 방주 등 감찰의 간부들이 맡은 직무는 무엇이었을까? 우선 방주는 감찰 24명의 대표자로서 모든 감찰의 업무를 총괄했다. 또 경우에 따라서는 감찰에 대한 업무분장을 주관하기도 했다. 본래 감찰에 대한 업무분장은 지평과 장령 등 대장臺長들의 몫이었다. 그러나 어떤 연고로 인해 대장들이 등청하지 못할 때는 방주가 왕명을 받아 이를 대신하기도 했다. 그리고 감찰방의 대표자였던 만큼 예하의 유사를 임의로 선정할 수 있는 권한도 가지고 있었다.

한편, 2명의 유사감찰은 감찰방에서 실행한 그날그날의 업무를 본청에 보고하는 일을 맡았다. 이와 함께 감찰방 내의 잡다한 서무도 그들의 몫이었다. 그러나 이에 못지 않게 중요한 직무가 또 하나 있었다. 혹여 있을지도 모르는 동료 감찰의 비위를 규찰하는 일이었다. 감찰조직의 건강성을 유지하기 위한 자정 기능을 수행했던 것이다. 마치 오늘날 검찰조직에 감찰부가 있는 것과 비슷하다.

한 가지 흥미로운 사례를 들어보자. 1439년(세종 21년)의 일이다. 어느 날 방주감찰 허눌許訥이 동료 감찰 김복해金福海와 함께 감찰방 내에서 술을 먹고 대취하여 할아버지와 아버지의 벼슬을 자랑하다가 마침내 서로 물고 뜯는 추태를 벌이고 말았다. 일이 이에 이르자 유사인 김리金理와 이사계李師季는 본청의 대장에게 사실을 보고했다. 대장들은 숙의 끝에 규율을 어긴 사건 당사자들은 물론 유사감찰까지 탄핵하여 파직했다. 유사감찰에게는 동료를 제대로 규찰하지 못한 책임을 물었던 것이다.

고금을 막론하고 감찰 조직원들은 조직 생리상 술을 좋아했던 것 같다. 얼마 전 검찰 간부의 대낮 취중 실언으로 온 나라가 들끓었던 적이 있었다. 하지만 조직 내부의 치부를 숨기기에 급급한 지금의 세태와 비교하면 세종 때 허눌의 사례는 신선한 느낌마저 준다.


## 엄격한 상하관계

사헌부는 근무 기강은 물론 상하관계 또한 타의 추종을 불허할 정도로 엄했다. 그도 그럴 수밖에 없었다. 법령을 집행하고 백관을 규찰하는 관청이니만큼, 그렇지 않으면 어찌 뭇 관리에게 위엄이 서고 신뢰를 받겠는가. 사헌부의 그와 같은 분위기를 보여 주는 일화가 있다.

"정절공(貞節公, 鄭甲孫)이 대사헌이 되자 혼탁한 것은 배격하고 맑은 것은 고양하게 해서 조정의 기강을 크게 떨쳤다. 그러면서도 너그럽고 온후함으로써 근본을 잃지는 않았다.

관례에 대간이 함께 공회公會를 할 때 천막을 서로 연이어 치고 가운데 장막을 드리운다. 그러다 혹 음주할 일이 있으면 장막을 걷고 함께 마셨으니, 이름하여 권장음捲帳飮이라 불렸다. 그런데 만약 금주령이 내려지면 대관들은 법을 집행하는 입장이었으므로 술을 마시지 못했으나, 간관들은 아랑곳하지 않고 음주하기를 예사로 했다.

그러던 어느 날 간관이 짓궂게도 잔에 술을 가득 부어 장막 틈으로 한 대장臺長에게 건넸다. 이에 대장도 장난으로 팔을 흔들어 술잔을 뿌리쳤다. 그러자 술잔은 장막 틈으로 떨어져 대사헌이 앉아 있는 책상 앞으로 떼굴떼굴 굴러갔다. 일이 여기에 이르자 여러 대장들은 두려워서 어찌할 바를 모르고, 아전들 또한 서로 보고만 있을 뿐 감히 그 술잔을 치우지 못했다. 사헌부 내에서는 그야말로 큰일이 생기지 않을까 모두 전전긍긍하고 있었다.

그런데 사무를 마칠 때 정절공이 아전에게 묻기를, "저기 거위 알 같은 것은 무엇인가? 수정 구슬이 몇 개나 들겠나?" 하니, 아전이 "백 개는 들 것입니다." 하고 대답했다. 그러자 정절공은 "굴러

나온 틈으로 도로 던져라." 하고는 자리를 떴다. 그 자리에 있던 사람들이 모두 그의 아량에 탄복했다. 사간원에는 금령을 어기고 만든 거위 알 모양의 술잔鵝卵杯이 전해 오고 있었는데, 수정 구슬 한 되가 들어갈 만한 크기였다."

이와 같이 같은 대간이면서도 사헌부와 사간원의 기강은 전혀 달랐다. 대관과 달리 간관은 자유분방했다. 대간 본연의 직분을 생각할 때 이와 같은 기강과 분위기의 차이는 오히려 당연한 것이기도 했다. 임금을 상대하는 간관이 근엄할 수는 없었을 것이며, 백관을 규찰하는 대관이 부드럽고 온화할 수는 없었을 것이다.

흔히 기강은 의식에서 나온다고 한다. 막 군에 입대한 신병에게 제식훈련을 제일 먼저, 혹독하게 시키는 것도 이 때문이다. 소위 군기를 잡기 위해서이다. 감찰방의 전통인 짓궂은 신고식도 선후배 간의 기강을 세우기 위한 하나의 통과의례였다. 마찬가지로 사헌부의 엄한 기강은 철저하고 절도 있는 등청 및 회의 의식에서도 볼 수 있다. 《용재총화》에서 성현成俔이 하는 이야기를 들어보자.

"대관과 간관이 일체라고는 하나 실은 같지 않다. 대관은 풍속을 규찰하고, 간관은 임금의 과실을 바로잡는다. 특히 대관의 상하관계는 다른 관청의 그것보다 엄하다.

장령이 출근하면 지평은 섬돌 아래까지 나가 맞아들이고, 집의가 출근하면 장령 또한 그렇게 하고, 대사헌이 등청할 때는 집의이하가 모두 나가 영접하는 것이 관례이다. 그런데 만일 하관이 아직 출근하지 않았으면 상관이 먼저 왔더라도 의막依幕에서 잠시 하관이 오기를 기다렸다가 그의 영접을 받고서야 들어간다. 한편, 대사헌이 정문에 들어서면 사대장(四臺長, 두 명씩의 持平과 掌令)은 중문中門 밖에서, 집의는 중문 안에서 공손히 맞아들이고, 각각 다시 자기 집무실로 간다.

대사헌이 대청에 앉으면 수석 아전이 대장청에 가 "회의합니다." 하고 네 번 외치고, 다시 집의청에 가 "회의합니다."라고 한 번 외치며, 또 대사헌 앞에 나아가 "회의합니다."라고 한 번 외치고 물러난다. 그러면 집의는 북쪽 문의 발을 걷고 들어와 대사헌에게 재배의 예를 행하고, 대장들은 뜰 아래에 있는 문으로 들어와 섬돌 위에 도열했다가 대청 위에서 대사헌에게 재배의 예를 마친다. 이 예식이 끝나면 모든 감찰이 뜰에 들어와 뵙기를 청하는데, 서리가 와서 알리면 감찰이 차례로 대청 위에 올라가 절을 하고 물러난다. 이어 서리와 나장羅將이 차례대로 들어와 재배한다.

이윽고 각자 자기 자리로 나아가는데, 대사헌은 의자에 앉고 나머지는 모두 평상에 앉는다. 그러면 아전 여섯이 탕약 그릇을 들고 여섯 대관 앞에 무릎을 꿇는다. 한 아전이 "탕약 그릇을 잡으시오."라고 외치고, 또 "탕약을 드시오." 하면 이를 마시고, "약 그릇을 놓으시오." 하면 이내 그릇을 물리친다. 이어 또 한 명의 아전이 "자리에 앉아 공무를 보시죠." 하면 모두 일어나 서로 가볍게 인사하고 회의실로 자리를 옮겨 앉아 서경署經하고 탄핵할 일 등을 논의한다.

협의 처리할 일이 끝나면 집의 이하는 다시 자신의 집무실로 나

가는데, 하인 하나가 중문 안에서 "네십申時니다."라고 세 번 외치
고, 또 한 아전이 문 안에서 "공무가 끝났습니다."라고 외치면 대
장이 나온다. 이렇게 해서 차례로 공손히 전송한다. 길을 갈 때에
도 직급 순으로 차례대로 간다. 이것이 사헌부의 관례이다."

사헌부의 출근의례와 회의 의식이 아주 엄숙했음을 알려주는 이
야기다. 하관은 반드시 상관의 출근을 영접해야 했고, 회의 또한 엄
격한 격식에 따라 진행됐다. 심지어 차(탕약) 한 잔 마시며, 공무를
시작하고 끝내는 것조차 격식을 갖추어야만 했다. 늘상 이 같은 의
식을 치르며 생활했던 대관들이었기 때문에 기강이 엄격하고 상하
관계가 깍듯한 것은 당연한 결과였다.


## 그러나 항명도 자주 한다

사헌부에서 행하는 의례 중에 '정영庭迎'이란 것이 있다. '뜰에서
맞이한다'는 뜻으로 '지영祇迎'이라고도 했는데, 상관이 출근할 때
하관이 뜰에 내려가 영접하는 일을 말한다. 지평 이상의 상관이 출
근할 때 감찰도 이 정영이란 예를 했다. 관행일 뿐 아니라 마땅히 해
야 할 직무의 하나이기도 했다. 그런데 감찰이 이 정영을 하지 않는
경우가 가끔씩 있었다. 깜박 잊고 못한 것이 아니라 고의로 그랬던
것이다. 이를 '불정영'이라 했다. 왜 그랬을까? 몇몇 감찰의 이야기
를 들어보자.

고려 창왕 때의 일이다. 지평 김첨金瞻이 등청할 때 감찰들이 정영하기를 거부했다. 이유인즉 이렇다. 사헌부가 협의 끝에 민중리閔中理란 자의 임명장에 서경하기를 거부하기로 결정했는데, 자기 혼자 몰래 서경을 해서 넘겨 줬을 뿐 아니라, 임산부를 살해한 부잣집 딸의 죄를 면탈시켜 주기도 했다는 것이다.

이에 앞서 공민왕 때에는 이런 일도 있었다. 김원명金元命이 집의가 되어 당당하게 사헌부로 출근하자 감찰이 나와 영접을 했다. 그런데 이게 어찌된 일인가. 등 뒤를 따라오면서 자신을 조롱하고 있지 않은가. 순간 화가 치민 김원명은 그대로 귀가해 버렸다. 마침내 사헌부의 탄핵으로 감찰 하나가 파직되었고, 김원명은 병을 핑계로 출근을 하지 않았다. 이에 왕이 일보기를 재차 명하자, 다시 출근했다. 그러자 이제 감찰들은 그의 잘못을 조목조목 적은 연판장을 만들어 놓고 정영하기를 거부했다. 결국 이 일로 감찰 여럿이 곤장을 맞거나 귀양을 갔지만, 김원명의 고충 또한 컸다.

대부분 감찰이 정영을 거부한 이유는 정영을 받지 못한 상관에게 잘못이 있어서였다. 직무를 잘못 처리한 경우도 있고, 자격에 문제가 있는 경우도 있다. 물론 감찰의 '불정영'은 불법이다. 직무태만일 뿐 아니라 상관을 능욕하는 행위이기 때문이다. 또 일종의 항명이기도 하다. 그의 지시를 이행하지 않겠다는 표현이기 때문이다. 그래서 불정영 이후 많은 감찰들이 처벌을 받았다. 곤장도 맞고, 파직되기도 했으며, 귀양을 가기도 했다.

그러나 불정영은 상관인 대장들에게도 큰 타격을 주었다. '불정영'을 당한다는 것은 곧 대관으로서의 자질에 흠이 있음을 의미하기 때문이다. 따라서 그 자리를 오래 유지하기 힘들었고, 많은 경우 다른 관직으로 곧 전보되었다. 결국 대장에 대한 감찰의 정영은 단순한 관행에 그치는 것이 아니라 상관에 대한 하관의 믿음과 존경의 표시였던 것이다. 역으로 상관에게는 명예의 상징이었다.

기강이 엄격하고 상하관계가 깍듯한 사헌부에서 이 같은 불정영 사건이 적지 않게 일어났다는 것은 그야말로 파격이다. 놀랍기도 하지만, 일면 고무적이기도 하다. 그 자체가 불법이고, 그래서 파직이나 귀양 등의 고통을 겪어야 한다는 것을 잘 알면서도 상관의 잘못이나 결함을 그냥 지나치지 않았으니 말이다. 상하 질서를 무너뜨리는 항명인 듯하지만, 이것이 바로 엄격함의 본질이 아니었을까? 아울러 이같이 심지 곧은 마음가짐이 사헌부란 조직의 건강성과 명예를 오랫동안 지킨 힘의 원동력이었을 것이다.

그런데 지금은 어떤가. 예전의 사헌부 못지 않게 지금도 엄격한 기강, 특히 철저한 상명하복을 자랑으로 내세우는 기관이 몇 있다. 검사동일체의 원칙을 부르짖으며 일사불란한 지휘체계를 자랑하는 검찰이 그 대표적인 조직이다. 역시 법을 집행하고 규찰 기능을 가진 기관이다. 검사 개개인의 독립성을 인정하면서도 상부의 지시나 지침에 거의 이의를 제기하지 못한다. 안 하는 것인지 못하게 하는 것인지는 알 수 없지만, 기강이 센 것만은 분명하다. 건국 이래 별다른 항명사건이 거의 없었다고 하니 말이다.

그리 오래 되지 않은 일이다. 검찰 총수의 부인이 이른바 고급 옷 뇌물사건에 연루됐다. 사실이든 아니든 간에 예전 같으면 당연히 피혐사직을 했다. 적어도 명예를 중시했던 조선의 대간은 그랬다. 아니 그렇게 하지 않을 수도 없었다. 다른 대간들의 빗발치는 탄핵은 그만두고라도, 부하인 감찰이 먼저 불정영의 치욕을 안겨 줬을 것이다.

하지만 요즘은 다르다. 검찰 총수도 명예롭게 처신하지 못했고, 불정영과 같은 항명 아닌 항명을 했다는 검사의 얘기도 듣지 못했다. 그럴 정도로 기강이 엄해서인지 아니면 검찰조직의 붕괴를 걱정하는 잘못된 애정 때문에서인지 알 수 없다. 자세한 내막이야 알 수 없지만, 조선의 감찰이 보여준 불정영의 의미가 새롭게 다가서는 것만은 떨치기 어렵다.


## 혹독한 신참 신고식

1414년(태종 14년)의 일이다. 사헌부 감찰 이대李偸, 신회辛回, 정재鄭載 등이 파직을 당했다. 금령을 어겼기 때문이다. 그런데 그 금령이란 것이 좀 특이했다. '신임 감찰의 신고식을 금함.' 이것이 금령의 내용이었다. 그러고 보니 이대 등은 신임 감찰로부터 신고식을 받았다가 마침내 파직까지 당했던 것이다.

그러면 왜 감찰의 신고식을 금지하고자 했던 것일까? 사대부에게 모욕감을 줄 정도로 그 의식이 지나치게 혹독했기 때문이다. 특히 계속 유지해야 할 오래된 전통이 아니라 고려 말부터 생긴 폐습에 불과했다. 그러나 태종의 금령과 해당 감찰들이 파직되는 수난에도 불구하고 이 풍습은 사라지지 않았다.

세종도 없애려고 했고, 성종도 몹시 싫어했다고 한다. "성종이 이를 매우 미워해서 엄히 금하자 조금 약화되기는 했으나 이후에도 끈질기게 지속되었다." 성현成俔이 《용재총화慵齋叢話》에서 한 말이다. 도대체 그 신고식이 어떠했기에 그토록 지탄을 받아야 했을까? 이에 대해 성현은 다음과 같이 설명한다.

"감찰방의 장인 방주가 내방에 들어가 자리에 앉으면, 외방에는 다른 감찰들이 임명된 순서대로 차례로 자리를 정해 앉는다. 외방의 수석을 비방주라 하고, 새로 들어온 감찰을 신귀新鬼라 하여 여러 가지로 욕을 보인다.

우선 신귀로 하여금 방에 있는 서까래만 한 긴 나무를 들어 올리게 하는데, 이를 경홀擎笏이라 한다. 만일 들지 못하면 신귀는 선배 앞에 무릎을 꿇어야 한다. 그러면 최고참을 필두로 다른 선배 감찰들이 차례로 무릎을 내리친다. 또 신귀에게 물고기 잡는 놀이를 시키기도 한다. 신귀로 하여금 연못에 들어가 사모紗帽를 벗어 못의 물을 퍼내도록 함으로써 의복을 더럽히게 하는 것이다. 뿐만 아니라 거미 잡는 놀이도 했다. 신귀에게 부엌 벽을 문질러 두 손을 시커멓게 만든 뒤, 손을 씻게 하고 그 물을 마시게 하니 토하지 않은 사람이 없었다.

또 안침安枕을 강요하기도 했다. 신귀로 하여금 두꺼운 백지로 자서함刺書緘을 만들어 날마다 선배의 집에 던져 넣게 하고, 선배들이 수시로 그의 집에 몰려 가면 사모를 거꾸로 쓰고 달려나와 맞이한다. 그리고는 술자리를 마련하고 선배들에게 여자 하나씩을 안겨 주어야 한다. 이윽고 술이 거나하게 취하면 상대별곡霜臺別曲을 노래하고 논다.

　그런가 하면 출근 첫날 목침으로 얻어 맞는 봉변을 당하기도 했다. 아침 일찍 출근해서 전날 당직을 선 선배에게 인사드릴 때, 선배가 갑자기 큰 소리를 치며 신귀에게 목침을 내던지는데, 재빨리 피하지 않으면 크게 얻어 맞게 된다."

이처럼 감찰의 신고식은 다양하면서도 혹독하게 진행되었다. 이 밖에 신참으로 하여금 의관을 벗어 던진 채 땅바닥에 엎드려 큰절을 하게 하는 의식을 치르기도 했다. 아무리 유대 강화를 위한 통과의 례라는 점을 감안하더라도 심하다는 느낌이 든다. 신참에게 모욕을 주기도 하고, 향응을 받기도 했으며, 짓궂게 장난을 치기도 했던 것이다.

　오늘날 사회 각 분야의 여러 조직체에서 행하는 신참례가 모두 망라된 듯도 하여 놀랍기도 하다. 신참 졸병에게 기합을 주고, 몽둥이로 치며, 더러는 술도 얻어 먹는 오늘날 군대 문화의 먼 연원이 이 감찰의 신참례에 있었던 것은 아닐까? 태종과 세종, 그리고 성종이 그렇게도 폐지하고자 했던 마음을 조금은 헤아릴 것도 같다.

## 오늘 할 일은 오늘 지시받다

　"규정(糾正, 감찰의 다른 이름)은 백관의 규찰을 맡았으니 임금의 이목과 같은 존재다. 모든 제사와 조회로부터 전곡의 출납에 이르기까지 모두 감독하므로 비록 직급은 낮으나 책무는 무겁다."

고려 말에 정치개혁을 주도한 조준趙浚이 그의 상소문에서 밝힌 주장이다.

실제로도 그러했다. 전곡출납과 조회, 제사는 물론 크고 작은 공적인 일에 감찰이 개입하지 않는 경우는 별로 없었다. 관원의 불법 행위, 각종 집회, 부당한 상거래, 과거시험에서의 부정, 이 모든 것이 감찰의 규찰 대상이었다. 한마디로 감찰의 직무는 다양하고 과중했다. 특히 감찰방 내에서의 사무보다 청 밖으로의 외근이 훨씬 많았다. 하나의 관직에 24명이란 유례가 없을 정도로 많은 관원이 배치된 것도 이 때문이었다.

맡은 일도 많고 인원도 많았기에 적절한 업무 분담이 필요했다. 이를 '분대分臺'라 한다. 사헌부 관원인 감찰을 여러 관청에 나누어 보낸다는 의미에서 그렇게 불렸다. 이를테면 그때그때 감찰의 외근처를 정하는 작업을 분대라 했던 것이다. 그리고 대장. 그중에서도 지평이 그러한 업무 분담, 즉 분대를 주관했다. 하지만 더러는 방주 감찰이 이를 대신하기도 했다.

그런데 도대체 사헌부는 다른 관청에서 집행하는 수많은 대소 행사를 어떻게 알고 차질없이 감찰을 보낼 수 있었던 것일까? 사헌부 스스로 그러한 행사의 집행 날짜를 일일이 파악할 수 없었을 텐데 말이다. 하지만 조선의 행정체계는 이것을 가능하게 할 만큼 생각 외로 짜임새가 있었다. 먼저 감찰이 입회해야만 집행될 수 있는 행사의 종류가 법률에 규정되어 있었다. 아울러 행사를 주관하는 관청은 행사 수일 전에 공문으로 행사 사실을 사헌부에 통지해야 했다.

이렇게 해서 감찰의 파견을 요청하는 갖가지 공문이 사헌부에 접수된다. 그러면 분대와 관련된 서무를 전담하는 사헌부의 아전分臺書吏이 날짜별로 이를 정리해서 주무대신인 지평掌務持平에게 보고한다. 장무지평은 업무 배정 내용을 기안해 두었다가 당일 아침의 간부회의에 상정한다.

간부회의에는 두 종류가 있었다. 제좌齊坐와 다시茶時가 그것이다. 제좌는 정기적으로 갖는 정례회의이고, 다시는 제좌가 없는 날 매일 갖는 약식회의로 일종의 간담회였다. 회의 때 탕약湯藥으로 불리는 차를 마셨다고 해서 다시라 했다. 요즘 각 직장에서 행하는 티타임과 흡사하다. 차를 마시면서 그날 할 일들을 가볍게 이야기하며 정리하듯, 다시에서 탕약을 마신 후 서경署經하고 탄핵할 일들을 논의했다. 물론 지평이 올린 그날의 분대안도 회의 안건의 하나였다.

이렇게 해서 업무 분담이 결정되면 외근해야 할 감찰은 곧 자신이 배정받은 관청으로 떠난다.

감찰은 사헌부의 하급관원

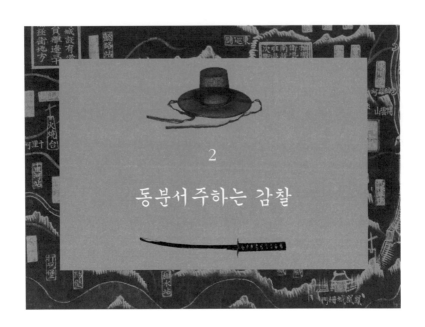

2

동분서주하는 감찰

## 돈이 오가는 곳에 부정이 많다

　몇 년 전, 부천과 인천의 몇몇 구청에서 국민을 경악하게 한 횡령 사건이 있었다. 재산세를 수납하는 공무원이 영수증을 위조해서 세금의 일부를 빼돌린 것이다. 사건이 터지자 부랴부랴 진상을 파악하느라 부산을 떨었다. 조사 끝에 검찰은 관계자 몇 명을 구속하고, 정부는 재발 방지를 위한 대책을 마련하겠다고 약속한 뒤 사건을 마무리했다.

　그런데 금전을 횡령하고 착복한 사건이 어디 구청 공무원에게만 국한된 것인가. 세금을 깎아 주고 커미션을 받는 세무공무원도 있고, 고객이 맡긴 예금을 빼내 도망가는 은행원도 적지 않은 것이 현실이다. 일일이 다 밝혀지지는 않았지만 이런 사건은 기업 등의 다른 조직에서도 종종 발생하곤 한다. 특히 금전출납을 담당하는 경리 부서에서 말이다.

견물생심이라던가. 모든 사람이 다 그런 것은 아니지만, 수시로 금전을 출납하다 보면 욕심이 생길 가능성도 그만큼 커진다. 그래서 흔히 경리 부서의 직원에게는 재정보증인을 세우게 한다. 횡령이나 유용 등 금전출납과정에서 생길 수 있는 만일의 사고에 대비하기 위해서이다.

금전을 출납하면서 한순간 욕심이 생기는 것은 어찌 보면 고금을 막론하고 인간의 본능일지도 모른다. 실제로 예전에도 금전출납과정에서 적지 않은 부정이 자행되었다. 옛 사람들도 이 점을 걱정했다. 그래서 이를 예방할 수 있는 방안을 마련했다. 공공기관에서 금전을 출납할 때는 반드시 사헌부 감찰로 하여금 입회하도록 한 것이 바로 그것이다. 이를 특별히 '청대請臺'라고 불렀다. 물론 앞서 말한 대로 관할 관청이 사전에 감찰의 파견을 요청해야 했다.

그런데 말이 입회지 실제로는 청대에 나선 감찰이 출납을 주도했다. 물론 해당 관청의 관원도 출납에 관여하기는 했지만 수세적인 입장에 놓여 있었다. 감찰이 관련 문서를 검토하고 서명해야만 비로소 소정의 물품(조선시대까지만 해도 화폐가 주조되기는 했으나 그리 활발하게 유통되지 못하고, 주로 곡물이나 직물 등의 현물이 화폐의 기능을 대신했다)이 출납될 수 있었다. 또 출납되는 물품의 수량과 품질까지 직접 확인하고 점검하기도 했다.

이러한 감찰의 청대는 본래 취지대로 출납과정에서의 부정 방지에 크게 기여했다. 특히 고려나 조선 같은 왕조국가에서 흔히 발생할 수 있는 국왕의 국가재정 남용을 견제하는 데 더욱 효과적이었다. 사헌부 관원으로서의 명예를 걸고 감찰이 그러한 지출을 적극적으로 막았던 것이다.

1299년(충렬왕 25년), 감찰 채우蔡禑가 좌창(左倉, 고려 때 관료의 녹봉을 보관했다가 지출하던 창고로 후일 廣興倉으로 이름을 바꿨다)에서 녹봉을 나누어 주고 있었다. 이때 내시 한 사람이 와서 '내시들에게 쌀 몇 말씩을 나누어 주라'는 왕명을 전했다. 그러자 채우는 "오늘 분급하는 녹봉은 군 장교들 몫이다. 만일 이를 떼어 내시들에게 준다면 임금의 성덕에 누가 된다."라고 끝내 왕명을 거부했다. 이 일로 채우는 외딴 섬으로 귀양을 가게 되었다.

고려 말 우왕 때에도 비슷한 일이 있었다. 1386년(우왕 12년) 규정(糾正, 이때는 감찰을 규정이라 했다) 권간權幹이란 자가 동강에 있는 좌창에서 백관의 녹봉을 분급하고 있을 때, 우왕이 환관을 시켜 '여러 내시들에게 쌀 한 석씩을 나누어 주라'고 명령했다. 권간은 "이 창고는 선왕들께서 백관의 녹봉을 위해 마련하신 것이니, 아무리 왕이라도 그 곡식을 함부로 하사할 수는 없다."고 거절했다. 이 일로 그 역시 사흘 동안 옥살이를 했다.

참으로 가상하고 용기 있는 처신이다. 왕의 미움과 처벌을 두려워하지 않고 자기 본연의 직분에 충실했으니 말이다. 최고권력자의 말이면 그것이 옳은지 그른지를 분별하지 않고, 때로 불법적인 명령이라 하더라도 맹목적으로 좇는 오늘날 관료사회의 세태와 비교해 보면 감회가 새롭기까지 하다. 부정부패의 척결은 역시 제도의 정비가 아니라 원칙을 지키려는 인간의 의지에 그 성패가 달려 있음을 새삼 깨닫게 한다.

하지만 올바른 제도를 갖추는 일도 소홀히 할 수는 없다. 사후에 문책하거나 처벌하는 것보다는 사전에 예방하는 것이 부정부패를 막는 올바른 방법이기 때문이다. 《맹자》에 '망민網民'이란 말이 있다. '백성을 상대로 그물질한다'는 뜻이다. 제도가 잘못되어 백성으로 하여금 자주 잘못을 저지르게 하고는 마치 물고기를 잡듯이 잡아들여 처벌하는 것을 비유한 말이다. 어진 임금으로서 해서는 안 될 일임을 강조한 것이다.

이에 비추어 볼 때 고려와 조선시대에 시행된 청대법은 적어도 망민의 우愚만큼은 피할 수 있게 했다. 부정의 소지가 많은 전곡출납 자체를 감사기관인 사헌부 감찰의 감독과 지휘 하에 운영함으로써 부정을 사전에 예방하고자 했던 것이다. 이는 사후 적발과 처벌을 위주로 하는 오늘날의 감사제도와는 근본적으로 다른 체제이다. 이제 우리도 그물을 거두고, 공직자로 하여금 부정의 늪으로 빠지지 않게끔 이끄는 감사체계를 모색할 때도 되지 않았는가.

## 견물생심, 생선가게를 맡은 고양이

"검찰, 모 교육청의 관급 공사를 주관하는 공무원으로부터 뇌물
을 받은 현직 감사원의 한 감사관을 구속하다."

지난해 주요 일간지에 공통으로 보도된 사건이다. 공무원의 부당한 업무처리나 부정을 적발하는 일을 직무로 하던 감사관이 오히려 부정을 저질렀던 것이다. 물론 흔한 일은 아니다. 신문지상에 대서특필된 것도 흔한 일이 아니기 때문이다.

이런 일은 요즘에만 일어나는 것은 아니다. 예전에도 이와 비슷한 일이 더러 있었다. 역시 흔히 발생하는 사건이 아니어서 그런지, 여러 역사 기록은 이를 빠짐없이 수록하고 있다. 백관의 규찰을 담당한 감찰이 부정에 앞장 선 사례가 실록 등에 적지 않게 보인다. 특히 전곡출납을 주관하는 과정에서 자주 부정이 저질러지곤 했다. 그 양태 또한 아주 다양하다.

우선 감찰 혼자 직권을 남용해서 공금을 유용하거나 횡령하는 경우다. 고려 의종 때 운흥창雲興倉에 청대를 나간 감찰(어사) 이현부李玄夫는 창고에 보관된 쌀 17석을 꺼내 사사로이 자기의 의자義子와 상인에게 나누어 준 일이 있다. 후일 발각되어 횡령한 쌀의 추징은 물론 파직까지 당했다.

이와는 달리 해당 관청의 관리와 감찰이 공모해서 공금을 유용하는 경우도 있다. 1201년(신종 4년)의 일이다. 도재고都齋庫에서 물품 출납을 감독하던 감찰 노언숙盧彦叔이 유력자의 명령이라 사칭하고 관리하던 쌀 여러 석을 꺼내 도재고의 관원들과 함께 나누어 가졌다. 문책을 두려워한 창고지기가 상부에 이 사실을 고발했고, 마침내 사헌부의 탄핵을 받아 관련자들은 외딴 섬으로 유배되었다. 물론 유용한 쌀도 추징당했다.

그런가 하면 1407년(태종 7년)에는 다음과 같은 일도 있었다. 군자감軍資監의 청대를 담당하던 감찰 이운적李云迪이 군자감 판사判事 황한우黃旱雨와 짜고 각도에서 바치는 상납미를 정액 이상으로 징수했다. 수납할 때 말질을 교묘하게 하는 방법을 썼다. 이렇게 해서 생긴 여분의 미곡을 둘이 나누어 가졌던 것이다. 역시 발각되어 문책을 당했다.

직무를 태만히 한 경우도 적지 않았다. 1411년(태종 11년), 감찰 최세창崔世昌이 군기감軍器監의 관원 최해산崔海山과 함께 사헌부의 탄핵을 받았다. 군기감의 하급 관리가 130근의 철을 초과 반출한 사실을 점검하지 못했기 때문이다. 근무태만이었던 것이다.

이런 경우도 있었다. 1424년(세종 6년), 대소 관원에게 녹봉을 지급할 때의 일이다. 마침 녹봉으로 주어야 할 광흥창의 신미(新米, 지난해 추수한 쌀)가 크게 부족했다. 그래서 3품 이하의 관원에게는 일부를 군자감의 진미(陳米, 여러 해 전에 추수한 쌀)로 주도록 했다. 그런데 광흥창에서 녹봉 지급을 감독하던 감찰 허비許扉가 광흥창의 관원과 공모해서 감찰들에게는 모두 햅쌀을 지급했다. 자연히 다른 관료들에게는 군자감의 묵은 쌀이 그만큼 많이 돌아갔다. 집단 이기주의의 발로로 직무를 공정하게 수행하지 못했던 것이다. 결국 문책이 뒤따랐다.

고양이에게 생선가게를 맡긴 꼴이다. 전곡을 출납하는 과정에서 생길지 모르는 부정을 막기 위해 감찰관을 파견했더니, 그 감찰이 이처럼 다양하게 부정 출납을 주도했던 것이다. 고금을 막론하고 사람이 사는 세상이면 늘상 있을 수밖에 없는 일인가 싶어 왠지 씁쓸하다.

# 빈대 잡자고 초가삼간을 태워서야 되겠는가

이 같은 감찰의 부정과 비리를 그대로 방치할 수만은 없었다. 그러고서야 국가재정, 나아가 국가 자체가 온전할 수가 없었다. 적절한 대책이 필요했다. 감찰에게 전곡출납을 감독케 하는 제도를 없애는 것도 물론 하나의 방안이 될 수 있다. 하지만 이것은 현명한 선택일 수 없다. 그러면 출납을 전담하게 될 재정 관청 관원의 부정과 비리가 더욱 만연할 테니 말이다. 그들의 부정을 미연에 방지하고자 전곡을 출납할 때 감찰을 입회시키는 청대법을 시행했다. 손가락에 종기가 생기면 이를 치료할 마땅한 방법을 찾아야지 손가락 자체를 자를 수는 없는 일이다.

질병의 완치를 위해선 무엇보다도 병의 원인을 먼저 찾아야 한다. 감찰의 부정을 척결하는 일 또한 마찬가지다. 부정의 원인을 찾아야 이를 막을 수 있지 않은가.

오랜 고민 끝에 마침내 원인을 찾았다. 한 감찰에게 장기간 특정 관청의 전곡출납을 전담토록 한 것이 바로 그 원인이었던 것이다. 이를 월령감찰月令監察이라 불렀는데, 그 기간은 6개월이었다. 고려 이래 조선 초까지 그랬다. 한 곳에서 6개월씩 전곡출납을 전담하는 동안 감독 감찰과 해당 관청의 관원 사이에 맺어지는 두터운 친분관계가 문제였다. 이 친분 때문에 웬만한 잘못은 덮어 주기도 하고, 더러는 양자가 공모해서 부정을 행하기도 쉬웠다. 임기가 끝나기 전에만 변제하면 된다고 생각하고 자주 공공의 물품을 유용했던 것이다. 그리고 드물게는 감독관이라는 직권을 남용해서 사적으로 횡령하기도 했다.

요즘도 그렇다. 중앙과 지방의 여러 관청에는 전담 감사관이 상주해 있다. 하지만 그들이 과연 얼마나 적극적으로 각 부처 내에서 벌어지는 부정행위를 적발하고 시정하는지는 의심스럽다. 대부분 자체 감사에서는 별 문제가 없는 것으로 처리한다. 그러다가도 감사원의 특별 감사를 받고 나면 상황이 달라진다. 크고 작은 부정과 불법 행위가 적발되고, 시정하느라 야단법석이다. 전담 감사관의 감사 능력과 인원이 부족해서만은 아니다. 함께 근무하면서 맺은 친분이 굴레가 되어 감사에 적극적일 수 없기 때문인 것이다. 그리고 더러는 담당 공무원으로부터 뇌물을 받고 비리를 덮어 주는 경우도 있다. 역시 고금을 막론하고 감사란 한 사람이 한 곳을 오랫동안 전담해서는 안 된다는 사실을 웅변해 주는 것이다.

드디어 이러한 문제점을 해결하기 위해 새로운 대안이 모색되었다. 조선 태종 연간의 일이다. 월령감찰을 폐지하고, 담당 감찰을 매일매일 바꾸도록 조치했다. 물론 매일 아침 열리는 사헌부의 간부회의, 즉 제좌나 다시에서 결정됐다. 이를 매일분대每日分臺라 부른다. 이렇게 되니 감독 감찰과 해당 관청의 관원이 친분을 맺기 어려워졌다. 자연히 둘 사이의 친분 때문에 야기되는 부정과 비리는 줄어들었다. 오히려 양자는 서로를 감시하고 견제하는 관계로 변했다.

그런데 이렇게 되자 몇 가지 새로운 폐단이 생겼다. 담당 감찰의 직무태만 현상이 그 하나이다. 당일로 업무를 마감함으로써 훗날 출납 물품에 착오가 생기더라도 누구의 책임인지 가리기 어렵게 됐고, 이에 많은 감찰이 직무 수행을 게을리 했다. 책임 소재가 불분명해

지자 근무 기강이 해이해진 것이다. 더욱이 매일 업무가 바뀌었으므로 맡은 일에 익숙할 리 없었다. 그러니 하루 동안 그들이 할 수 있는 일은 고작 출납서류를 점검하는 것에 불과했다. 물품 출납을 직접 감독하거나 재고조사와 같은 작업은 엄두도 내지 못했다. 형식적인 감독에 머물 수밖에 없었던 것이다.

그러는 사이에 출납을 직접 맡았던 아전의 물품 남용이 더욱 심각해졌다. 심지어 큰 도둑을 맞고도 오랫동안 모르는 일도 생겼다. 현장 점검도 하지 않고 건물의 준공검사를 내줌으로써 결과적으로 엄청난 사회적 물의를 일으킨 작금의 세태와 다를 게 없다. 이 지경에 이르자 마침내 조정은 감찰의 친감親監을 독려하고 나섰다. 물품을 출납하는 현장에 직접 입회하여 그 수량을 점검하라는 것이었다. 하지만 이 역시 큰 성과를 거두지는 못했다.

그러고 보면 역시 완벽한 제도란 있을 수 없다. 또 사회적 문제의 근본적인 원인은 제도의 미비에 있는 것이 아니라, 그 제도를 운영하는 사람 자체에 있다고 할 수 있다.


## 제사의 나라, 분주한 감찰

요즘은 그런 일이 거의 없지만 고려와 조선시대에는 국가 차원에서 지내는 제사가 매우 많았다. 유교적 의례를 강조하던 조선의 경우는 훨씬 더했다. 조선시대 대표적 의례서인 《국조오례의國朝五禮儀》에 수록된 제사만도 무려 57종에 이른다. 종류만도 이러했으니,

그 횟수는 더할 나위 없이 많았다. 제사를 한 번 지내려면 일주일 가까이 준비해야 했다. 따라서 일 년 내내 제사를 준비하고 지냈다 해도 과언이 아니다. 조선은 가히 제사의 나라라 할 만했다. 이렇게 많은 제사를 준비하고 지내는 일련의 과정을 감독해야 했던 감찰도 분주했다.

57종 중 감찰을 보내 감독해야 했던 제사는 36종이었다. 이 가운데는 대사(大祀, 큰 제사)도 있고, 중사(中祀, 중간 제사)도 있으며, 소사(小祀, 작은 제사)도 있다. 대개 대사와 중사에는 2명, 소사에는 1명의 감찰이 파견되는데, 이들을 특별히 제감감찰祭監監察이라고 불렀다.

한편, 이들의 파견은 행사 7일 전에 이루어져야 했다. 4일간의 산재散齋와 3일간의 치재(致齋, 齋戒, 부정한 행위를 멀리하는 의식) 때문이다. 제사 집행자의 일원인 만큼 감찰 본인도 이를 행해야 했고, 다른 제관祭官들의 실행 여부도 살펴야 했다. 산재와 치재를 하면서도 감찰은 이 기간 동안 매우 바쁘게 움직였다. 제사에 쓸 희생犧牲과 제물은 준비되었는지, 또 그 희생과 제물은 깨끗이 씻었는지, 제기는 제대로 갖추어졌는지 등을 일일이 점검해야 했던 것이다.

제사 당일에도 감찰의 점검활동은 계속된다. 제사가 시작되기 전에 우선 각종 제수가 격식에 맞추어 제대로 진설되었는지를 살피고, 제사상 주위를 말끔히 청소했는가도 감시한다. 그리고 제사가 시작되면 제사에 참여하는 사람들의 복장과 행동이 의례를 벗어나지는 않는지를 감찰한다. 이렇게 일주일 동안의 바쁜 일정을 보내야 했다.

제사를 중시하던 때이니만큼, 제감감찰로서의 직무 수행은 근무

평가에 아주 유리하게 작용했다. 임금이 직접 제사를 주재하는 친향대제親享大祭의 경우는 더욱 그랬다. 이 때문에 다른 사람의 제감감찰직을 가로채는 치졸한 일이 일어나기도 했다.

1401년(태종 1년), 종묘에서 행한 친향대제 때의 일이다. 사헌부는 감찰 김명리金明理에게 제감감찰의 일을 맡겼고, 그는 치재까지 끝마쳤다. 그럼에도 승진에 집착한 동료 감찰 김간金艮이 사헌부의 결정이 바뀌었다고 사칭하고 그의 직무를 대신 수행하는 일이 있었다. 후에 발각되어 탄핵을 받고 파직되었음은 물론이다.

예나 지금이나 제사는 아주 경건한 의식이다. 소위 부정 탄 사람은 제사에 참여하지 못하게 한다. 또 부정한 음식은 제물로 쓰지도 않는다. 제사 참여자로 하여금 산재와 치재를 행하게 하고, 감찰에게 제사의 전 과정을 점검토록 한 것도 그 때문이다. 하지만 끝없는 인간의 욕심은 간혹 이러한 제사의 경건성마저도 무시해 버리곤 한다.

1425년(세종 7년)의 일이다. 감찰 허만석許晩石이 사헌부의 결정에 따라 제감감찰이 되었다. 그런데 무남독녀 집안의 외사위던 그는 마침 처가의 상을 치르던 중이었다. 부정 탄 몸이었으므로 마땅히 그 직무를 회피해야 했으나 사양하지 않고 끝내 수행하고 말았다. 근무평가에 유리한 친향대제였기 때문이다. 동료 감찰이 이를 문제삼았고, 사간원이 탄핵에 나섰다. 부정한 상중의 인물을 제감으로 결정한 사헌부 고관들의 책임도 함께 거론되었다. 묵과할 수 없는 대죄라는 것이다. 결국 왕의 용서를 받고 마무리되기는 했지만 승진 욕심이 화를 부른 경우이다.

# 감찰이 시장으로 간 까닭은

1447년(세종 29년), 변상빙邊尙聘이 무과 시험장에 나타났다. 시험을 보러온 응시자는 아니었다. 왜 왔을까? 그의 신분은 감찰이었고, 사헌부가 보내서 온 것이다. 그는 과거 시행과정을 감독하기 위해 사헌부가 파견한 감시감찰監試監察이었다. 그리고 마침내 그는 활쏘기 시험에서 성적을 조작한 사건을 적발하고 사헌부에 보고했다.

예나 지금이나 시험장은 부정과 불법행위가 자행되기 쉬운 곳이다. 응시자의 부정도 있고, 시험관의 불법행위도 적지 않다. 바로 이러한 시험장에서의 부정을 예방하고 적발하는 감시관 또한 감찰에게 주어진 직무의 하나였다. 본 시험인 대과大科는 물론이고 예비시인 사마시(司馬試, 生員과 進士를 뽑는 시험으로 生進試라고도 함)에서도 감시관인 감찰의 모습을 볼 수 있었다. 그리고 더러는 시험장 질서를 유지시키는 금란관禁亂官으로서의 역할을 맡기도 했다.

1446년(세종 28년), 감찰 한 사람이 운종가에 있는 시장에 갔다. 상인 두어 명을 불러 놓고 물건값을 말하라고 했다. 그런데 생각한 것보다 가격이 너무 비쌌는지 가격을 깎으라고 강요했다. 마지 못해 상인은 내린 가격을 제시했다. 얼핏 감찰이 물건을 사기 위해 상인과 가격을 흥정하는 광경으로 보기 쉽다. 하지만 이 감찰은 물건을 사러 시장에 간 것이 아니었다. 시장 동향을 조사하고 불법적인 상행위를 규찰하기 위해 간 경시서감찰京市署監察이었다. 시장과 관련된 일을 주관하던 경시서의 업무를 감독하기 위해 파견한 감찰이라 해서 그렇게 불렸다.

그러나 경시서 관리의 업무를 감독하는 것만이 그들의 소임은 아니었다. 요즘도 그렇거니와 옛날에도 상거래에는 갖가지 속임수와 협잡이 난무하기 일쑤였다. 가격을 조작하기도 하고, 품질을 속이는 경우도 허다했다. 쌀자루에 모래를 섞어 팔기도 하고, 거친 베를 고운 베로 속여 팔기도 했다. 또 각신 속에 나무껍질이나 해진 자리에 조각을 넣어 파는가 하면, 도량형을 속이는 경우도 많았다. 단속이 불가피한 상황이다. 바로 이 같은 불법적이고 부정한 상행위를 적발하고 건전한 시장 질서를 유지시키는 일 또한 경시서감찰의 몫이었다.

세종 때의 일이다. 세종은 갑자기 감찰 한 사람을 도시都試가 시행되는 시험장에 보냈다. 시험 부정을 감독하기 위해서가 아니다. 그러면 무엇 때문이었을까? 병조의 도진무都鎭撫와 훈련원의 제조提調 등 도시를 관장하던 시험관들은 평소 느지막이 출근했다. 그래서 하루에 겨우 서너 명만이 시험을 치를 수 있었다. 이런 상황을 알고 있던 세종은 평소보다 이른 아침 8시에 출근해서 저녁 6시까지 근무하면서 빨리 시험을 끝마치라고 명한 적이 있었다. 세종이 불시에 감찰을 도시에 파견한 것은 바로 이 때문이었다. 왕명으로 정한 근무시간을 시험관들이 제대로 지키고 있는지, 관원의 근태를 점검하기 위해서였다.

근태만이 아니었다. 감찰은 뭇 관원들의 갖가지 불법행위를 곳곳에서 수시로 규찰했다. 조회, 어가御駕 수행 등 공식 석상에서의 행위는 물론이고, 일상생활 중에 범한 불법행위도 감찰의 규찰 대상이었다. 이 밖에도 감찰은 때때로 감옥도 검열하고, 각종 집회를 사찰하는가 하면, 궁궐을 순찰하면서 잡인의 근접을 막기도 했다. 부정과 부패행위가 있을 만한 곳이면 어디에나 감찰이 있었다. 그들의 업무는 실로 다양할 뿐 아니라 과중했다. 이 때문에 감찰은 다른 직책과는 달리 24명이나 되는 많은 관원이 필요했던 것이다.

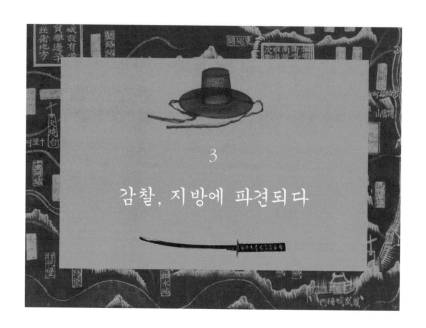

3

# 감찰, 지방에 파견되다

## 고려, 양계에 행대를 상설하다

고려 때에는 양계兩界가 있었다. 북계北界와 동계東界를 합쳐 부른
말이다. 대략 지금의 평안도 일대를 북계라 했고, 함경도 남부와 강
원도 동해안 일대를 동계라 했다. 이 밖의 나머지 중남부지역은 크
게 5개의 광역 행정구역으로 나누고 5도라 불렀다.

그런데 같은 광역 행정단위이기는 하지만 양계와 5도의 성격은 좀
달랐다. 5도는 민사적 성격이 강했다. 반면 양계는 군사적 기능이 강
조된 지방기구였다. 지역적으로 양계는 거란, 여진 등 북방의 이민
족과 대치해야 하는 국방상의 요충지였던 것이다. 5도와는 달리 지

방장관으로 군사적 성격의 병마사兵馬使를 둔 것도 그 때문이다.

이런 병마사를 도와 민사 행정을 감독하던 관원의 하나가 바로 행대行臺였다. 분대 또는 분사어사分司御史로도 불린 행대는 본래 중앙 어사대(사헌부) 소속의 감찰(감찰어사)이었다. 이들은 순환 보직 규칙에 따라 일정 기간 양계로 파견되었다. 6개월이 임기였으나 연임되는 경우가 많았다.

특기할 것은 이런 행대가 남쪽의 5도에는 없었다는 점이다. 양계와 서경西京에만 특별히 보냈던 것이다. 그만 한 이유가 있었다. 이들 지역의 각처에 보관된 군량미 때문이었다. 국방상의 요충지였던 만큼 양계에는 막대한 양의 군량미가 비축되어 있었다. 이러한 군량미의 출납을 철저하게, 그리고 효율적으로 감독할 관원으로 감찰이 파견되었다. 전곡출납의 감독, 그것은 본래 중앙에서도 감찰의 직무였다. 그러니 군량미의 출납을 주관시키기 위해 감찰이 차출되는 것은 당연한 일이었다.

군량미의 출납, 이것이 행대를 양계에 파견한 그 첫째 이유였다. 하지만 행대의 업무가 여기에만 그친 것은 아니었다. 지방수령의 비리를 규찰하는가 하면, 부족한 군인을 선발하는 일에도 관여했다. 뿐만 아니라 유사시에는 지휘관의 일원으로 직접 군대를 이끌고 전투에 나서기도 했다. 이 때문에 유사시에 행대는 병마판관兵馬判官이라는 직책을 겸했다.

이 밖에도 더러는 민정을 살피고, 형사사건을 처리하기도 했다. 이규보李奎報의《동국이상국집東國李相國集》에 사례 하나가 전한다. 고려 고종 때 윤승해尹承解란 사람이 있었다. 합문지후閤門祗候 벼슬을 하던 그는 어느 날 감찰어사에 발탁되어 북계의 행대로 나갔다. 그런데 관할지역인 성주成州에는 오랫동안 누구도 해결하지 못한 형사사건이 하나 있었다.

지방 토호가 관기官妓를 살해한 사건이었다. 물론 전임자들도 사건의 전말을 조사하고 관련자를 처벌하려고 했으나 관련자가 워낙 많았다. 심지어 일반 평민들까지 연루되어 모두 처벌하려니 민심이 흉흉해졌다. 그래서 매번 그만 덮어두고 말았다. 그러자 사건 은폐를 위해 뇌물 상납이 줄을 이었다. 하지만 윤승해는 달랐다. 사건을 자세히 조사하여 주모자와 직접 살인한 자를 찾아냈다. 그리고는 이들만을 처벌하고, 나머지는 모두 불문에 부쳤다. 민심이 안정되고, 고을 사람이 모두 기뻐했음은 물론이다.

양계로의 이 같은 행대 파견도 충렬왕 이후로는 중지되었다. 동녕부東寧府라든가 쌍성총관부雙城摠管府의 설치와 같은 원元 간섭기의 불행한 현실 때문이다. 보내고 싶어도 보낼 땅을 잃어버린 것이다. 이들 지역을 회복한 후에도 마찬가지였다. 더 이상 양계는 국방의 요충지가 아니었으며, 막대한 군량미도 비축되어 있지 않았다. 원이나 명明과 줄곧 친선관계를 유지하고자 했기 때문이다. 그렇다고 행대가 완전히 없어진 것은 아니었다. 조선에 들어와 새로운 내용의 행대제가 다시 시행되었다.

# 행대를 보내 수령과 토호의 비위를 규찰하라

사또, 원님 등으로도 불리는 수령을 흔히 목민관牧民官이라고 한다. 목동이 양을 치듯이, 일선에서 백성을 직접 이끌어 가는 관리라는 뜻이다. 비유컨대 백성이 양이라면 수령은 목동인 것이다. 그러니 수령은 백성의 어려움을 자상하게 보살펴야지 결코 그들을 괴롭혀서는 안 된다. 목동은 배고픈 양은 초원으로, 목마른 양은 물가로 인도해야지 양들을 괴롭히지 않는다.

그러나 이것은 원론이며 이상일 뿐이다. 실제로는 폭정을 일삼아 백성의 삶을 힘들게 한 수령이 수없이 많았다. 수령의 폭정, 이에 따른 민심의 이반. 백성을 통치하기 위해 수령을 보내면서도 왕이 항시 걱정했던 사항이다. 임지로 출발하는 수령을 붙들고 특별히 선정을 부탁도 했지만, 제대로 하는지 못내 미덥지 않았다. 누군가를 보내 그들을 감찰할 필요를 느꼈고, 사헌부의 감찰이 이에 적격이었다. 마침내 한동안 모습을 감춘 행대가 다시 그 이름을 드러냈다. 조선 태조 때의 일이다.

이후 세조 때 등장한 분대어사分臺御使에게 수령 규찰의 소임을 넘길 때까지 행대 파견이 계속됐다. 특히 세종 때 자주 파견됐는데, 1420년(세종 2년)에 시행한 부민고소금지법部民告訴禁止法 때문이었다. 이는 수령의 잘못을 백성이 고발할 수 없게 한 법이다. 조선 초기, 중앙정부의 행정력을 지방까지 미치게 하기 위해서는 수령권을 강화해야 했다. 그런데 이에 반발한 토착 향리나 백성들이 수령의 비행을 고발하는 일이 빈번해졌다. 이에 조선은 아예 수령의 잘못을

감찰, 지방에 파견되다

어느 누구도 고발하지 못하게 하는 법을 만들어 대처했다. 그런데 이 법은 수령권을 강화하기는 했지만 다른 폐단을 낳았다. 즉, 이 법이 실시되자 수령의 폭정과 비리가 발생했다. 이로 인해 백성의 고통이 더욱 심각해졌던 것이다. 이에 따라 행대 파견의 필요성도 높아진 것이다. 그 결과 적지 않은 탐학 수령이 적발되고 처벌되었다.

1451년(문종 1년)의 일이다. 경상도 행대감찰 송문림宋文琳이 비리를 저지른 이 지역 수령과 군관들을 무더기로 적발했다. 대구 사또 이보흠李甫欽은 자기 집을 짓기 위해 관가의 인부를 빼돌린 비리로, 영산靈山 사또 조보인趙寶仁은 관가의 재산을 유용하고 관내의 살인 사건을 적절히 처리하지 못한 이유로 단속됐다. 또 절제사 신숙청辛叔晴은 국상 기간 중임에도 군사를 동원해 사냥을 하다 사람을 죽게 한 잘못을 저질렀다. 처치사處置使 신진보辛晉保의 비리는 더욱 심했다. 선군船軍을 시켜 물고기를 잡고 미역을 따게 해 사취하는가 하면 사사로이 소금을 굽기도 했다. 또 관곡을 남용하고 유용하는 것은 물론, 군인이 잡아온 노루를 이용해 방납防納함으로써 민폐를 끼치기도 했다. 뿐만 아니라 그는 국상 중임에도 방자하게 기생 및 첩과 음욕까지 즐겼다. 비리를 적발한 행대의 보고가 있자 사헌부의 탄핵이 이어지고, 죄의 경중에 따라 처벌되었음은 물론이다.

1405년(태종 5년), 감찰 한 사람이 행대의 이름을 띠고 평주平州와 강음江陰 두 고을로 떠났다. 고을 수령의 비리나 탐학을 단속하러 간 것이 아니라 토호들의 불법행위를 규찰하기 위해서였다. 오래전부터 이 지역에는 군기감軍器監의 둔전屯田이 있었는데, 얼마 전에 혁파되자 이를 차지하기 위해 토호들이 앞을 다투는 소동이 일어난 것이다. 결국 행대는 토호가 차지한 토지를 회수해서 토지가 없는 백성에게 고루 나누어 주었다.

이처럼 지방 토호의 비리를 다스리는 것 또한 행대가 맡은 임무였다. 지금도 그렇지만, 토착세력이 강한 고을에서는 토호들이 수령을 우습게 여기는 경우가 많았다. 중앙집권화가 그리 진척되지 못한 개국 초기엔 더욱 그랬다. 수령의 위상이 토호에게 밀리면서 사욕을 채우려는 토호의 불법행위가 심했다. 이들의 갖가지 작폐를 방치하고서는 민생 안정은 물론 중앙집권화도 구현할 수 없었다. 대책이 필요했다. 마침내 수령 규찰에 나선 행대에게 토호의 비리까지 단속케 하는 방안이 강구된 것이다. 태종 때는 행대의 강력한 단속을 통해 토호 세력을 억압하고 수령의 위신을 세워 주려고까지 한 적도 있다.

그런데 행대의 소임이 이 같은 수령과 토호의 규찰에만 국한된 것은 아니다. 농사의 작황을 살피고, 어업 실태를 조사하며, 제언과 창고는 잘 수리되어 있는가를 점검하는 것도 그가 해야 할 일이었다. 뿐만 아니라 굶주린 백성을 제대로 구제하고는 있는지, 백성이 현재 가장 힘들어 하는 것은 무엇인지를 조사하는 일도 그의 소임이었다.

이런 행대가 더러는 실수를 하기도 했다. 본분을 망각하고 규찰해야 할 수령으로부터 향응을 받았던 것이다. 1417년(태종 17년)의 일이다. 행대 임무를 띠고 출장에 나선 감찰 정여鄭旅와 원욱元郁이 어느 날 수원에서 만났다. 그러자 부사 박강생朴剛生이 이들을 한 정자로 맞이하여 잔치를 베풀었다. 염소도 잡고, 기생도 불렀다. 물론 술도 먹고 춤도 추었다. 행대가 해서는 안 될 일을 했던 것이다. 사헌부의 탄핵이 이어졌고, 마침내 그들은 파직되었다.

## 행대가 왜 의주에 갔을까

1205년(희종 1년), 집권자 최충헌崔忠獻이 감찰(어사) 안완安玩을 파면했다. 송宋나라 상인 여러 명에게 심한 매질을 했다는 이유에서였다. 고려 사람도 아닌 송나라 장사꾼에게 감찰이 매질을 하다니, 어찌된 일일까? 사연은 이렇다. 송상들이 예성강에서 상선으로 수출이 금지된 물품들을 몰래 밀반출하려다 안완에게 들킨 것이었다. 매를 맞은 상인들은 고려와 무역을 하기 위해 당시 국제적인 무역항으로 이름난 벽란도에 온 사람들이었다.

심한 매질 때문에 비록 담당자가 파면되기는 했지만, 감찰은 이처럼 수출입 물품을 검사하는 일을 맡기도 했다. 예나 지금이나 국가 간의 무역 거래에는 막대한 이익이 뒤따른다. 이와 함께 이익을 좇는 모리배들의 불법행위 또한 자주 일어났다. 지금도 그렇다. 엄한 처벌에도 불구하고 밀수가 성행하고 있지 않은가. 바로 이 같은 밀무역을 막기 위한 검찰활동 또한 감찰의 몫이었다.

1408년(태종 8년), 사헌부는 지난 해 중국에 사신으로 다녀 온 정사正使 홍서洪恕와 서장관書狀官 김위민金爲民 등의 처벌을 강력히 주장하는 상소를 올렸다. 사신으로 가 밀무역을 도모하다 나라 망신을 시킨 것이 이유였다. 휴대가 금지된 소목蘇木을 가지고 가다 행대감찰에게 발각됐는가 하면, 행대의 수색 요구를 교묘히 피해 세포細布

를 반출했다가 중국 측으로부터 힐책을 당했다는 것이다.

조선시대에 감찰은 밀무역 규찰을 위해 사신 행렬까지 수색했다. 그럴 수밖에 없었다. 사행使行을 빙자한 밀무역이 만연했기 때문이다. 조선은 사행을 통한 공무역 외의 사무역을 일정하게 규제했다. 하지만 예나 지금이나 규제는 비리를 낳기 마련이다. 통제가 강화되면서 사무역은 차츰 밀무역으로 변모했다.

불법적인 만큼 밀무역은 많은 이익이 보장되었고, 매력 또한 컸다. 자연히 많은 사람들이 이에 관심을 갖게 되었고 고관대작도 예외는 아니었다. 정사와 부사副使, 서장관이 직접 사물私物을 가지고 가서 무역을 하는가 하면, 이들에게 밀무역을 부탁하는 고관들도 있었다. 사행의 대표자들이 이러했으니, 그 이하는 더할 나위가 없었다. 사신 행렬 중에는 밀매품들이 그득했다. 감찰을 보내 단속하지 않을 수 없는 상황이었던 것이다.

사행에 종사하는 모든 사람은 원칙적으로 감찰의 규찰 대상이었다. 정사와 부사, 서장관도 예외일 수 없었다. 감찰은 이들의 휴대품도 일일이 수색했다. 그런데 일반적으로 이들의 직급은 감찰보다 높았기 때문에 양자 간에는 갈등이 일기도 했다. 하지만 사행에 대한 감찰의 수색은 매우 엄했다. 사적인 휴대품은 물론 공적인 진헌 물품까지도 검사했다. 그 속에 금수품을 숨기는 경우가 있었기 때문이다. 조사 결과 법으로 허용되지 않거나, 허용된 것이라도 규정 이상으로 소지한 종사원은 규찰하고, 그 물건을 압수했다.

사행에 대한 감찰의 규찰이 휴대품 검사에만 그친 것은 아니다. 종사원의 면모를 일일이 차비록差批錄과 대조함으로써 사행에 편승,

몰래 출국하는 자를 색출해 내기도 했다. 그리고 출국하는 사행뿐만 아니라 환국하는 사행에 대해서도 똑같은 수색을 했다. 밀수품과 밀입국자를 적발해 내기 위해서였다.

그런데 감찰이 사행을 수색하던 곳은 서울이 아닌 의주였다. 의주는 한중韓中 국경의 관문으로 교통의 길목이자 무역의 창구였던 만큼 국경의 넘나드는 사행을 검색하기에 아주 적격이었다. 행대가 의주에 간 것은 바로 이 같은 일을 하기 위해서였다. 요즘 공항과 항구에 있는 세관이나 출입국관리소가 하는 일, 이것도 예전에는 감찰의 임무였던 것이다.


## 감찰이 사행의 서장관을 맡다


조선은 중국과의 사대외교를 매우 중시했다. 그래서 정조사正朝使를 비롯해 매년 적어도 서너 차례 이상 사행을 파견했다. 아울러 소정의 임무를 제대로 수행할 수 있는 사행을 구성하기 위해 많은 신경을 썼다. 중국으로 가는 사행은 보통 정사, 부사와 서장관, 그리고 이들 밑에서 여러 가지 잡일을 하는 많은 종사원으로 구성되었다.

정사는 사행의 대표자로 사행의 격에 따라 약간의 차이는 있지만 흔히 종친 내지 당상관(堂上官, 정3품 이상의 고위 관원)이 맡았다. 부사는 부책임자였고 서장관은 정사와 부사를 보좌하는 보좌관으로서 사행의 서무를 실질적으로 총괄했다. 그런데 바로 이런 서장관의 임무를 한때 감찰이 전담했던 적이 있었다. 세종 초의 일로 이는 성종

초까지 계속되었다.

서장관이 맡은 검찰관으로서의 역할 때문이었다. 행대가 사행을 규찰했다고는 하나, 그것은 어디까지나 의주에서만의 일이다. 국경을 넘는 순간부터 다시 환국할 때까지 사행에서 발생하는 갖가지 불법적인 일을 추가로 규찰하는 것은 서장관이 맡았다. 그런데 그의 규찰활동은 그리 철저하지 못했다. 비리를 규찰하는 방법을 잘 알지 못했기 때문이다. 그래서 의주에서 행하는 행대의 일차 수색을 교묘히 피한 종사원들의 불법행위, 특히 밀무역이 적지 않게 행해졌다. 사행 수색을 위한 행대 파견이 잠시 중단됐던 세종 초에 더욱 더 그랬다. 중국의 거센 항의가 제기됐고, 대책을 마련하기에 이르렀다. 아예 감찰을 서장관으로 삼아 사행의 모든 과정을 규찰케 한 것이다.

그리고 마침내 서장관인 감찰이 사행 중에 검찰관으로서 집행해야 할 직무 11가지가 마련되었으니, 그 내용은 다음과 같다.

1. 상의원尙衣院, 전의감典醫監을 비롯한 공공기관에서 교역을 위탁한 포목은 감찰이 직접 그 액수를 조사한 뒤 밀봉한다.

2. 중국에서 이 포목의 매매를 맡은 통사通事와 압물押物 등의 종사원은 교역에 앞서 반드시 감찰에게 먼저 신고하고, 교역한 후에는 구입한 물품을 감찰에게 가지고 가 검인을 받는다.

3. 정사와 부사가 사적으로 가지고 가는 포목은 법에 정해진 액수만큼만 검인을 해 주되, 교역 전후의 절차는 앞의 공공 물품의 경우와 같다.

4. 돌아오는 길에 수시로 검찰하여, 만일 검인을 받지 않은 정액 이상의 물품을 발견하면 즉시 압류했다가 귀국 후 법에 따라 조치한다.

5. 종사원이 마부 및 짐꾼들을 때리거나 괴롭히지 않도록 유의한다.

6. 사행 왕래 중에 감찰이 수색할 때 휴대한 잡물을 몰래 숨기거나 늦게 제출하는 자는 잡아다 문초한다.

7. 종사원 중 혹시라도 입고 간 의복을 파는 등 남의 웃음거리가 되는 일은 일절 하지 못하도록 금한다.

8. 통사와 타각부打角夫 등이 중국인과 통역하는 것 외에 우리 일행끼리 중국어로 얘기하는 것은 부정한 목적이 있는 것이므로 일체 못하도록 금한다.

9. 국경을 넘은 후 숙소나 북경에서 체류할 때 통사 이하 모든 종사원은 반드시 감찰에게 신고한 뒤 출입한다.

10. 만일 정사와 부사가 법령을 위반하면 시중드는 비서를 잡아다 조사하고, 종사원 이하의 경우는 본인을 잡아다 문초한다.

11. 황해도와 평안도의 여러 고을은 왕래하는 사행을 뒷바라지 하느라 어려움이 많으니, 혹시라도 사행을 위해 잔치를 여는 일이 없도록 일체 금한다.

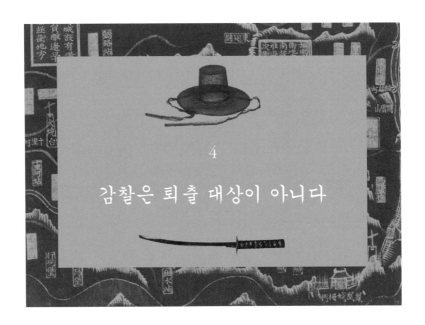

# 4

# 감찰은 퇴출 대상이 아니다

## 적발은 해도 직접 처벌하지는 못한다

1405년(태종 5년) 10월 24일, 평안도에서 임무를 수행하던 행대감찰 허척許偶에게 하던 일을 중지하고 빨리 서울로 돌아오라는 왕명이 내려졌다. 긴급소환령이었다. 이에 앞서 허척은 의주에서 국경을 넘나들며 불법으로 밀무역을 하던 장사꾼 둘을 잡아다 처형하고, 즉시 현지에서 이 사건을 왕에게 문서로 보고한 일이 있었다.

"무슨 잘못을 한 것일까, 아니면 다른 특별한 일을 맡기려고 하는가." 귀경길의 허척은 매우 궁금했다. 뒷날 알았지만, 그의 기대와는 달리 전자였다. 허척이 잘못한 것은 무엇일까?

허척의 보고서를 본 태종은 버럭 화를 냈다. 이어 장령 서선徐選을 불러 크게 꾸짖으며 말했다. 군신 간의 대화를 잠시 들어보자.

"행대가 밀수범을 잡아 먼저 처형한 뒤 보고해도 되는가?"
"허척이 모리배를 마음대로 죽인 것은 잘못입니다."
"그렇다면 그 죄는 마땅히 죽여야 하는가? 의논해 보고하라."

상부에 보고도 하기 전에 밀수꾼을 선참후계先斬後啓한 일, 이것이 바로 허척의 잘못이었다.

문종 때에도 비슷한 사건이 있었다. 1451년(문종 1년)의 일이다. 감찰 홍담洪澹이 충청도 행대가 되어 여러 고을을 순찰하던 중, 은진현의 사또 이순백李淳伯이 국고를 전용한 사건을 적발하고 국문했다. 그런데 사건의 전말도 제대로 조사하지 않고 마음대로 사또의 고신(告身, 사령장)을 회수하고 옥에 가두는가 하면, 사건 연루자들을 함부로 고문하기도 했다는 것이다. 사헌부의 탄핵이 이어졌고, 장형杖刑 70대의 처벌이 논의됐으나, 왕이 태형笞刑 50대 분의 벌금을 내는 것으로 감형했다. 이 또한 보고도 없이 범죄자를 직접 처벌한 것이 문제였다.

행대에게는 부정과 비리를 적발하고 조사할 수 있는 권한만이 주어졌을 뿐 범죄자를 직접 처리할 수 있는 직단권直斷權은 없었다. 따라서 지방 순찰을 마친 행대는 자신이 조사하고 적발한 사항을 왕에게 직접 복명復命하거나 사헌부에 보고해야 했다. 지방에 파견된 행대만이 그랬던 것은 아니다. 중앙에서도 마찬가지였다.

태종 때의 일이다. 부사직副司直 벼슬을 하던 이주李柱가 말을 탄 채로 종묘宗廟 앞을 지나갔다. 그러다 마침 감찰 나유수羅有綏를 만났다. 순간 몹시 당황했다. 종묘 앞은 마땅히 말에서 내려 걸어가야 하는 곳이기 때문이다. 법을 어긴 것이다. 결국 감찰에게 체포됐다. 그런데 어찌된 영문인지 나유수는 이 사실을 헌부에 보고하지 않았다. 뿐만 아니라 곧 풀어 주었다. 그리고 얼마 후 나유수는 사간원의 우정언右正言으로 승진했다. 그런데 훗날 이것이 문제가 되었다. 사헌부는 일개 감찰이 감히 상관에게 보고도 하지 않은 채 마음대로 범법자인 이주를 석방했다고 나유수를 탄핵하고 나섰다. 결국 왕의 용서로 일단락되기는 했지만, 아무리 가벼운 범죄라도 감찰 스스로 훈방할 수는 없었던 것이다.

직단권을 갖지 못한 조선의 감찰, 마치 요즘의 경찰 신세와 흡사하다. 범죄자를 수사할 수는 있어도 그를 처벌하는 공소권은 검찰이 갖고 있다. 게다가 스스로 자조하듯이 그나마 가진 수사권도 반쪽에 불과하다.


## 외근하러 갈 때 아전을 대동하다


1454년(단종 2년) 2월, 성균관에서 행하는 문선왕망제(文宣王望祭, 孔子에게 올리는 제사의 하나) 때의 일이다. 사헌부의 아전 하나가 생원生員 김승경金升卿을 비롯한 여러 명의 성균관 유생들에게 두건과 의대衣帶를 강제로 빼앗겼다. 이것은 날벼락이었다. 도대체 사헌부 아전이 성균관에는 왜 갔으며, 또 의대는 왜 빼앗겼을까?

그 내막을 알고 보니 사헌부 아전은 제사 감독을 위해 파견된 제감감찰이 데리고 온 서리書吏였다. 막간을 이용해 잠시 명륜당明倫堂 서쪽의 빈 방에서 성균관 서리와 함께 벽에 비스듬히 기대어 누워 있다가 유생들에게 들켰고, 무례하다는 이유로 봉변을 당한 것이다. 담당 감찰이 나서서 조용히 마무리하려 했지만 유생들은 뺏은 물건을 돌려 주지 않았다. 급기야 이 사건은 조정에 보고되었고, 유생들은 의금부에 갇히게 되었다.

이 사건을 통해 중앙과 지방의 여러 관청으로 파견 근무를 나갈 때 감찰이 혼자 가지는 않았다는 사실을 알 수 있다. 자신을 도울 아전을 대동했던 것이다. 사실 사헌부에는 대리臺吏로 통칭되는 수십 명의 아전이 있었다. 녹사錄事, 영사令史 등 아전의 명칭도 다양했다. 인원도 많고 직명도 많았던 만큼 이들의 업무 또한 다양했다. 문서 수발을 비롯한 사헌부 내의 문서관리는 물론이고, 각종 행사에 참여하는 대장臺長을 수행하기도 했다. 또 평민의 불법행위를 단속하기도 하고, 때로는 범죄자 체포에 직접 나서는 경우도 있었다. 분대를 받아 외근하러 떠나는 감찰을 수행해서 그를 보좌하는 것도 그러한 일 중의 하나였다.

특히 할 일이 많고 복잡했던 제감감찰은 여러 명의 아전을 데리고 다녔다. 녹사도 가고, 영사도 함께 갔다. 감찰이 해야 할 일의 일부를 떠맡기 위해서였다.

녹사의 경우 감찰이 하는 산재와 치재의 점검 업무를 나눠 맡았다. 감찰이 고위 관원을 감독하는 동안 중하위 관원들의 이행 여부를 점검하기도 했다. 제사 준비에 종사하는 인원이 많아 감찰 혼자 감당하기에는 벅찼기 때문이다. 그리고 영사는 감찰이 제수祭需를 차리는 당堂 위를 청소할 때 당 아래의 곳곳을 청소했다. 또 제사를 지낼 때는 감찰 바로 뒤에 서서 예법에 어긋난 행동을 하는 사람이 없는지를 감시했다.

호가호위狐假虎威라는 말이 있다. 감찰을 수행하던 아전이 그 위세를 빙자해 지나치게 행동하는 경우도 많았다. 경시서감찰을 도와 시장 질서를 바로잡는다면서 오히려 자유로운 상거래를 방해하는가 하면, 심지어는 감찰을 대신해 규찰한다면서 고위관리를 능욕하는 경우도 있었다.

1408년(태종 8년), 사재감司宰監 이진李震이 길거리에서 사헌부의 한 아전에게 봉변을 당한 일이 있었다. 사연인즉 이러했다. 이진이 지방 근무를 마치고 귀경하면서 누런 보자기 하나를 시종에게 들려 가지고 올라오는 도중에 감찰을 따르던 사헌부 서리 김을지金乙持를 만났다. 김을지가 보자기를 빼앗으려 하자 이진은 이를 제지했고, 마침내 서로 옷을 붙잡고 한바탕 크게 싸움을 벌였다.

마침 사윤司尹 벼슬을 하던 김조金稠가 이를 보고 이진의 편을 들었다가 둘 다 사헌부 아전에게 봉변을 당했다. 졸지에 변을 당한 김조가 분에 못 이겨 곁에 있던 감찰을 보고 윽박질렀다.

"을지 네 이놈이 감히 3품의 조관朝官을 능욕했으니 마땅히 벌을 받아야겠다."

그러나 정작 이 일로 벌을 받은 이는 이진과 김조였다. 이들은 모두 사헌부의 탄핵을 받아 귀양을 가고 말았다. 이진은 법령을 어기고 황색보를 싸가지고 온 죄를 범했고, 김조는 경망스럽게도 남의 일에 끼어들다 아전과 싸워 조관의 체통을 잃었다는 것이 그 죄명이었다. 김을지 역시 조관을 능멸한 죄로 곤장을 맞고 쫓겨났다. 오늘날도 감찰기관 종사자들에게는 호가호위하는 버릇이 있다고들 한다. 어제 오늘만의 병폐는 아닌 것이다.

## 감찰직은 퇴출 대상이 아니다

요즘 우리 사회는 소위 '구조조정'으로 인해 모든 분야가 몸살을 앓고 있다. 기업이 그 선두에 있다. 그런데 말이 그럴듯해 구조조정이지, 핵심은 정리해고를 통한 인원감축이다. 군살을 제거하느니 거품을 빼야 하느니 하지만 불필요한 잉여 인력을 줄이는 작업인 것이다. 이를 통해 경영비 지출을 줄이고, 나아가 생산성과 경쟁력을 높이겠다는 것이다.

이러한 현상은 정부도 예외는 아니다. 매년 공무원 수천 명씩을 감축시키는 계획을 세워 연차적으로 시행하고 있다. 조직과 정원을 축소하고, 정년을 단축하는가 하면, 신규 발령을 보류하기도 했다. 재정지출을 줄이고, 행정의 효율성을 제고하기 위해서다.

이러한 일은 현대 사회에만 있는 것은 아니다. 고려 시대에도 있었고, 조선시대에도 있었다. 물론 자주 있는 일은 아니었다. 불필요한 잉여 인력, 이를 당시에는 '용관冗官'이라 했다. 쓸모없는 관원이란 뜻이다. 용관을 퇴출하는 것은 재정지출을 줄여보겠다는 의도이기도 했다.

그러나 감찰은 이 같은 '용관퇴출' 바람을 그리 타지 않았다. 일부 퇴출됐다가도 곧 원상으로 회복되곤 했다. 오히려 그 인원은 꾸준히 늘어나는 추세에 있었다. 할 일은 많고 사람은 적었기 때문이다. 실제로 조선 초까지만 해도 감찰의 직무는 항상 과중한 상태였다.

고려 초 어사대가 설치될 때 10명으로 정해진 이후, 오랫동안 감찰(어사)의 정원은 변동이 없었다. 그러다 충선왕이 사림원詞林院을 두고 정치개혁을 단행할 때 6명으로 줄었다. 동녕부와 쌍성총관부가 설치되면서 양계와 서경西京에 행대를 보낼 필요가 없어졌기 때문이다. 그러니까 4명의 용관을 줄이고자 한 것이다. 그러나 이것도 잠시, 곧 원상으로 복구되었다.

얼마 후 감찰이 해야 할 일이 갑자기 늘어났고, 정원 또한 4명이 늘어 14명이 되었다. 그때까지 하지 않던 왕실 사고私庫에 대한 감찰의 청대請臺를 시행했다. 게다가 감찰을 주축으로 하는 민정시찰단을 지방에 보내기 시작했다. 이렇게 업무가 폭증하자 정원을 늘릴 수밖에 없었다.

그러다 조선의 건국과 함께 그 수는 대폭 늘어 20명이 되었다. 수령과 토호를 규찰하기 위한 행대의 파견을 본격적으로 추진하기 위해서였다. 또 감찰의 다른 감독 기능을 전보다 강화코자 한 것도 그러한 이유였다.

그럼에도 불구하고 감찰 개개인의 업무량은 많았고 이 때문에 일처리는 지체되기 일쑤였다. 감찰이 담당한 직무는 지나치게 광범위했고, 급기야 한 감찰에게 두 가지 일을 배정함으로써 업무에 차질이 빚어지는 경우까지 생겼다. 여러 관청에서 아우성이 터져 나왔다. 특히 반드시 청대를 받아야만 했던 경제 부서와 이를 총괄하는 호조는 안달이었다. 참다 못한 호조가 드디어 감찰의 증원을 호소했고, 마침내 5명이 증원됐다. 타 관청의 정원을 늘려 달라고 청원하다니, 요즘으로서는 생경한 모습이다. 세종 13년의 일이다.

　하지만 세조 때에는 사정이 달라졌다. 행대 기능의 위축과 함께 감찰의 업무가 축소되었다. 이제까지 행대가 하던 수령 규찰을 분대어사分臺御使에게 맡겼기 때문이다. 이에 따라 감찰도 용관퇴출의 대상이 되었고, 한때 5명이 감원되기도 했다. 그러나 늘리기는 쉬워도 줄이기는 어렵다. 행대의 일이 아니더라도 감찰의 임무는 본래부터 과중하다는 이유로 몇 달 만에 다시 4명이 늘어《경국대전》에 법제화됐다.

# 암행어사 이야기

## 3

1

암행어사란 무엇인가

## 《춘향전》과 암행어사

아마도 대다수 한국인들은 암행어사라면 《춘향전》의 이도령을 먼저 떠올릴 것이다. 그만큼 《춘향전》의 이도령은 조선시대 어떤 관직보다도 암행어사를 유명하게 만들었다.

《춘향전》은 남녀의 사랑을 주제로 한 소설로 오랫동안 사랑받아온 고전 중의 고전이다. 지금까지도 그 인기는 식지 않고 계속 영화와 드라마로 만들어지고 있다. 그렇다면 이 식지 않는 인기의 비결은 무엇일까?

우선은 성춘향과 이몽룡의 신분을 초월한 사랑이 눈길을 끌지만 한편으로는 '암행어사'라는 메시아적 존재가 가져다 주는 희열도 작용하고 있다. 《춘향전》의 이도령은 수청을 강요당하던 춘향과 변학도의 학정에 시달리던 남원고을 백성들의 고통을 일시에 날려버린 메시아적 존재였다.

그런데 극적인 등장에 앞서 암행어사 이도령은 거지로 변장하고 탐관 변학도의 부정부패 정보를 조목조목 입수했다. 그리고 사랑하는 춘향에게까지 자신의 신분을 감추었다. 춘향의 목에 칼이 내리쳐지는 바로 그 순간에야 이도령은 자신의 신분을 밝힘으로써 절망으로 곤두박질치던 모든 사람을 열광시켰다. 이 순간, 남원고을 백성들은 암행어사의 영웅적인 활약상에 환호하면서 국가와 왕에 대한 충성을 다짐했다.

암행어사 이도령이 끝까지 자신의 신분을 감춘 것은 소설상의 극적 반전 때문만은 아니다. 실제로 암행어사는 임무수행 중에는 반드시 자신의 신분을 감추어야 했던 왕의 비밀 사신이었다. 왕의 직속 명령을 받은 암행어사는 왕의 측근 신하 중에서 임명되어 비밀리에 '지정된' 지방을 순회했다.

이때 최우선 과제는 백성의 민원을 조사하여 그 원한을 풀어주는 것이었다. 왕을 대신하여 백성을 다스리는 지방관들이 자신들의 임무를 제대로 수행하고 있는지, 혹 백성을 수탈하는 것은 아닌지를 감시하는 관리가 암행어사였던 것이다.

암행어사는 왕이 직접 임명했기 때문에 오늘날의 친보직親補職에 해당한다. 국왕이 비밀리에 임명했기 때문에 영의정이라 하더라도 누가 암행어사인지 알 수 없었다. 그렇다고 이들이 비정식 관리인 것은 아니었다. 국왕으로부터 직접 임무를 부여받았다 해도, 국왕의 사조직은 아니었기 때문이다.

암행어사는 '암행'이라는 방법을 통해서 자신의 사명을 수행했다. '미복단행微服單行', 즉 변장을 하고 홀로 암행하는 것은 관리의 비리를 적발하는 데 매우 효과적인 감찰방법이었기 때문이다.

암행하면서 수령들의 잘잘못을 적발한 암행어사는, 일단 잘못을 캐고난 후에는 자신의 신분을 밝혔다. 이때 암행어사가 자신의 신분을 드러내는 신호가 바로 '암행어사 출도出道요!'였고, 탐관오리들이 가장 무서워하던 것도 이 외침이었다.《춘향전》에서 이도령이 암행어사가 되어 극적 반전을 이룰 수 있었던 것도 바로 이러한 암행어사 임무수행상의 특성 때문이었다.


## 암행어사는 조선시대에만 있었다

암행어사는 조선시대에만 있었던 제도였다. 물론 그 이전에도 지방 감찰을 목적으로 하는 관찰사觀察使나 어사御史가 있었지만, 암행하여 과실을 적발한 적은 없었다.

그렇다면 왜 조선시대에만 암행어사가 있었을까? 조선시대 수령들이 이전의 수령들보다 부정부패가 심했기 때문이었을까? 그래서 암행을 해서까지 그들의 과오를 적발해야만 했던 것일까? 그렇지는 않다.

조선시대에 유독 암행어사가 출현했던 것은 '왕도정치王道政治'를 실현하고자 했던 위정자들의 강력한 의지 때문이었다. 조선시대에 왕은 어버이가 자식을 사랑하듯이 백성들을 다스려야 했다. 가려운 데가 있으면 긁어 주고 아픈 데가 있으면 치료해 주어야 하는 어버이 같은 존재가 왕이었던 것이다.

그런데 구중궁궐에 사는 왕의 입장에서 신하들로부터 전해 듣는 민의民意라는 것은 한계가 있기 마련이었다. 그리고 왕에게 전달되는 '민심'과 백성들의 실제 '민심' 사이에는 언제나 괴리가 있었다. 왕도정치는 민심을 얻어야만 이루어질 수 있기 때문에 왕도정치의 실현을 위해서는 백성의 고통과 억울함을 정확히 파악해야 했다.

매스미디어의 발달이 극에 달한 지금도, 대통령 혼자서는 여론의 동향을 모두 파악하기 어려운 실정인데 하물며 전통시대의 국왕이 여론의 향배에 밝을 수는 없는 일이다. 왕은 민심을 정확히 파악할 채널을 가져야 했고 암행어사는 이러한 목적을 실현하기 위해서, 즉 왕도정치를 실현하기 위해 만들어진 제도였던 것이다.

우리나라보다 지방 감찰직의 성립이 훨씬 앞선 중국도 암행어사로까지 발전하지는 못했다. 중국의 지방 감찰관리의 연원은 한나라 혜제 때까지 거슬러 올라간다. 당시 중국은 시어사侍御史라는 관리를 전국 각지에 파견했고, 후대에는 이와 유사한 감어사監御史를 두기도 했다. 그러나 칙사勅使 또는 어사라는 의미였을 뿐이고 직무 수행방식은 공개적이었다.

한나라 무제 때 시어사로 하여금 임시로 수의를 착용하게 하고 지방을 감찰토록 했던 수의어사繡衣御史라는 것이 있었다. 이들이 암행어사와 유사하다고 할 수 있으나, 어사의 표시로 수의를 입었을 뿐 직무 수행방식은 공개적이어서 암행을 했던 것은 아니었다.

지방관리를 감독하는 감찰관은 우리나라에도 일찍부터 있었다. 신라에서 사자使者 18명을 주군州郡에 각각 파견한 것이 최초의 기록인데, 이때가 서기 90년, 즉 파사왕 11년이었으니 꽤나 오래전부터 시작된 셈이다.

고려에 들어와서도 관찰사나 감찰어사, 집의, 지평 등을 지방에 파견하였는데, 특히 공양왕 때에는 좌우염찰사左右廉察使라는 것이 있었다. 주로 지방관의 비리 색출과 군정 사무, 형옥을 다스리는 권한 등을 갖고 있어서 조선의 암행어사와 유사했다. 그러나 좌우염찰사의 직무 수행은 공개적이어서 암행을 한 것은 아니었다.

국가 통치상 지방관에 대한 감독은 국가의 안위를 좌우하는 문제였다. 수령에게 해당 지역의 통치를 위임한 만큼, 그들이 자신의 직무를 제대로 수행해야 국가가 유지될 수 있었다. 지방관을 감독하는 감찰직이 효율적인 방법을 찾아 끊임없이 변화한 것도 바로 이 때문이다.

중국과 한국에서 지방관을 감독하는 감찰직이 계속 변모해 왔어도, 조선시대처럼 암행이 특성인 감찰직은 나타나지 않았다. 암행어사는 조선시대가 만들어낸 유일무이한 지방 감찰직이었다. 이 독특한 방식의 지방감찰제도야말로 조선왕조가 부정부패를 막기 위해 보인 다각적인 노력 중의 하나였던 것이다.

# 청렴결백한 젊은 관리여야 한다

암행어사는 왕의 권위를 대신하는 직책인 만큼 선발에 있어서 꽤 까다로운 조건이 요구되었다. 그러나 조선시대에 편찬된 법전에는 암행어사의 자격에 관한 규정이 전혀 없다. 암행어사는 왕이 비밀리에 선발했고, 또 법전에 명시된 관직도 아니었기 때문에 임명이나 자격 요건에 있어서 공식적인 법규가 없었던 것이다.

그렇다 해도 암행어사를 선발하고 임명하는 데는 지켜져야 할 원칙이 있었을 것이고, 또 직무의 성격상 어떤 관리보다 엄격하게 선발되었을 것이다. 그러면 어떤 사람들이 암행어사로 선발되었을까?

조선 후기 실학자 이긍익은 《연려실기술》 별집에서 '어사는 당하시종신堂下侍從臣으로서 특별히 파견되며 암행어사라고 부른다'라고 했다. 암행어사가 당하시종신이어야 한다는 것은 품계가 당하관이어야 한다는 것이다.

조선시대 문관의 품계品階는 정1품에서 종9품까지로, 정3품 통정대부 이상은 당상관이며, 정3품 통훈대부 이하는 당하관이었다. 조선의 관직체계에서 당상관과 당하관은 천양지차라 할 만큼 그 지위가 현격하게 달랐다.

당상관과 당하관의 구분은 여러 곳에서 나타난다. 왕의 명을 받은 봉명사신奉命使臣의 경우, 당상관은 '사使'라 하고 당하관은 '어사御史'라고 하여 명칭상으로도 엄격히 구분했다. 이러한 사와 어사의 구별은 조선 초기부터 나타나고 있다. 암행어사의 경우 '사使'라고 하지 않고 '어사御史'라고 지칭한 것도 당하관에서 선발되었기 때문이다. 암행어사는 당하관에서 선발되었으므로 고위정치관료가 암행어사로 활약했던 것은 아니다.

암행어사의 중요성에도 불구하고 암행어사를 당상관이 아닌 당하관에서 뽑았던 것은 어떤 이유에서일까?

먼저 직무의 성격을 들 수 있다. 암행어사의 임무는 부정부패를 적발하는 것이었으므로 나이 들어 노회한 고위정치관료들보다는 젊은 관리들이 적격이었다. 젊은 관리들은 관리로서의 경험이 미숙하다는 단점은 있지만, 정의감에 불타고 있다는 장점이 있다. 불의와 타협하지 않는 강개함이 있기 때문에 사사로운 정에 사로잡히거나 뇌물에 매수되지 않을 수 있었다.

또 다른 이유는 암행어사라는 직무가 상당한 체력을 요구했던 데에 있었다. 암행어사는 하루에 말을 타고 수백 리를 달려가야 했고, 또한 여러 날의 걸식도 견뎌야 했다. 순회하는 지역이 여러 곳일 경우 '동에 번쩍 서에 번쩍' 하는 신출귀몰함도 요구되었다.

그러나 당하관으로 암행어사를 제한한 것에 부작용이 없는 것은 아니었다. 암행어사는 부패한 지방수령들을 척결하기 위해 파견되었기 때문에 수령의 사무를 두루 파악하고 있어야 했다. 실무 경험이 미숙하면 지방수령들에게 오히려 휘둘릴 우려가 있었다. 실제로 이런 일이 발생하자 영조대에는 수령을 지낸 전력이 있는 자 중에서 암행어사를 선발하기도 했다.

암행어사는 당하관 출신으로 충원되었지만, 당상관 출신의 암행어사가 전혀 없었던 것은 아니었다. 1886년(고종 23년) 조병로라는 인물이 당상관으로서 경상도 암행어사에 임명된 적이 있었다. 그러나 이러한 사례는 조선왕조 말기에 잠시 있었을 뿐이고, 조선 전 기간에 걸쳐 암행어사는 당하관 출신이어야 한다는 원칙은 고수되었다.

## 왕의 의중을 잘 파악해야 한다

암행어사는 당하관 중에서도 시종신 가운데서 선발되었다. 시종신侍從臣이란 왕을 가까이서 모시는 신하들로 일반적으로는 5사司, 즉 승정원, 사헌부, 사간원, 홍문관, 예문관에 속한 관리들을 의미한다.

승정원, 예문관, 사헌부, 사간원, 홍문관은 조선의 모든 관리들이 선망하는 관청이었다. 승정원은 오늘날로 치면 대통령 비서실로 왕의 명령을 출납하는 기관이었다. 예문관은 왕의 명령을 글로 짓는 기관으로 당대의 최고학자들이 배치되었다. 홍문관, 사헌부, 사간원은 언론 삼사라 하여 왕에게 간쟁하고 관리를 탄핵하면서 조선왕조 권력균형의 축을 이루던 기관이었다. 이들 관청에 소속된 관리는 그 직책의 성격상 항상 왕의 측근에서 활동하고 있었다.

이들 중에서는 사헌부와 사간원의 대간, 홍문관의 부제학 이하 부수찬까지, 예문관의 검열, 승정원의 주서 등을 총칭하여 시종신이라 했다. 이들이 암행어사로 선발되었던 것이다. 특히 사헌부, 사간원, 홍문관의 당하시종신이야말로 가장 유력한 후보자였다.

그러나 처음부터 당하시종신들 가운데서 암행어사를 선발한 것은 아니었다. 암행어사의 자격을 당하시종신으로 결정하기까지는 우여곡절이 많았다.

조선 초기까지만 해도 지방 감찰관에 대한 자격요건이 엄격하지는 않았다. 당시 감찰업무를 맡았던 행대감찰行臺監察은 사헌부의 감찰로서 정6품에 지나지 않았다. 그런데 암행어사의 전신이라 할 수 있는 문폐사問弊使나 찰방察訪 등을 지방에 파견하기 시작하면서부터 자격 논란 시비가 일기 시작했다. 지방감찰관의 품계가 낮아 지방수령에 대한 감찰을 효과적으로 수행할 수 없다는 것이다. 실제 이러한 폐단이 누적되자 행대감찰 정도로는 부족하다는 인식이 높아져 갔고, 성종대에 들어와서는 시종신 가운데서 어사를 선발하는 추세가 점차 현실화되었다.

그리고 무엇보다 왕의 시종신은 그 직무의 성격상 왕의 의중을 충분히 인지할 수 있는 위치에 있었기 때문에, 이들 중에서 왕의 비밀사신인 암행어사를 선발하는 것은 매우 합당하기도 했다.

그러나 시종신에서 암행어사를 선발하는 원칙이 반드시 지켜진 것은 아니었다. 시종신으로만 암행어사를 충원하기는 실제로 어렵기도 했다. 시종신은 항상 왕을 수행해야 하는 관리인데 암행어사를 시종신으로 엄격하게 한정한다면, 이들이 일시에 어사로 출타하게 되어 업무에 차질을 빚을 우려가 있었다.

사실 암행어사의 성공 열쇠는 이러한 자격 요건에 있는 것이 아니었다. 자격보다 더 중요한 것은 인물의 됨됨이였다. 무위무관無位無官의 처사處士나 유생이라도 암행어사에 적합한 인물이라면 발탁하자는 주장이 제기되기도 했다. 이렇게 선발된 어사를 '백의어사白衣

御史'라 불렀는데, 일반적이지는 않았다.

## 암행어사는 과거급제자였다

잠시 《춘향전》으로 되돌아 가보자. 《춘향전》 속의 이도령은 과거 급제와 동시에 암행어사로 임명되었다. 암행어사가 되기 위해서 과거시험을 본 것은 아니겠지만, 어쨌든 과거에 급제했기 때문에 그는 암행어사로 발탁될 수 있었다.

이러한 이도령의 출세기는 암행어사는 먼저 문과라는 관문을 통과해야 한다는 것을 암시한다. 실제로도 조선시대 암행어사들은 대개가 문과급제자들이었고, 문과급제야말로 암행어사에 선발되는 기본 요건이었다. 앞서 암행어사의 자격이 당하시종신이어야 한다는 것도 문과급제자여야 한다는 의미이기도 했다.

이처럼 암행어사는 문과라는 관문을 통과한, 그야말로 객관적 실력을 갖춘 인물 가운데서 선발되었으나 예외도 있었다. 인조대에 암행어사로 파견된 홍무적洪茂績은 문과 출신자가 아닌 음관蔭官이었고, 고종대에도 서경순徐經淳 등이 음관으로서 암행어사에 선발되었다.

홍무적은 음관 출신으로 암행어사에 선발된 최초의 인물이다. 음관이 암행어사에 선발된 것은 극히 예외적인 일이라 자격 시비가 일기도 했으나 암행어사의 자격이 법전에 규정된 것이 아니어서 법적인 하자는 없었다. 당시 사람들은 홍무적을 가리켜 '음관어사'라고 비아냥거렸는데, 이러한 사실로 보아 암행어사는 문과출신자여야

잡음이 없었음을 알 수 있다.

이와 같이 암행어사는 기본적으로 문과에 급제하고 성품이 강직할 뿐만 아니라 학식이 풍부한 자여야 했다. 대체로 장래가 촉망되는 젊은 관료가 선발되었던 것이다.

이 때문에 조선시대 저명한 정계 인사 중에는 암행어사를 역임한 사람들이 많았다. 중종대 사림파의 영수인 조광조, 주자학의 거성인 퇴계 이황, 현종, 숙종, 영조대에 각각 영의정을 지낸 김수홍, 남구만, 채제공 등이 모두 암행어사 출신이었다. 또한 암행어사로서 야사에서 이름 높은 박문수, 《전율통보典律通補》의 저자 구윤명, 정조대의 심환지, 정약용 등도 암행어사로서 이름을 빛냈다.

2

# 독특한 선발과정

## 의정부에서 후보자를 추천하다

당하시종신이라고 해서 모두 암행어사로 선발될 수 있었던 것은 아니다. 이들 가운데서도 엄격한 절차를 거쳐 통과한 사람만이 암행어사가 될 수 있었다.

조선시대에 암행어사 적임자를 '가합인可合人'이라고 했다. 가합인이란 직임에 합당한 인물이라는 의미로 이들 가합인을 선발하는 데 있어서는 몇 가지 기준이 있었다.

국왕 혼자서 그 적임자를 선발하기는 어려웠기 때문에 의정부로 하여금 후보자 명단을 올리도록 했다. 후보자 명단을 왕에게 올리는 것을 '초계抄啓'라고 했다.

그러나 처음부터 암행어사 추천자 명단을 의정부에서 올렸던 것은 아니다. 처음에는 암행어사를 선발할 때 왕이 직접 적임자를 선택했다. 왕이 '소지小紙'라고 불리는 종이에 어사 후보자들을 적어서 승정원에 내려주고 패초(牌招, 왕의 부름을 받아 임명되는 것)를 명하는 것이 초창기 암행어사의 선발 방식이었다. 소지에 이름이 기록되어 있는 자는 암행어사에 임명될 자로서 이들을 '소지소부인小紙所付人'이라 불렀다.

그러나 의정부를 거치지 않고 왕이 직접 암행어사를 선발하는 방식, 즉 소지에 의한 직접적인 선발은 중종대 이후에는 없어졌다. 어사를 파견할 일이 빈번해지다 보니 왕이 직접 선발하여 파견하는 것에 한계가 있었기 때문이다. 이후로 암행어사 후보자 추천은 의정부 3정승의 권한이 되었으나 책임이 요구되는 일이었으므로 3정승이라도 마음대로 후보자를 뽑지 못하도록 여러 제도적 장치가 마련되었다.

암행어사 후보자 추천권인 초계가 의정부의 권한이 되면서 그 전단계로서 '초택抄擇'이라는 제도가 생겼다. 초택은 추천권을 가진 정승들이 왕에게 적임자를 추천하기 전에 여러 명의 후보자를 두고 1차 심사를 하는 것을 말한다.

1차 심사과정에서 정승들이 나름대로 복안을 가지고 최종 후보자를 추천했다. 그러나 시종관안(侍從官案, 시종신의 직원대장)에 의거하여 선발하는 경우도 있었다. 현직 시종신과 전임 시종신 등을 모두 조사한 후, 이를 토대로 적임자를 뽑는 것이다.

일단 1차 선발이 이루어지면, 의정부는 왕에게 최종 후보자 명단을 올렸다. 이들을 '피초인被招人'이라 불렀다. 이들 피초인 가운데서 암행어사를 임명하는 것이 일반적이었지만, 최종 명단에 올랐다고 해서 반드시 암행어사로 임명되는 것은 아니다.

필요에 따라서 1명만 임명될 수도 있고 여러 명이 임명될 수도 있었다. 게다가 최종 후보자 선발은 한 번만으로 일단락되는 것도 아니었다. 후보자들 모두가 암행어사로서 부적당하다고 생각할 경우 왕은 다른 사람을 더 뽑아 올리라는 명령을 내리기도 했다.

후보자 추천권이 의정부의 권한이었다 해도 왕의 명령이 있어야 비로소 시행되었으므로 단독으로 행사할 수 있는 권한은 아니었다. 암행어사 선발은 왕 고유의 권한이기 때문에 왕은 어사 후보자들을 추천하는 의정부의 권한에 구속될 필요가 없었다. 후보자들 가운데서 왕이 재량껏 뽑아 임명했으며 후보자 외에 다른 인물을 뽑을 수도 있었다.

이러한 초계제도가 언제부터 생겼는지 정확하지는 않다. 그러나 왕이 모든 신하를 다 파악할 수는 없었기 때문에, 승정원이나 의정부의 추천을 받는 것이 훨씬 용이했을 것이다. 게다가 각종 어사를 대량으로 파견하게 된 선조 이후에는 더욱 많은 어사 후보자가 필요했다. 따라서 어사 선발과정은 암행어사제도의 발전과 더불어 점차 초계제도로 정착되어 간 것으로 보인다.

어사 적임자를 선발하는 방식으로 고안된 초계제도는 암행어사를 보다 엄정하게 선발하는 방식으로 활용했기 때문에 암행어사제도가 폐지될 때까지 시행되었다. 어사 후보자들의 명단이 적혀 있는 초계는 현재까지도 일부 남아서 전해지고 있다. 현재 남아 있는 초계 중 가장 오래된 것은 1661년(현종 2년) 2월에 올려진 초계이다. 그리고 최후의 암행어사 초계는 1897년(고종 23년) 10월의 '수의초계繡衣抄啓'이다.

## 언제 왕의 부름을 받을지 알 수 없다

예나 지금이나 벼슬은 선망의 대상이다. 특히 조선시대에 관리로 임명되는 것은 본인뿐만 아니라 가문의 영광이었으므로 드러내 놓고 자랑할 일이었다. 그러나 그럴 수 없는 관직도 있었으니 그것이 바로 암행어사였다.

조선시대 암행어사는 어떤 벼슬보다 청렴과 능력을 인정받아야만 선임될 수 있는 영광스런 자리였지만, 그 임무의 특성상 드러내 놓고 자랑할 수가 없었다.

후보자로 선발되는 과정도 비밀스러웠지만, 일단 발탁된 이후에 이어지는 임명 절차 또한 비밀스러웠다. 암행어사에 적당한 인물을 엄정하게 뽑아서 비밀리에 파견하는 과정이야말로 암행어사제도의 성공 여부를 좌우하는 것이었기 때문이다.

임명을 위해 왕이 어사 후보자를 불러들이는 절차는 일반 관원을 불러들이는 방식과 거의 동일했다. 우선 의정부에서 어사 후보자들을 추천한 후 왕이 낙점하면, 왕의 비서실인 승정원을 통해 곧바로 후보자에게 연락이 갔다. 그리고 불러들일 때는 일반 관원과 마찬가지로 '패초牌招'라는 방식을 썼다.

패초란 승지가 왕명을 받아서 관원을 부를 때 나무로 만든 패를 사용하는 것을 말한다. 이른바 관리 임명 소환장으로 이 패초를 받는 것에서부터 암행어사의 임명도 시작되었다.

이때 어사 후보자에게 전달되는 목패는 그 모양부터 매우 독특했다. 장방형의 외형에 붉은 색을 칠하여 왕의 권위를 한껏 드러내는 한편, 윗부분에는 일정한 장식이 새겨져 있어 우아함도 아울러 갖추고 있었다. 목패의 앞 표면에는 '명命' 자가 음각으로 새겨져 있고 뒷면에는 임명되는 관원의 이름이 적혀져 있다. '명' 자가 새겨져 있어서 일명 '명패'라고도 불렀다.

조선시대에 왕의 부름은 곧 어명이었다. 관리건 아니건 간에 반드시 응해야만 하는 일이었다. 그러나 불가피하게 응하지 못할 경우도 있었다. 그런 경우 소환장인 명패에다 '부진不進'이라고 써서 거부 의사를 분명히 밝혀야 했다. 그런데 이른바 '패부진牌不進'이라 불리는 이 거부 의사는 왕명에 대한 거역이었으므로 처벌을 각오해야 했다. 물론 이러한 경우는 암행어사도 마찬가지였다.

이와 같이 암행어사가 부름을 받는 절차는 일반 관원과 같았다. 다만 다른 점은 패초가 무시로 이루어졌다는 데 있다. 암행어사의 패초는 정해진 날짜도 정해진 시간도 없었다. 암행어사가 언제 왕의 부름을 받을지는 아무도 모르는 일이었다.

이렇게 비밀스럽게 불려간 뒤에는 왕을 직접 대면했다. 그러나 모든 암행어사들이 왕을 만날 수 있었던 것은 아니다. 대체로 왕을 직접 대면했지만, 여의치 않을 경우에는 밀지로 임명을 받는 경우도 있었다.

왕을 직접 대면하지 못한다고 해서 암행어사로서의 격이 떨어지는 것은 아니었다. 오히려 수행할 일이 비밀스러울수록 왕이 직접 대면하기보다는 밀지로 어명을 전달받는 경우가 많았다.

그러나 이러한 과정만으로 정식 암행어사라고 하기에는 아직 이르다. 어사로서 정식으로 인정받기 위해서는 왕이 친히 하사한 봉서 封書와 마패馬牌를 받아야 했다. 봉서란 암행어사가 수행할 임무가 적혀 있는 왕의 명령서였고, 마패는 어사 신분을 증명해 주는 신분 증이었다.

이 두 가지가 있어야 어사임이 실제로 증명되는 것이니 아무리 임무가 바쁜 암행어사라도 왕이 하사한 두 가지 물품은 반드시 받아가야만 했다. 만약 왕을 직접 만나지 못할 경우에는 왕이 하사한 봉서와 마패를 승정원을 통해서 받아갔다.

## 추첨을 통해 감찰지역을 선정하다

이처럼 암행어사의 임명 방식은 일반 관원의 임명 방식과 유사하되 무시로 부름을 받는다는 비밀성이 있었다. 그러나 암행어사제도의 비밀스러움은 '추생抽柱'이라는 방식에서 보다 여실히 나타난다. 추생이란 요즘 흔히 쓰는 추첨과 같은 의미로 추抽자는 뽑는다는 의미이며, 생柱은 나무의 껍질 또는 참대로 만든 '제빗대'란 뜻이다.

암행어사가 시찰할 지역을 미리 정하지 않고 왕이 직접 제비를 뽑아 선정하는 것이 바로 추생이었다. 전국 군현의 이름이 적힌 360개의 참대를 죽통에 넣고 제비를 뽑아 암행어사를 파견할 지역을 선정하는 것이다. 이때 뽑힌 군현명은 암행어사에게 주는 봉서에 써두는데, 암행어사가 아니면 해당 지역 이름이 적혀진 봉서를 절대 개봉할 수 없었다. 나아가 봉서를 받은 암행어사조차도 사대문 밖을 벗어나기 전까지는 열어볼 수 없었다.

그런데 추생이라고 불리는 이 방식은 성균관에서 추첨하여 강론하거나 과거시험의 문제를 뽑을 때 쓰이던 것이었다. 과거시험에나 사용된 추생이 암행어사제도에 도입된 것은 암행어사제도의 실효성 때문이었다.

조선 정부는 어사들을 부단히 지방에 파견하여 수령들의 부정부패를 암행 감찰하도록 했지만, 어사가 파견될 지역이 번번이 사전에 누설되어서 소기의 효과를 보지 못하고 있었다. 말하자면, 이도령이 도착하기도 전에 변학도는 이미 암행어사가 온다는 정보를 입수하고 있는 셈이니 어사가 오더라도 비리는 다 감추어진 뒤라 그야말로 뒷북치는 격이었다. 따라서 시찰지역을 비밀스럽게 선정하는 추생은 암행어사제도의 맹점을 보완해 주기에 적합했다.

암행어사 추생파견이라는 혁신적인 아이디어를 제일 먼저 제공한 사람은 암행어사 출신이 아닌 지방수령 출신의 손민이란 인물이었다. 단종 때 곡성현감을 지낸 손민은 세종대부터 기회가 있을 때마다 암행어사의 추생파견을 주장한 바 있다.

이때 그가 제안한 방식이 심지에다 대상 지역의 여러 고을의 이름을 써서 통에 넣고 섞은 다음 하나씩 뽑아서 뽑히는 지역을 암행, 감찰하는 것이었다. 이 건의는 당시에는 채택되지 않다가 성종대에 와서야 채택되었다.

## 암행지역을 누설해서는 안 된다

추생파견은 암행지역의 비밀성을 보장한다는 측면에서는 혁신적이긴 했지만, 반대 의견도 많았다.

지방수령의 입장에서 보면 추생파견은 가혹한 처사일 수 있었다. 매번 법을 어기는 사람보다 어쩌다 한 번 어긴 사람이 단속에 걸리는 경우가 있듯이 계속 잘하다가도 운 나쁘게 어사가 암행하던 시점에 잘못이라도 저지르게 되면 이전의 선정이라는 것이 아무런 의미가 없었기 때문이다.

더욱이 현실적으로 암행에다 추생파견까지 했을 경우 걸리지 않을 수령이 없다는 것이 더 문제였다. '걸면 걸리는' 이러한 암행 추생파견은 수령들의 공과를 공정하게 평가하기보다 오히려 부작용을 발생시킬 수 있다는 것이 반대자들의 논리였다.

그럼에도 불구하고 시찰지역이 계속적으로 누설되자 더 이상 추생파견을 미룰 수가 없었다. 따라서 성종대부터 시작된 시찰지역 추첨은 연산군을 거쳐 중종대에 와서는 관례로 자리잡게 되었다. 이후로 역대 왕들은 추생파견을 꾸준히 애용했다.

시찰지역이 추생을 통해 선정되었다 하더라도 끝까지 보안이 유지되는 것은 아니었다. 끝까지 함구해야 할 암행어사가 누설해 버리면 그만이기 때문이다. 실제로 1523년(중종 18년)에 시찰지역으로 추첨된 고을명이 곧바로 공개되는 사건이 생기기도 했다. 이때 중종은 경솔하게 발설한 어사를 처벌했다.

추첨된 지역을 아는 사람은 제비를 뽑은 왕과 그 사실을 어사에게 전달하는 승정원, 그리고 어사뿐이었다. 따라서 파견되는 암행어사가 사실을 함구하지 않고 소문을 내면 대상 지역 추첨이라는 것은 유명무실해지기 마련이었다. 어사에게 시찰지역이 적혀 있는 봉서를 사대문 밖에 나가 개봉하도록 한 것도 이러한 이유 때문이었다.

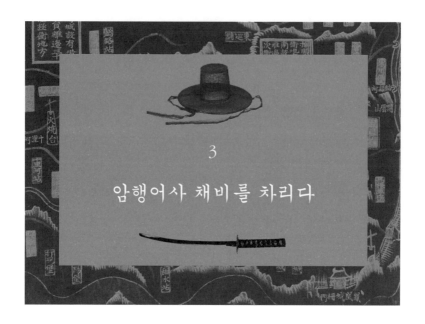

## 국왕의 친서를 받다

조선시대에 관리임을 증명할 수 있는 것에는 무엇이 있었을까? 예컨대 자신이 영의정임을 증명해 줄 수 있는 것으로 무엇이 있었을까? 물론, 관료사회에서 영의정 정도의 고관이라면 얼굴이 곧 신분증이었을 테지만, 그렇다고 해서 관리 임명장이 없었던 것은 아니었다. 조선시대도 지금과 마찬가지로 임명장이 없으면 관리로서 정식으로 직무를 수행할 수 없었다.

조선시대에는 관리들의 임명장을 '고신告身'이라고 불렀는데, 왕이 직접 임명장을 내리는 4품 이상의 고위 관직일 경우에는 교지(敎

旨, 왕의 명령서)로서 임명되었다. 이 임명장에는 대개 '아무개를 아무 관직에 임명한다' 는 내용이 적혀져 있었다.

물론 암행어사도 조선시대의 관리였으므로 임명장이 있었으나, 암행어사만의 독특한 임명장이었다. 조선시대에 암행어사임을 증명해 주는 것으로는 왕이 친히 내려주는 봉서封書와 사목事目, 그리고 마패馬牌와 유척鍮尺이 있었다.

먼저, 봉서는 봉함한 국왕의 친서로서 암행어사의 임명장이라고 할 수 있다. 일반 관리의 임명장이 고신인 것과 달리 암행어사는 봉서가 임명장을 대신했다. 따라서 봉서는 마패와 함께 암행어사 신분을 증명해 주는 또 하나의 증명서였던 것이다. 그런데 조선시대에 봉서는 암행어사만 받은 것은 아니었다. 일반 어사나 경차관敬差官 등 각종 봉명사신에게도 수여되었다.

암행어사가 어전에서 직접 왕의 임명을 받아 파견될 경우에는 왕으로부터 봉서를 친히 전달받았다. 반면, 밀지 파견의 경우는 승지로부터 전달받았다. 이때 전달받는 봉서의 크기는 대략 세로가 57센티미터 정도이고 가로는 그 내용에 따라 얼마든지 길어질 수가 있다. 일반 교지와 비교하여 지질과 크기는 같으나 길이만 다르다.

그런데 암행어사가 받는 봉서는 왕으로부터 받았든 승지로부터 받았든 비밀유지를 위하여 적힌 내용이 보이지 않게 되어 있었다. 또한 여느 봉서는 겉표지 맨 위에 받는 사람의 이름을 적는 것이 일반적인데, 암행어사가 받는 봉서에는 비밀유지를 위해 이름을 기입하지 않았다.

그렇다고 해서 아무것도 쓰지 않는 것은 아니고 '도남대문외개탁

到南大門外開坼' 또는 '도동대문외개탁到東大門外開坼' 이란 말을 써 놓았다. 이 말은 남대문 혹은 동대문 밖을 벗어난 후에야 봉서를 열어보라는 의미이다. 사대문 밖을 나가기 전까지는 절대 봉서를 열어보지 말라는 왕의 명령인 것이다.

겉봉투에 적혀 있는 이른바 '개탁開坼'이란 말은 일반 어사의 봉서에도 사용되었다. 그러나 일반 어사의 봉서에는 개탁이라는 말 앞에 어사의 성명을 적어 놓았다. 예를 들면 '경상도안사어사 정만시 개탁慶尙道按査御史 鄭萬始開坼'이라고 쓰는 것이다. 이런 경우는 '정만시만 이 봉서를 열어보라'는 의미이다. 반면, 암행어사의 봉서 겉표면에는 이름이 기재되지 않았다.

그렇다면 봉서의 안쪽은 어떠했을까? 첫 번째 줄에는 이 일을 관장하는 승지의 관명과 성姓 및 수결手決이 있고, 두 번째 줄부터 임명 취지와 임무가 조목조목 나열되어 있다. 이어서 마지막에 '지旨'자가 찍혀 있고, 그 다음 줄에 연월일이 적혀 있다. 기입이 끝나면 지면의 연결 부분과 연월일에 승정원인承政院印을 날인한 후 말아서 접고 줄로 묶지는 않는다.

봉서에는 감찰할 군현명뿐만 아니라 암행어사의 임무와 직권에 대한 내용이 담겨 있기 때문에 비밀유지에 각별히 신경을 써야 했다. '이번에 감찰할 고을의 수령들에 대해서 이러한 부분을 특별히 조사토록 하라'는 왕의 명령이 구체적으로 나열되어 있던 것이 봉서였다.

지시사항이 많을 때에는 봉서 외에 소봉小封을 따로 마련하여 적기도 하고 사목事目을 내려 보다 구체적으로 열거하기도 했다. 따라서 봉서는 사목이 발달되지 않은 조선 초기에는 사목의 역할까지 했지만, 사목이 별도로 지급되는 경우에 봉서에는 극히 중요한 임무만이 기재되었다.

일반적으로 중요한 임무는 주로 봉서에 적혀 있었고, 사목에는 암행어사의 직무상의 준수 규칙과 염찰 목적 등이 보다 구체적으로 기재되어 봉서를 보완하는 역할을 했던 것이다.

구체적으로 봉서에 지시된 내용은 무엇이었을까? 1791년에 정조가 영남지역 암행어사로 임명된 심기태에게 준 봉서를 소개하고자 한다.

1. 경상도에 이를 때까지 지나가는 고을도 한결같이 해당 고을을 염탐하는 것처럼 염탐하라.

2. 불법을 저지른 수령의 죄가 명백히 드러났을 경우에는 그 즉시 봉고封庫하고 그 죄상은 조정에 돌아온 뒤에 논하도록 하라.

3. 수령뿐만 아니라 감사도 감찰 대상으로 삼아 엄밀히 조사하라.

4. 수령들이 진휼할 때 곡물을 줄여서 몰래 자기의 호주머니를 채우고 곡물의 대여를 전적으로 하리들에게 위임하여 농간을 부리게 놓아두고 있으니, 각 고을의 진휼과 곡물 대여에 대한 잘잘못과 허위 여부를 낱낱이 탐지하되, 고을이나 창고에 대해서만 알아보지 말고 반드시 몸소 관청의 뜰에 들어가서 실적을 확인하도록 하라. 그리하여 그 가운데 가장 부실한 자는 그 자리에서 봉고하거나 하리를 엄중히 다스려 징계하라.

5. 옥사를 지나치게 다스리거나 혹독한 형벌을 쓰는 데 대한 금지의 법이 있으니 신중히 하지 않은 자는 보고하도록 하라.

<1792년(정조 15년), 정조가 암행어사 심기태에게 준 봉서>

이상의 5가지 외에도 봉서를 통해 정조가 암행어사 심기태에게 내린 임무는 8가지가 더 있었다. 그런데 왕과 암행어사만이 알 수 있었다던 봉서의 내용이 어떻게 《조선왕조실록》에 실려 있을까? 봉서는 암행어사가 처음 받았을 때는 공개해서는 안 되었지만, 임무를 마친 후 왕에게 보고하는 과정에서 공개되었던 것이다.

정조의 명령을 받고 영남으로 내려간 암행어사 심기태는 자신의 직분을 충실히 감당하고 돌아와 영남지역 지방관들의 과실을 조목조목 정조에게 보고했다. 보고를 듣고 난 정조는 암행어사 심기태의 활약상을 이렇게 평했다.

"그대가 고위관리를 두려워하지 않고 노핵했으니, 근래 어사 중에서 최고라고 할 만하다."


## 암행어사도 수행원이 있었을까

암행어사는 일단 자신의 임무가 적혀 있는 봉서나 사목을 전달받고 나면, 더 이상 머뭇거려서는 안 된다. 그러나 무조건 봉서나 사목만 가지고 떠나서도 안 된다. 암행어사의 신분을 나타내줄 것이 필요했으니, 이른바 암행어사의 '치장治裝'이다.

비단 암행어사뿐만 아니라 왕의 명령을 받은 봉명사신들은 여장旅裝이 필요했다. 다른 신하들과 달리 왕의 봉명을 받았다는 증거물과 함께 여러 가지 준비가 필요하기 때문이다. 이때 준비기간은 부여받은 임무에 따라 차이가 있었다.

봉명사신들은 특히 채비에 세심한 신경을 써야 했다. 재난이 일어났을 경우에 임시로 떠나는 봉명사신의 경우에도 채비하는 데만 수삼 일이 걸릴 정도였다. 왕의 사신인 만큼 신경을 써야 했던 것이다.

조선시대의 관원은 그 지위에 따라 시종하는 관원이 따르게 되어 있었다. 특히 공식행차에는 반드시 시종하는 군인과 서리, 그리고 노자奴子, 깃발드는 시종과 나발부는 시종 등이 수행했다. 시종들의 면면만 보더라도 그가 봉명사신인지 아닌지 금방 드러났다.

그런데 암행어사는 이러한 화려한 수행시종과는 거리가 먼 존재였다. 암행 감찰이란 것이 자신의 신분을 드러내지 말고 감찰하라는 것이므로 조선시대 암행어사는 마치 행려인처럼 변장을 해야 했다. 가능한 한 시종관을 줄여 자신의 종적을 감추어야 했다. 그러므로 암행어사에게 시종이라는 것은 오히려 업무 수행에 방해가 될 수 있는 존재였다. 다른 봉명사신과는 달리 암행어사에게는 면면을 갖춘 수행시종들이 금지될 수밖에 없었다.

이러한 이유 외에도 암행어사의 시종관 대동이 금지된 데는 또 다른 현실적인 이유가 있었다. 암행어사 시종관들이 그 권세를 빌미로 폐해를 일으키는 일이 많았던 것이다. 어사가 목적지에 도착하기도 전에 시종관들의 움직임이 노출되는 경우가 빈번했다. 이런 일이 자주 일어나자, 성종대에는 아예 암행어사가 시종관을 대동하지 못하도록 조처했다.

　암행어사가 수행원을 대동하는 것을 금지하기는 했지만, 그렇다고 해서 수행원이 전혀 없지는 않았다. 지금까지 전해지는 여러 가지 기록들을 볼 때, 많지는 않지만 암행어사는 시종들을 데리고 다녔음을 알 수 있다.

　사실 암행어사에게 시종은 정보 수집을 위해 반드시 필요한 존재이기도 했다. 다만 이들 시종들도 신분이 드러나지 않도록 암행어사와 마찬가지로 변장을 해야 했다. 엄격히 말하면 암행어사에게 금지된 것은 수행원이 아니라 군관軍官이었다.

　조선시대에 각종 어사의 경우 1명 내지 2명 정도의 군관을 대동하는 것이 관례였다. 그런데 암행어사는 미행이 원칙이므로 군관을 대동해서는 안 되었다. 1676년(숙종 2년)에 암행어사 강석빈이 임의로 군관을 대동했다가 파직당했고 정조는 암행어사가 사사로이 군관을 대동하면 죄를 물을 것이라고 엄명을 내리기도 했다.

　일반 어사들이 군관뿐만 아니라 여러 시종들을 거느려 그 위세를 떨친 것과 달리 암행어사는 자신뿐 아니라 시종들조차도 신분을 드러내서는 안 되었다. 이러다 보니 암행어사는 늘 생명의 위협을 받아야 했다. 조선 후기에 암행을 하다 목숨을 잃는 어사들이 생겨났던 것도 이와 무관하지 않다. 이런 측면에서 보면 조선의 암행어사는 목숨을 내놓고 자신의 감찰 임무를 수행했다고 할 수 있다.

## 암행어사는 거지어사

이렇듯 암행어사는 시종을 두는 일마저도 엄격한 제약을 받았다. 그렇다면 시종 못지 않게 여비의 제약도 받았을 듯싶다. 암행어사는 자신의 여비를 어떻게 해결했을까? 왕으로부터 노자돈을 받았을까, 아니면 암행어사 정신에 위배된다 하여 한푼도 받지 않았을까? 산천초목도 벌벌 떨게 만드는 암행어사라 할지라도 식사는 해야 하고 잠도 자야 했을 터인데 여비 없이 길을 떠나지는 않았을 것이다.

조선시대 암행어사의 여비를 '양자糧資' 또는 '양찬糧饌'이라고 불렀다. 일반적으로 여비를 노자路資라고 부른 것과 약간 다르다. 이런 용어가 전해져 내려오는 것을 보면, 암행어사에게도 분명 여비가 있었음을 알 수 있다.

일반적으로 조선시대 관원들이 지방출장을 떠나는 경우에는 '노문'(路文, 여행허가서)이란 것을 발행했고 방문지의 수령들은 노문에 의하여 이들에게 먹을 것을 공급했다. 따라서 이들은 현지조달이 가능하였기에 여비가 필요 없었고 부득이한 경우 국외 사신에게만 여비가 지급되었다.

그러나 암행어사는 수령과 사사로운 접촉이 있을 수 없으므로 대접받는 것은 생각할 수도 없는 일이었다. 그렇다고 국외 사신들처럼 국가에서 여비를 보조해 준 것도 아니었다. 암행어사의 여비는 암행어사 자신이 부담하도록 되어 있었다.

갖은 고생을 다해야 하는 암행어사에게 여비마저 지급하지 않게 된 배경은 중국 송나라 때 주자가 절강성 구황사로 파견되었을 당시로 거슬러 올라간다. 당시 주자는 백성들의 고통을 살피느라 밤낮으로 침식도 하지 않고 간단한 수레 하나를 몰고 다녔다 한다. 그 뿐만 아니라 여비 또한 순전히 자비로 해결했다고 한다. 이러한 주자의 전례를 이어받아 공식적인 여비를 지급하지 않았던 것이다.

암행어사는 고을에서 여비를 구한다든가 관권을 이용하여 숙식을 제공받는 것이 일체 금지되어 있었다. 숙소는 관가보다 주막을 택했고, 밥은 사 먹던가 돈이 없으면 걸식을 해야 했다. 암행어사의 이러한 곤궁은 백성의 고충을 이해하는 데는 주효했을 것이나, 지방수령에게 역으로 이용당해 곤욕을 치르기도 했다.

중종 때 충청도어사 김익수金益壽가 한밤중에 암행지인 공주에 도착했다. 이를 눈치챈 이 지역 수령이 백성들에게 모두 문을 걸어 잠그게 하여 암행어사가 피곤과 굶주림에 시달린 일이 있었다.

이렇듯 암행어사가 여비를 자비로 부담함으로써 여러 가지 폐단이 생기자 경우에 따라 여비를 해당 관서에서 지급하기도 했다. 암행어사에게 지급되는 여비는 1등에서 6등급까지 차등을 두었다.

암행어사에게 지급되는 여비는 어느 정도였을까?

다음은 고종 연간에 지급된 암행어사 여비인데 중간 정도에 해당되는 금액이다. 1일 80리를 기준으로 했다.

| 식비 | 4냥 | 시종 2인 | 3냥 |
|---|---|---|---|
| 거마비 | 12냥 8전 | 말 2필과 마부 | 2냥 8전 |
| 인솔관원 | 2냥 | 1일 숙박비 | 12냥 3전 |
| | | 합계 | 36냥 9전 |

《비변사등록》고종 19년 12월 6일조

하루 36냥이면 상당히 많은 금액이다. 그러나 매일 36냥에 해당하는 여비를 지급했는지는 확실하지 않다. 또 완전한 미행을 위해서 신분 노출을 꺼리는 입장인 암행어사는 여비를 스스로 부담했을 공산이 크다. 이 때문에 암행어사는 거지어사라고 불리기도 했다.

## 암행어사의 휴대품, 마패와 유척

암행어사의 길 떠날 채비가 수행원과 여비 문제만 해결되었다고 해서 끝난 것은 아니다. 수행원과 여비라는 것은 사실 부차적인 것이고 반드시 받아가야 할 물품이 있었으니 그것이 이른바 마패馬牌와 유척鍮尺이다.

암행어사라고 하면, 가장 먼저 떠올릴 물건이 바로 '마패'다. 마패야말로 암행어사를 상징해 주는 물품이며, 자신의 신분을 증명해 주는 증거물이었다. 수행원과 여비는 여건이 안 되면 챙기지 못할 수도 있지만, 마패와 유척만은 반드시 챙겨 가야 할 물품이었다.

마패는 말 그대로 역마驛馬를 사용할 수 있는 패이다. 조선시대에는 공무로 출장가는 관원은 주로 역마를 이용했는데, 상서원에서 발급하는 마패를 증표로 삼았다. 우리나라에서 마패가 제도적으로 사용되기 시작한 것은 고려 원종 때부터이며 조선시대에 들어와서는 아예 법으로 정해졌다.

옛날에는 교통통신수단이라는 것이 직접이든 대리인이든 반드시 걸어서 가지 않으면 안 되었고 그나마 가장 빠른 수단이 말을 타고 가는 것이었다. 따라서 교통은 역驛을 중심으로 이루어졌고, 가까운 거리보다도 먼 거리를 갈 때의 문제 때문에 역제驛制가 생겨났다. 일정한 거리마다 말을 바꾸어 탈 역驛이 필요했기 때문이다.

우리나라의 역제도는 중국의 제도를 본딴 것으로 삼국시대부터 있어 왔다. 조선시대에는 전국의 도로를 대중소 3종으로 나누고 각 도시를 도로로 연결하여 30리마다 하나씩 표석을 세우고 그것을 기준으로 역을 설치했다. 따라서 30리마다 하나의 역을 세웠다고 할 수 있다.

《증보문헌비고增補文獻備考》에 의하면, 조선시대에는 전국이 41역도로 구분되어 있었으며 각도에는 6, 7개소 이상 29개소까지의 역이 소속되어 있었다.

각 역에는 역관驛館이 있고 역장驛長을 두었으며 역졸驛卒과 역노驛奴 등이 있었다. 그리고 경제적으로 뒷받침하기 위해 일정 수의 역마驛馬와 역전驛田을 지급했다. 역관에서 일하는 관리들은 공문의 전달과 봉명사신의 왕래, 그리고 관수물품의 운송 등을 담당했다. 역제도는 주로 공무를 수행하기 위한 제도이므로 일반인의 사용은 금지되었고 역마를 사적으로 사용하면 처벌되었다.

이때 마패는 역마를 공적으로 사용할 수 있는 권한을 표시한 증명서였다. 마패를 제시하면 마패에 그려진 수만큼의 말과 역졸들을 사용할 수 있었다.

조선 초기의 마패는 나무로 만들었는데, 마모와 파손이 심하여 세종대부터는 철로 마패를 만들었다. 마패는 대소에 따라 차등을 두었으며 주조된 날짜 및 연호가 뒷면에 새겨져 있다. 마패의 발급은 상서원에서 담당했으며 왕의 허락을 받아 마패를 지급하는 것이 관례였다. 봉명사신들은 승정원을 통해서 마패를 받았으며 임무가 끝나면 반드시 반납해야 했다.

마패는 원형으로 직경이 약 9~10센티미터 이내이며 상부에 구멍이 난 돌출부가 있어 끈으로 허리에 찰 수 있게 되어 있었다. 표면에 그려진 말의 수가 마패 소지자가 사용할 수 있는 말의 수인데, 상중하의 3등급으로 나누었으며, 모양에 따라 타는 말인지, 짐 싣는 말인지의 구별도 있었다. 그리고 사용할 수 있는 말의 수는 관직과 직무에 따라 결정되었다.

말은 초기엔 용도 구별 없이 최고 7마리까지 지급받을 수 있었다. 그러다 점차 6마리, 5마리로 그 수가 감소되었다.

암행어사에게 급여된 마패의 종류는 3마패였다. 상등으로 1필, 하등으로 타는 말 1필, 짐싣는 말 1필이 사용 가능한 범위였다. 그러나 법전 규정과 달리 지금까지 전해지는 암행어사 마패가 2마패인 것으로 보아 일반적으로는 2마패가 지급되었다고 봐도 무방할 것이다.

그러나 암행어사가 2마패를 가지고 있었다 해도 암행어사는 미복잠행했으므로 실제로 말의 사용 횟수는 많지 않았다. 더구나 말 타는 것을 억제하고 혹 사용하더라도 자신이 소유한 말을 사용하도록 권장했다. 따라서 암행어사의 경우 마패에 그려진 말의 수는 그리 중요하지 않았고 또한 그려진 말대로 모두 사용한 것도 아니었다.

암행어사의 마패는 말 지급을 규정하는 일반적인 의미의 마패뿐만 아니라 행인으로 변장한 암행어사가 출도하여 자신의 신분을 증명할 때 필요한 것이었다. 게다가 창고를 봉인하는 '봉고封庫'의 답

인踏印으로도 사용했다. 암행어사에 있어서 마패는 그 직권의 표징
이며 인신印信이었던 것이다.

《조선왕조실록》에 전하는 다음 일화는 마패의 위력을 실감나게
보여 준다.


1739년(영조 15년)에 관서지방을 암행한 어사 이성효李性孝가 삭
주부사 이만유의 불법을 캐내고 창고를 봉하려고 할 때였다. 믿는
구석이 있었는지 이만유가 칼을 뽑아들고는 어사 이성효에게로
달려들었다.

"길거리에서 밤을 타고 들어온 자는 필시 가짜 어사일 것이니,
내가 단칼에 너를 죽이겠다."

목숨이 위태로워진 어사 이성효는 곧바로 마루로 뛰어 올라가
품안에 있던 마패를 꺼내었다. 그래도 이만유는 고개를 내저으며
외쳤다.

"믿을 수 없다."

그러나 그건 분명 암행어사의 마패였기 때문에 이만유는 불안
해지기 시작했다.

"네가 이 물건을 아느냐? 이것을 보고 마음대로 해 보아라!"

이성효의 추상 같은 외침에 이만유는 그만 새파랗게 질려 황망
히 바닥에 엎드리고 말았다.


암행어사가 마패를 가지고 다녔다는 사실을 모르는 사람은 없지
만, 유척(鍮尺, 일종의 동척)도 휴대했다는 사실은 아마 생소할 것이

다. 유척은 길이를 재는 자의 일종으로 암행어사는 마패와 함께 반드시 유척을 가지고 다녔다.

암행어사가 유척을 소지한 목적은 남수監收와 남형濫刑을 방지하고 도량형을 제대로 시행하고 있는지를 검사하기 위해서였다. 이를 위해 암행어사에게는 2개의 유척이 주어졌다.

죄인을 매질하는 태笞나 장杖 등의 형구 크기를 통일시켜 불법 형구를 사용하지 못하게 해야 지방수령이 자행하는 형벌 남용을 방지할 수 있었다. 말하자면 전국 형구의 규격을 법전인 《경국대전》에 나와 있는 규격대로 통일해야 했던 것이다.

도량형의 통일은 위정자의 관심사였다. 도량형을 통일해야 세금징수를 고르게 할 수 있어 지방수령의 과도한 백성 침탈을 막을 수 있었다. 암행어사가 도량형을 감찰했던 것은 지방수령의 자의적인 세금징수를 방지하기 위해서였던 것이다.

이처럼 암행어사는 2개의 유척을 가지고 다니면서 형벌이 남발되고 있는지, 세금이 과하게 징수되고 있는 것은 아닌지를 살폈다. 물론 이러한 유척도 임무가 끝남과 동시에 마패와 함께 반납해야 했다.

4

# 암행어사가 출도하다

## 암행어사 출도요!

앞서 살펴본 바와 같이 암행어사는 무시로 파견되고 임명받은 당일 출발해야 했다. 국왕이 내린 봉서에 '남대문 밖에서 열어보라'는 문구가 적혀 있는 것은 한편으로는 즉시 출발하라는 의미이기도 했다. 암행어사는 임명을 받자마자 적어도 남대문 밖, 즉 성 밖으로 나가야 했으며 게다가 당일 출발이란 것도 거리의 원근에 관계 없이 적용되었다. 따라서 준비가 필요한 경우라 할지라도 당일로 최소한 성 밖만은 나가야 했다.

암행어사의 출발은 여비를 가지고 수행원을 대동한 후, 봉서, 마패, 유척 등을 휴대하는 것에서부터 시작된다. 이후 암행어사는 남쪽과 서북 방향으로 가는 경우는 태평로를 거쳐 남대문 밖에 있는 청파역에서 말을 타고 한강을 건너 과천으로 가거나 의주길을 달려 홍제를 거쳐 연서로 향한다. 반면, 동쪽으로 갈 경우는 종로를 통하여 동대문 밖으로 나와 광주나 양주로 향하거나 강원도 또는 함경도로 떠나게 된다.

봉서에 '감찰할 지역 경내에 도착하여 보라'는 명령이 있을 경우에는 임무를 받은 지역 도내에 가서 봉서를 뜯어야 했다. 또 '남대문이나 동대문을 벗어난 후 개봉하라'고 적혀 있으면 그렇게 한다. 어떤 경우이든 봉서를 받자마자 곧바로 개봉할 수는 없었다.

암행어사와 서리는 미리 변장하여 마치 행인이나 다름없는 행색을 했다. 암행어사는 해당 도내에 들어가서야 감찰할 읍명을 서리들에게 알려준다. 그리고 이들을 몇 개 조로 나누어 도내를 순회하면서 정보를 수집한다. 그러나 해당 고을 수령의 불법 사실을 적발해 내기란 생각처럼 쉬운 일은 아니었다. 특히 신분이 노출되면 정보 수집은 더욱 어려웠다. 따라서 출발부터 신분을 끝까지 감추고 임무를 수행해야 하는 것이 직무 수행 시 성패의 열쇠였다.

암행어사가 그 신분을 감추기 위해 변복하고 은연히 잠왕잠래하는 것을 '장종藏蹤' 또는 '잠종潛蹤'이라 한다. 또 신분을 밝히고 공공연히 직무를 집행하는 것을 '출도出道' 또는 '노종露蹤'이라고 한다. 그리고 어사의 종적을 뒤밟는 것을 '추종追蹤'이라고 한다.

출도는 해당 본목本牧에서 하는데, 본목이란 감찰 주현의 읍 소재지나 수령관부 소재지를 말한다. 물론 지정된 감찰지역 이외의 읍에서의 출도는 금지되어 있었다.

출도 시에 시간적 제한은 없었다. 얼마든지 어사가 원하는 시간에 출도할 수 있었으며 날이 밝거나 야간에 출도하는 경우도 많았다. 그 방법은 수령관부의 3문門을 대동한 하리나 역졸이 마패로 두드리면서 '어사출도'를 크게 외치게 되어 있다. 대도시에서는 저명한 누각에 올라가 출도를 부를 수도 있다. 출도를 부르면 각 청사의 6방 이속이 관부에 모이게 되는데 수령은 이들 이속을 대동하고 암행어사를 영입해야 할 의무가 있었다.

암행어사는 자진거동하는 경우도 있지만, 대개는 잠종처소로부터 군관의 호위로 아헌衙軒에 나타나 수령의 영접을 받으며 평소 수령이 앉는 대청 의자에 천천히 걸어 올라가 착석하는 것이 일반적이다. 개좌할 때는 뒤에 병풍을 치고 야간이면 등불을 밝혔다. 각 방의 이속들은 좌우에 열립하여 예를 갖추었다.

어사가 출도할 때 입는 제복은 따로 없고 공복차림이면 된다. 공복을 마련하지 못했더라도 출도가 불가능한 것은 아니다. 어사의 공복은 당하관의 관복 중에서 평상복을 말하는 것으로 사모관대에 청색포를 입었고 특별복은 없었다.

암행어사가 출도 시에 하는 문서의 점검을 '사열查閱'이라 하고 창고의 점검을 '반열反閱'이라 했다. 어사는 이속으로 하여금 거둬들인 공물이나 세금 등의 장부와 결송문서 등 필요한 문서를 제출받고 사열하여 불법 문서의 유무를 적발했다. 이를 위해 창고에 있는 곡물을 일일이 장부와 대조하면서 반열하여 탐오와 불법의 유무를 밝혔다.

혹 불법 문서를 발견했더라도 아전들이 갖다 바친 것으로는 봉고 조건이 못된다. 봉고 조건에는 반드시 관가 수령의 답인문적이 있어야만 했다. 인조대부터 인신印信이 없는 문서는 인정할 수 없다는 원칙이 확립되어 반드시 수령의 인신이 찍힌 것이어야만 문서로 인정되었기 때문이다.

불법 문서가 발견되면 인신을 압수하고 즉시 봉고한다. 어사의 관인은 마패로 대용했으므로 큰 지면에 '봉고封庫' 두 글자를 쓰고 마패로 답인하여 창고문에 붙인다. 봉고가 되면 군관이 이를 지키고 어사의 허락 없이는 아무도 접근하지 못했다.

그다음 암행어사는 감옥에 갇힌 죄수들을 점검하고 형구刑具의 준식 여부를 조사했으며 억울한 송사인지 여부를 심리하여 부당한 죄수들은 풀어주었다. 이와 아울러 양민의 민원을 접수하여 잘못을 바로잡아 주는 것 또한 중요한 임무였다. 효자나 열녀, 효부 및 재주 있는 인물을 선발하고 혹은 수령의 치적이 있으면 포상하는 계문도 올려야 했다. 이러한 과정은 대개 수삼일이 걸리는 것이 일반적이었다.

이 과정에서 어사가 직권을 이용하여 감찰 읍에서 노자를 요구하거나 술이나 밥, 기녀의 제공을 받는 것이 일절 금지되었고, 이러한 사실이 발각될 경우, 엄중한 문책이 뒤따랐다.

한편, 암행어사 출도는 '어사출두' 御史出頭라고도 한다. 출도라는 말 외에 암행어사의 개좌를 출두 또는 노종이라고도 불렀다. 그러나 출두나 노종의 사용례는 극히 적고 출도를 많이 사용했다. 우리 구두어도 어사출두가 아니라 어사출도라고 하고 있어 정식 관용어는 출도였다고 보는 것이 무리가 없을 것이다.

그런데 어사가 출도하지 않고 잠행만 하다가 그냥 돌아오는 경우도 있었다. 이럴 경우 대개 나이가 어리고 경험이 미숙하여 출도를 못하고 돌아온 경우이다. 1795년(정조 19년) 5월에 호남 암행어사 이희갑李羲甲이 출도하지 않고 돌아온 일이 있었다. 이때 왕은 크게 노했다.

"암행어사가 출도도 하지 않은 채 남몰래 갔다가 남몰래 돌아왔다는 것은 예전에 듣지 못했다. 시체가 구렁에 뒹굴고 있는 것을 눈으로 보고도 출도를 하지 않은 탓에 또다시 새롭게 조사를 벌이는 일이 있기도 했다. 물론 임무가 생소한 탓도 있겠지만, 경솔하게 행동했다고 하겠다. 처음과 두 번째 올린 계사啓辭의 체례體例도 모두 착오를 범했는데, 그 잘못된 것이 임금의 명만 욕되게 했다고 말할 수가 없다. 해당 어사 이희갑에게 서용敍用하지 않는 처벌을 시행토록 하라."

《정조실록》 권42, 19년 5월 22일

'서용' 하지 말라는 것은 이후 관직 진출을 막는 것으로 매우 중벌이었다. 그만큼 출도는 암행어사 임무에서 중요했던 것이다.

그렇다면 암행어사는 출도를 몇 번이나 했을까? 가장 적게 하는 것이 1개 읍이나 2개 읍이고 보통은 6~7개 읍 정도가 된다. 가장 출도를 많이 한 어사는 1833년(순조 33년) 10월에 경기 암행어사로 파견된 이시원이었다. 그는 경기도 37개 소 군현을 염찰한 후, 무려 20

여 개 읍에 출도하여 역대 암행어사 중 최고의 기록을 남겼다.


## 암행어사 출도를 방해한 사례들

암행어사의 출도가 순조로웠던 것만은 아니었다. 특히 비리가 많은 수령일수록 어떻게 해서든 암행어사의 출도를 막으려 했다. 폐문불납閉門不納이라 하여 출도를 명했는데도 문을 열지 않고 암행어사를 들이지 않는 수령도 있었고, 출도한 암행어사를 독살하려 한 수령도 있었다. 이러한 사례들을 보자.


○ 1525년(중종 20년) 정월에 황해도어사 조종경이 강령현에 가서 출도를 불렀는데 현감 신붕년이 문을 열지 않았다. 그런 까닭으로 어사는 성문을 강제로 열고 들어가 불법 문서를 발견하고 봉하여 중앙 정부로 보냈으며 감옥을 점검하니 남녀 죄수가 같은 감방에 갇혀 있는 것을 알았다. 게다가 현감의 정사가 엉망이었음을 알고 왕에게 보고했다.


○ 1536년(중종 31년) 5월에 충청도어사 김익수가 비인현에 도착했는데 비인현에서 성문을 닫고 들여보내지 않는 일이 발생했다. 이 폐문불납閉門不納은 군수의 행위가 아니고 하리의 소행임이 밝혀졌는데 그날 밤 어사는 비인현에 들어가지 못하고 공주로 향했다. 어사가 공주에 도착할 무렵에는 이미 한밤중이었고 감영까

지는 10리나 남았는데 횃불을 가져오라 하여도 응답하는 자가 한 명도 없었다. 게다가 감영에 이르렀는데도 문안하는 자가 없었으며 목사와 판관도 모두 출두하지 않았다. 어사 김익수는 하루종일 말을 타고 달리느라 피곤한데다가 밥 먹을 겨를도 없어서 기갈이 심했으나 식사를 구할 길이 없었다. 그리하여 그대로 밤을 새웠는데 아침에도 역시 이와 같았으므로 또 밥을 먹지 못한 채 나왔다. 이에 김익수는 곧바로 사명使命을 욕되게 했다고 왕에게 보고했다.

○ 1539년(중종 34년) 10월에 강원도어사 송기수가 강릉부에 출도하여 불법 문서 3종을 책상 위에 두고는 정신 없이 창고에서 세금포탈 상황을 조사하고 있었다. 이 틈에 어린 종이 몰래 다른 봉서로 대치해 놓고는 이를 가져가 버렸다. 이후 향교를 조사할 때 또 다른 봉서마저 도둑 맞는 일이 발생했다. 이에 중종은 "그 문서 속에는 반드시 불법 행위를 한 것이 있었기 때문에 그렇게 숨겼을 것이다. 그 정상이 매우 주도면밀하다. 그리고 어사는 압수를 했으면 마땅히 즉시 보아야 할 것인데 즉시 열어보지 않고 아랫사람에게 맡겨 놓았다가 잃어버렸으니 심히 허술했다. 아울러 추고하도록 하라."고 명하고 송기수에게 집무 소홀죄로 그 책임을 물었다.

○ 1763년(영조 39년) 3월 3일에 지평 홍양한을 암행어사로 임명하여 전라도 지방으로 보냈다. 그런데 암행어사 홍양한이 4월 9일

에 추생할 읍인 태인현에 도착하여 쌀 천 석의 불법 사실을 탐지하고 출도 직전에 점심을 먹다가 갑자가 사망한 일이 일어났다. 사람들은 그가 독살된 것이라고 의심했다. 대사간 한사직이 4월 23일에 어사 홍양한의 사인을 밝힐 것을 다음과 같이 요청했다.

"며칠 전에 어사 홍양한이 태인현에 당도하여 아전의 포흠(逋欠, 관물을 사사로이 소비함)이 많게는 수천 석이라는 말을 듣고 여러 방면으로 염찰하여 장차 출두, 안치(按治, 죄를 조사하여 다스림)하려고 하던 즈음에 점심밥을 먹고 갑자기 죽었으므로 사람들이 많이 의심하고 전해지는 말이 낭자합니다. 청컨대 형조에 지시하셔서 어사를 데리고 간 서리를 잡아 가두어 신문케 하고 태인의 객점 주인도 엄하게 문초하소서."

왕이 이 말을 옳게 여기고 형조에 서리와 어사를 대동했던 수졸들을 신문하게 했다. 그랬더니 "어사는 단지 국밥 몇 숟갈을 먹었을 뿐이고 남은 밥은 수졸들이 먹었습니다."라고 했다. 이에 왕이 모두 풀어주라고 명했다.

그런데 홍양한이 호남어사로서 객점에서 갑자기 죽을 때 겸인 김석준이 곁에 있었다는 말을 듣고 홍양한의 아들 홍낙교가 김석준이 자기 아버지를 죽였다고 의심하여 사헌부에 고소했다. 그러나 그 진상이 끝내 밝혀지지 않았지만 영조는 "김석준이 홍양한의 죽음을 보고도 버리고 먼저 돌아온 것은 죄를 줄 만하다."라며 김석준을 귀양보냈다.

○ 청북 암행어사 임준상任俊常이 강계부江界府에 이르러 갑자기

구토와 설사를 하다가 죽은 일이 발생했다. 사망 원인은 밝혀지지 않았으나 순조는 임준상을 동부승지로 증직하여 주었다.

## 암행어사의 직무유기

암행어사에는 사명감에 불타는 신진 엘리트 관리들이 임명되지만, 그렇다고 모두가 직분에 충실했던 것은 아니다. 주색에 빠지는 어사, 물욕을 탐내고 뇌물을 기대하는 어사, 대접이 소홀하다고 하여 아전들을 물고하는 어사 등 무자격자도 많았다. 어사의 부패와 무능으로 청렴한 수령이 죄를 뒤집어 쓰는 반면, 간교한 수령은 요령껏 빠져나가기도 했다.

암행어사가 직무유기한 사례들을 구체적으로 알아보자.

1774년(영조 50년) 가을, 제주어사로 임명받은 홍상성洪相聖은 기생을 데리고 암행지역을 염찰하다가 파직당한 대표적인 인물이다. 당시 홍상성은 제주로 가던 도중에 기생을 사귀게 되었는데, 그는 기생을 제주까지 데리고 갔다. 이 소문을 들은 대사간 임희증이 왕에게 이 사실을 보고했다.

"제주어사 홍상성이 길에서 만난 기생과 함께 배를 탔습니다. 어사란 신분에 행동을 더욱 엄격히 하고 삼가야 할 것인데, 이런 일은 일찍이 들어보지 못했습니다. 청컨대 관직을 삭탈하소서."

왕은 홍상성의 이름을 시종안侍從案에서 삭제하고 해남현에 귀양 보내라는 명령을 하달했다. 그런데 한 달 반이 넘도록 홍상성이 제주를 떠나지 않았다. 마침 제주 사람이 올라왔는데 어사가 바다를 건넜는지 여부를 묻자 아직도 기생을 데리고 제주에 머물러 있다고 대답했다.

이에 대사헌 송형중과 대사간 박사해 등이 아뢰었다.

"홍상성이 기생을 데리고 바다를 건너간 것은 고금에 없던 해괴한 일입니다. 마땅히 처분을 기다려야 할 것인데 아직도 기생과 더불어 지내고 있다고 하니 방자하고 거리낌 없음이 이보다 더할 수 없습니다. 청컨대 엄중히 추국해서 왕법이 시행되게 하소서."

《영조실록》 권123, 50년 12월 7일

화가 난 영조는 제주어사 홍상성을 급히 잡아오도록 명령했다. 결국 홍상성은 국문을 당한 후 변방으로 쫓겨났다.

1781년(정조 5년)에 유의柳誼라는 인물은 관서 암행어사로 임명되어 임무 수행 중 여러 차례 서계를 올렸는데 그 내용이 매우 엉망이었다. 이에 정조는 그의 보고서가 부실했음을 지적하면서 다음과 같이 지시했다.

"사신이 왕명을 받들면서 어느 것인들 중요하지 않겠는가마는 암행어사가 더욱 각별하다. 때문에 반드시 근엄하게 하고 정밀히 조사해야 조정에 욕을 끼치지 않는 것이다. 그런데 암행어사 유의의 이 서계를 보면, 아뢴 것이 모두 일곱 번이었으나 조리가 없어 도무지 갈피를 잡을 수가 없다. 수령의 치적에 대한 것은 어불성설이고 곡포穀包에 관한 계목도 엉망이었다. 보고 형식이 격식에 어긋나고 혼란스럽기가 이루 말할 수 없으니 어찌 암행어사를 파견한 본 뜻이 이루어지겠는가? 직무를 제대로 수행하지 못한 죄를 면하기 어려우니 해당 어사를 처벌하도록 하라."

《정조실록》권11, 5년 1월 11일

그런데 조사 결과 유의의 이 같은 부실한 보고서는 그가 직무를 열심히 수행하다가 잘못을 저지른 것으로 밝혀졌다. 이에 정조는 유의의 직첩을 되돌려 주고 실록청의 낭관으로 임명했다. 몇 달 후 《영조실록》이 완성되었는데 이때 유의는 가자加資의 은전을 입었고 그 후 홍주목사로 승진되었다.

유의의 경우는 오해에서 비롯되었으나, 어사가 제대로 자신의 임무를 수행하지 못했을 경우에는 그 즉시 처벌을 받았다. 직무를 유기한 암행어사들에 대한 처벌론이 강경하게 나오기도 했고, 1793년(정조 17년) 2월에는 잘못 보고를 할 경우 관직을 삭탈하는 원칙을 만들기도 했다. 또 어사의 포상명단에 오른 수령이 탐오한 일을 저지르면 이를 추천한 어사가 처벌을 받는 규정도 만들었다.

한편, 어사들의 수령에 대한 봉고파직이 쉽게 이루어지자 수령들이 안정된 마음으로 임기를 끝마칠 수 없는 폐단도 생겼다. 더욱이 어사출도는 각종 이해관계에 얽혀 있는 민원을 남발시키는 측면도 있었다. 경우에 따라서는 어진 수령과 간악한 수령이 뒤바뀌기도 했다. 암행어사의 출도 목적은 부정을 저지르는 수령들이나 향리들을 적발해 내어 양민들을 보호하는 데 있었지만, 본래 목적과는 달리 폐단도 없지 않았던 것이다.

정조대의 일이다. 경상우도 암행어사로 임명된 이서구가 상주목사 심기태의 불법행위를 적발하여 처벌한 적이 있었다. 그런데 경상감사 이조원이 이 사건과 관련하여 암행어사에게 진술한 사람들을 가두고 문초하는 일이 발생했다. 이에 사헌부 장령 최경악이 이조원을 탄핵하는 상소를 올렸는데, 그 내용에 의하면 경기감사 이조원은 어사에게 사실을 말한 자들을 옥에 가두고 보복했다고 한다. 이 보고를 들은 정조는 이조원을 철저히 조사하라고 비답을 내렸다.

이러한 사례로 볼 때, 암행어사가 떠난 후 민원을 해결한 지방민들이 곧바로 지방세력에게 보복을 당하는 경우도 있었음을 알 수 있다. 그럴 경우 백성들은 속수무책으로 당할 수밖에 없었다.


## 암행 보고서를 올리다


암행어사가 임무를 종료하면 귀환하여 서계書啓와 별단別單을 각한 통씩 작성하여 왕에게 복명하는 날에 제출해야 했다. 일종의 암행 보고서라고 할 수 있다. 서계는 감찰한 읍에 관한 사항과 기타 봉서와 사목에서 지시된 사항을 탐방기재한 문서로서 서한형식으로 되어 있다. 주로 각 수령의 불법사항과 민생의 고통을 간략하게 기재한 것으로 백지를 사용했다.

서계의 형식은 제1항에 '무슨무슨 도에 파견된 암행어사 누구' 라고 쓰고 제2항에 계啓자 한 자만 쓰고 제3항부터 본문에 들어가 명을 받은 날짜와 명을 받은 뒤의 행동 등을 쓴다.

제2단은 감찰읍의 상황, 제3단은 연로읍 상황 및 기타 내용을 쓴다. 쓰는 규격은 봉서와 달리 일정하지 않고, 내용이 많으면 길어질 수도, 반대로 짧을 수도 있었다.

별단은 서계에 첨부되는 부속 서류이다. 서계가 필수 문서라면 별단은 견문과 탐방사항이 많아서 생긴 추가 서류에 해당하며 선조 이후에 생긴 것으로 추정된다. 별단은 사목에 지정된 내용이 아니거나 감찰 외 군현의 치적 등, 감찰특명이 없는 연로에서 수소문한 민생고통 등에 관한 정보를 탐방문서화한 것이다.

따라서 서계가 특별사항이고 구체적 사실임에 비하여 별단은 일반사항이며 추상적 사실을 열거하는 것이 대부분이었다. 때문에 분량도 서계보다 많고 대개 여러 조항으로 진술되었으며 장문일 경우가 많았다.

감찰지역 수령들에 대한 치적과 처벌에 대한 내용이 담겨 있는 서계와 달리, 별단은 민정과 군정 전반에 관한 당면 시무책과 민생고통, 나아가 효자, 효부, 열녀 등의 추천이나 토호土豪의 실상 등을 열거했다. 그리고 군이 감찰한 읍이 아니더라도 그외 지역에 관한 사항도 기록했다. 조선 후기 무렵에는 별단도 서계와 마찬가지로 의무적으로 제출해야만 했다.

서계나 별단 외에 암행어사가 임지에서 귀환하기 전에 긴급하게 보내는 서계가 있는데 이를 '장계狀啓' 라고 한다. 이는 면유面諭나 봉서에 치계馳啓의 명령이 있거나 긴급한 사정이 발생하여 치계의 필요성이 있을 때에 한하여 허락되어 있었다.

서계는 직접 작성하는 것이 철칙이었다. 어사의 임무는 왕을 알현하여 보고하기 전에 먼저 발설되어서는 안 되었지만, 복명 후에도 역시 비밀을 지켜야 했다. 따라서 서계는 친히 작성해야 했고 임지에서가 아니라 귀환 후에 작성하는 것이 관례였다.


## 지시된 권한 이상은 사용하지 말라

암행어사 권한은 어떠했을까? 조선시대 암행어사의 권한에는 크게 봉서에 의거한 권한과 봉고파직권이 있었다. 특히 수령에 대한 봉고파직권은 암행어사의 권위가 국왕을 대리하고 있음을 보여준다. 그러나 암행어사가 국왕을 대리하고 있다 해서 그 권한이 무소불위했던 것은 아니었다.

암행어사는 일차적으로 봉서 또는 사목에 의한 제한을 받았다. 즉 봉서에 명시되어 있는 사안만을 조사하고 보고해야 했다. 따라서 암행어사는 봉서와 사목에 들어 있는 사안을 전부 조사함으로써 임무를 마치게 된다.

앞서 살펴본 서계는 봉서 또는 사목에 적시된 내용에 대한 조사보고서이다. 만일 암행어사가 사목에 명시된 것 외의 불법사실을 수소문한 경우에는 복명 시에 구두로 계문하던가 별단으로 적어내야 했다.

이와 같이 조선시대 암행어사는 봉서와 사목에 명기되어 있는 내용 외에는 규찰을 하지 못하는 제약을 받았다. 만약 지시된 것 외의 것을 조사하려면 봉서 중에 1조를 추가로 작성해야 했다.

1713년(숙종 39년) 4월에 수령이 올리는 각 고을 재난 보고의 허실을 적발하기 위해서 봉서에 따로 1조를 첨가하는 문제가 제기되었다. 1717년(숙종 43년) 4월에 암행어사에게 병정兵政의 임무를 염찰 항목에 추가하기 위해 이미 파견된 어사에게 추가로 1개 조항의 유서諭書가 별도로 발송되기도 했다. 이처럼 암행어사의 사목 외 규찰은 엄격한 통제사항이었기 때문에, 사목의 사항을 지시할 때는 별도의 명령을 다시 내렸던 것이다.

그런데 암행어사가 감찰할 군읍으로 가는 동안에는 연로의 군, 읍들을 거치기 마련이다. 추생은 해당 감찰지역의 감사를 예고 없이 쥐도 새도 모르게 하기 위해 고안된 방식이었다. 원칙적으로 암행어사는 추생지역, 즉 지정된 감찰지역 외에는 규찰 권한이 없었다. 그런데 추생한 군, 읍 외에 주변의 군, 읍들에 대해서도 규찰권이 있는가 하는 것이 암행어사의 권한과 관련하여 중요한 문제로 대두되었다.

지정된 지역 외의 감찰 권한까지 암행어사에게 부여하게 되면 암행어사의 권한은 너무 커지게 된다. 따라서 조선시대 전 시기에 걸쳐 추생 외 지역을 규찰해서는 안 되고, 해당 지역만을 염찰해야 하는 원칙이 시종일관 강조되었다.

특히 인조는 해당 지역만을 감찰할 것을 강조했다.

"당초 어사를 보낼 때에 읍명邑名을 제비 뽑으라고 했던 것은 사실 뜻이 있어서 한 일이었다. 그런데 내 뜻을 이해 못하고서 다른 고을 수령들의 옳고 그름까지도 보고하고 있다. 그 많은 수령들을 가벼이 바꾸기는 어려울 듯하니, 제비 뽑힌 그 밖의 수령들에 대해서는 거론하지 말라."

《인조실록》 권34, 7년 3월 19일

이러한 강조는 인조대에만 있었던 것은 아니다. 1671년(현종 12년) 11월, 각 지역에 암행어사를 파견할 때도 마찬가지였다. 당시 현종은 감찰대상 외 지역에 대한 소문사所聞事는 별도로 보고하라고 지시하면서 이 사실을 암행어사들에게 각별히 유념시키도록 했다.

그런데 암행어사들의 타지역에 대한 감찰업무가 끊이지 않았다. 해당 감찰지역이 아니더라도 수령의 비리를 그대로 묵과하기 어려웠던 암행어사들은 타지역도 감찰하려 했다. 급기야 1680년(숙종 6년)에는 추생 대상 외의 읍에 대한 봉고는 월권이라는 판정이 내려지기도 했다. 더욱이 1741년(영조 17년) 3월, 영조는 경기도 암행어사 임상원이 추생 외 지역에 대한 봉고에 대하여 가부를 물어오자 '이런 길이 한 번 열리면 뒷날의 폐단이 되지 않겠는가'라며 반대했다.

암행어사는 비록 비리를 적발했다 하더라도 추생지역이 아닐 경우 그냥 묵인하고 넘어가야 했다. 그러나 명백한 불법 사실이 드러났을 경우에는 비록 추생지역이 아니더라도 해당 수령을 봉고파직하는 경우도 없지는 않았다. 영조대 우의정 조현명趙顯命은 수령의 비리가 적발된 이상 감찰대상지역이 아니더라도 봉고파직해야 한다고 제안하여 왕의 허락을 받아내기도 했다.

 그렇다면 반드시 감찰대상지역만을 규찰해야 하는 이유는 무엇 때문이었을까? 1793년(정조 17년) 5월의 일이다. 당시 암행어사 윤노동尹魯東이 해당 감찰지역 외의 다른 지역을 탐문하고 또한 종적을 비밀로 하라는 규정까지 어기고 함부로 비관秘關을 발행한 일이 있었다. 이렇게 되자 같은 호서어사끼리 서로 가짜 어사라고 충돌하는 사태로 비화되었다. 암행어사 윤노동은 함부로 비관을 발행한 이유로 파직되었다. 또 암행어사 이조원李肇源은 추생읍이 아닌 지역을 탐문했다 하여 처벌을 받게 되었다. 이 일에 대한 정조의 처사는 다음과 같았다.

 "어사에게 내리는 봉서封書는 그 자체가 지극히 엄중한 것이다. 만일 연로 고을들을 아울러 탐지하라는 말이 없으면 타지역 수령들을 감히 논박할 수 없는 것인데, 이번 어사들의 행차에서 이조원이 봉서를 잘못 보았다는 말은 대단히 소홀한 처사라 하지 않을 수 없다. 그런데 윤노동도 그와 마찬가지로 자기 담당 이외의 고을들을 감히 제맘대로 취사 선택하여 산간이나 연해의 고을들을 광범하게 다녔고 심지어는 다른 어사가 이미 출도한 지역을 거듭 들어가기까지 했으니, 받든 사명을 크게 그르쳤다고 하겠다. 더구나 종적을 숨기고 다녀야 하는 신분으로서 관첩關帖에 서명署名까지 하여 보낸 것은 예전에 듣지 못한 일이다. 여러 가지 일들이 모두 경솔했으니 불서不敍의 법을 시행하라."

《정조실록》권37, 17년 6월 13일

이처럼 추생 외 불규찰의 원칙이 지켜지지 않으면 어사들의 활동범위가 겹쳐서 불미스런 사태가 일어날 수 있었다. 특히 조선 후기에 어사를 많이 파견하면서 같은 읍에 여러 어사가 출도하는 혼란이 일어나곤 했다. 이 때문에 추생으로 결정된 지역 외의 감찰은 엄격히 금했던 것이다.

암행어사는 기본적으로 국왕의 권한을 대리하면서도, 그 권한의 행사에는 일정한 제한이 있었다. 봉서와 사목에 지시된 사안 이외의 것에 대해서 감찰해서는 안 되었고, 또 추생지역 이외의 지역도 감찰해서는 안 되었다. 특별히 지정된 사안과 지역 외에 대한 감찰이 필요하다고 여겨지면, 따로 지시를 했고 암행어사들은 이를 철저히 따라야만 했다.


## 암행어사의 봉고파직권

조선 초기에도 왕의 봉명을 받은 사신들은 지방관들을 직접 처단할 수 있는 권한이 있었다. 이를 '직단권直斷權'이라 부른다. 각종 사신이나 경차관 및 행대나 감찰, 찰방 등은 이러한 직단권을 사용할 수 있었다.

조선시대 관찰사는 교서와 월부鉞斧의 사여로 임명되었는데, 그 가운데 특히 월부는 3품 이하 관찰사들이 지방관들을 직접 처벌할 수 있다는 권한을 부여하는 것이었다.

조선시대 관찰사에게 직단권을 주기 시작한 것은 성종대부터였다. 1485년(성종 16년) 4월에 관찰사에게 직단권을 수여한 것이 그 시초였는데 이것은 법에도 없는 조치였다. 성종은 교서를 내려 특별히 관찰사에게 직단권을 부여하라고 지시했다. 형조가 유형流刑 이하의 직단권만 가지고 있는 데 비하여, 관찰사의 직단권은 너무 지나친 권한이라고 지적되기도 했다. 그러나 성종은 관찰사에게 직단권을 주지 않는 것은 잘못된 관례라 지적하고 아예 《경국대전》에 이 사실을 첨가하도록 했다. 그리고 이러한 관찰사들의 직단권은 암행어사에게로 이어졌다.

처음부터 암행어사에게 직단권이 주어졌던 것은 아니다. 어사 파견이 본격적으로 시작되기는 중종대이다. 이때의 상황을 살펴보자.

1507년(중종 2년) 정월에 암행어사를 파견하면서 이들 암행어사들에게 수령의 남수(濫囚, 형벌을 마음대로 함)를 감찰하라는 어명이 내려졌다. 그런데 당시 남수를 저지르는 수령을 처벌하는 권한은 사헌부에 있었다. 사헌부는 어사가 체포한 수령에 대한 파직 또는 기타 경중에 따른 논죄를 했고 이를 왕이 재가함으로써 처분이 되는 절차를 밟았다. 말하자면 수령에 대한 처벌은 사헌부의 직권이었던 것이다.

그러나 암행어사들은 이 같은 사헌부의 직단권을 못마땅하게 여기고 있었다. 1524년(중종 19년) 8월에 전라도 어사 허위許渭가 수령 직단권을 암행어사 사목에 추가할 것을 주장하고 나섰다. 당시 중종은 허위의 주장을 그대로 받아들였고 이를 계기로 수령에 대한 직단권은 암행어사에게로 넘어오게 되었다.

그런데 1년 후, '어사들이 수령들의 죄를 추고하지 않고 먼저 파직하는 것은 부당하다'는 반발이 일기 시작했다. 더욱이 1536년(중종 31) 5월에 양주목사가 이유없이 암행어사에 의하여 파직된 사건이 일어나자 어사 직단권에 대한 반대 여론이 높아갔다. 특히 삼공三公의 반대가 심했는데, 수령의 죄를 추고하지 않고 파직부터 하는 것은 있을 수 없다며 강경하게 반대하고 나섰다. 결국 중종은 반대론에 밀려 양주목사사건은 이미 결정되었으니 할 수 없고 이후로부터는 수령의 죄를 먼저 추고한 후에 경중에 따라 파직하라는 전지를 내렸다.

그러나 1539년(중종 34년) 10월에 다시 절충안이 나와 수령의 탐오와 불법은 먼저 파직한 후 나중에 추고할 수 있고, 불법 외의 사건은 추고한 후에 파직하기로 했다. 하지만 수령들의 죄질이란 것이 탐오와 불법이 대부분이었으므로 어사의 직단권은 원칙화되었다고 하겠다. 암행어사에게 직단권을 부여하는 여부를 두고 몇 번이고 엎치락뒤치락 했지만, 암행어사의 권한에 힘을 실어주는 방향으로 결론이 났던 것이다.

하지만 증거 없이 어사가 마음대로 수령을 파직하는 일이 남발될 경우 수령의 지위는 지나치게 하찮은 것이 되고 만다. 게다가 어사의 실수로 인해 수령이 억울하게 파직되는 일도 생길 수 있었다. 때문에 수령의 비리를 확증하기 위해서는 먼저 '불법 문서 적발'이라는 증거가 확보되어야 했다.

불법 문서를 적발하지 못하면 백성들이 수령을 모함할 염려가 있다는 것이 당시 위정자들의 생각이었다. 따라서 암행어사는 수령들의 비리를 증명할 수 있는 물적 증거를 제시해야 했다. 암행어사의 처벌권은 불법 문서의 적발 → 봉고 → 서계 → 파직이라는 4단계를 거쳐야 했다.

　암행어사는 수령을 파직시키기 위해서는 불법 문서를 적발해서 중앙 정부에 보내어 왕이 보도록 해야 했다. 또한 수령의 죄목을 보고하는 서계에는 그에 대한 증거물로 불법 문서도 함께 제시되어야 했다. 더욱이 필히 증거물로 문서를 확보한 후 봉고해야 한다는 '어사의 염문 조건 규정'이 만들어지면서 불법 문서 확보는 수령파직의 관건이 되었다.

　그런데 불법 문서에는 수령의 인신印信이 있어야 했고 암행어사 출도 전에 이미 작성된 문서여야 인정받을 수 있었다. 어사가 하리下吏의 말만 듣고 불법 문서로 오인하는 경우도 있었고, 게다가 불법 문서의 확보가 원칙이 되자 아예 암행어사가 불법 문서를 색출하는 것이 아니라 불법 문서를 만들어 버리는 경우도 일어났기 때문이다. 암행어사의 권한 중에서 가장 핵심은 수령에 대한 봉고파직권이라 할 수 있지만, 암행어사 입장에서는 신중하게 행사해야 하는 권한이기도 했다.

　봉고파직권은 관찰사와 동일한 권한이기도 했다. 때문에 관찰사와 암행어사 간에 서열을 가지고 자리다툼을 벌이는 일도 종종 벌어지게 되었다. 지위나 권한에 있어 어사는 관찰사보다 낮았지만, 실제로는 관찰사를 능가하는 권력을 휘둘렀기 때문이다.

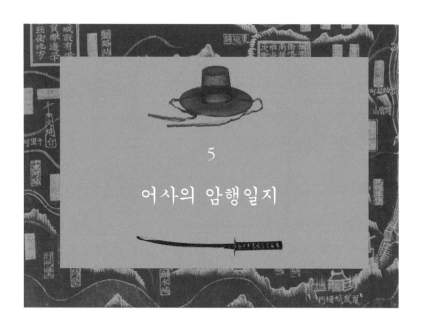

5

어사의 암행일지

## 암행어사 신귀조의 일지

1800년(정조 24년) 6월 28일, 정조가 갑자기 서거하고 순조가 11세의 어린 나이로 즉위하자 영조의 계비 정순왕후가 수렴청정을 하게 되었다. 정순왕후는 벽파와 결탁하여 정치적으로 반대파인 시파를 숙청했는데 당시 시파에는 천주교 신자가 많았다. 이로 인해 천주교에 대한 일대 박해가 가해졌다.

당시 천주교인을 적발하는 수단으로 오가작통법五家作統法이란 것이 시행되었다. 오가작통법은 다섯 가구를 한 통으로 묶어서 강도, 절도 같은 범법행위가 일어나는지를 서로 감시하는 치안유지법이었다. 이것이 천주교도 색출 및 예방에 활용되었던 것이다.

이와 아울러 정순왕후는 각지에 암행어사를 파견했다. 당시 파견된 암행어사의 임무에는 지방의 천주교도들을 색출하라는 임무가 포함되어 있었다. 다음은 1802년(순조 2년) 정월 10일에 내려진 대왕대비 정순왕후의 하교 내용이다.

> "지금 탐람한 풍속(천주교)이 날이 가고 달이 갈수록 더욱 심해지고 있다. 비록 암행어사의 염탐이 있고 조정에서 천주교를 거듭 금하고 있으나, 막을 길이 없다. 이는 대개 사대부의 염치가 없어지고 법망이 해이해져서 두려워하는 바가 없어서 그러한 것이다.
>
> 그렇다면 이를 구제할 수 있는 방책은 오로지 염치를 기르고 법으로 금하는 데 있으니, 염치를 기르면 사대부가 하지 않는 바가 있게 될 것이고, 법으로 금하면 사람들이 두려워하여 그치게 되는 바가 있을 것이다. 따라서 탐람한 풍속이 조금이나마 징계될 것이니, 그런 후에야 사람들이 안도할 수 있을 것이다."
>
> *《순조실록》권2, 1년 1월 10일*

정순왕후의 이러한 하교가 있은 후 그해 봄 경기와 삼남지방으로 암행어사를 파견했다. 당시 파견된 암행어사 가운데 신귀조申龜朝라는 인물이 있었다. 신귀조는 다른 인물들에 비해 임명과정과 행적 등에 관한 소상한 기록이 남아 있고 그에 대한 연구도 있다. 그러므로 신귀조를 통해서 당시 암행어사들의 생생한 일정을 추적해 보고자 한다.

암행어사의 서계나 별단이 수록되어 있는 《수의록繡衣錄》에 의하면, 신귀조는 1802년 3월 20일에 정순왕후 김씨의 하교에 의해 암행어사로 초계되었으며 4월 4일에 암행어사로 발령을 받았다.

당시 초계된 암행어사로는 신귀조 외에도 민기현閔耆顯, 박종경朴宗慶, 조만원趙萬元, 장석윤張錫胤, 임후상任厚常, 정내백鄭來百, 김계렴金啓廉, 이회상李晦祥, 원재명元在明, 이호민李好敏, 이기경李基慶 등이 있었다. 조정에서는 이들 외에도 경상좌도에 권준, 전라좌도에 장석윤, 경기도에 김선, 전라우도에 정내백, 경상우도에 정만석을 연이어 파견했다.

신귀조는 3월 20일에 초계별단에 이름이 올라 4월 4일에 승지 유사모의 부름을 받고 입시했다. 내시로부터 봉서 한 통을 받은 신귀조는 남대문 밖을 벗어난 후에야 밀실에서 몰래 봉서를 열어 보았다. 봉서에는 충청도 암행어사로 임명한다는 하교 내용이 적혀 있었다. 신귀조는 봉서 외에도 절목책 한 통, 유척 1개, 마패 1개를 내시로부터 받았다.

당시 신귀조가 받은 봉서는 정순왕후가 친필로 적은 것으로 언문으로 쓴 것이다. 대략 900자에 걸친 언문 편지는 당시 어떤 의도로 암행어사를 파견했는지를 잘 나타내 주고 있는데 주요 내용은 다음과 같다.


○ 근래 대소가 직무를 게을리하고 기강이 해이하여 안으로 법이 허물어지니 감사와 수령 중에 뜻을 방자히 하여 생민을 해치는 자가 없는 줄을 어찌 알겠는가. 너로서 충청도 어사를 삼나니 네

모름지기 사목과 같이 종적을 감추어 읍폐를 끼치지 말고 직무를 거행하도록 하라. 혹 제대로 감찰하지 못하거나 죄를 감추는 경우 그 죄를 면하지 못할 것이니 이로써 뜻을 신실히 하고 또한 아래 나열한 것에 관해 상세히 염탐하도록 하라.

○ 군정軍政, 전정田政, 환곡還穀 3건은 백성을 잘 다스리는 요건이다. 지방 아전들의 농간과 민생의 질고가 모두 여기에 있다. 수령이 군정 등을 제대로 다스리지 못하거나 혹 이것을 가지고 농간하는 자가 있으면 그 경중에 따라 봉고 또는 계문하도록 하라.

○ 옥송獄訟은 곧 생민휴척의 소관이므로 억울한 사안이 없어야 할 것이다. 만일 죄인의 죄가 명백하지 못하거나 잘못 판결하는 것이 있으면 일일이 따져서 해당 수령을 논죄하도록 하라. 그리고 형벌도구에는 정해진 규격이 있으니 규격에서 벗어날 경우 해당 수령을 처벌하도록 하라.

○ 충청도는 사부士夫 고을로 일컫는 지역이다. 마땅히 예풍禮風이 있음직한데, 근래에 들어 풍속이 무너지고 민심이 점점 야박해져 사교(천주교)가 몰래 전파되고 있다. 각별히 사교에 빠진 자들을 염탐하고 수령의 부지런하고 게으른 것을 조사하여 서계하라.

○ 탐오는 곧 조정에서 엄금하는 것이나 모든 수령이 과연 청렴을 숭상하여 법을 두려워하며 직책을 다하겠느냐. 수의繡衣를 보

넴에 이러한 뜻이 있는 바이니 너는 백성을 위하는 나의 고심을 깊이 본받아 집마다 밀탐하며 만일 큰 잘못이면 봉고하고 작은 일이면 서계하도록 하라.

○ 효자나 열녀 등과 같은 특별한 행실은 듣는 대로 서계하고 대상 읍 외에 연로도 모두 염찰하라.

○ 염찰 대상 읍은 충주, 홍주, 평택, 서산, 한산, 옥천, 제천, 보령이다.

〈충청도 암행어사 신귀조가 받은 봉서〉

봉서를 읽은 신귀조는 4월 4일 곧바로 충청도로 향했다. 그는 먼저 과천을 지나 화성을 거쳐 경기지역을 두루 살펴보았다. 4일 후, 평택에 도착한 신귀조는 한산과 서산지역을 돌아다니다 공주를 거쳐 청주로 갔다. 청주에서 다시 신창으로 되돌아간 그는 아산, 천안, 목천, 옥천을 거쳐 송치에 이르렀다. 그곳에서 고을 사정을 염탐한 후 괴산을 거쳐 연흥, 청풍, 제천, 충주, 음성을 돌아 다시 충주로 들어갔다.

충청도 각 지역을 염탐한 신귀조는 제일 먼저 서산과 한산에서 출도하기로 결심했다. 암행지로 떠난 지 12일째인 4월 16일 신귀조는 제일 먼저 출도할 지역으로 서산을 택했다. 그런데 신귀조의 보고에 따르면, 당시 서산군수 김상지金尙墀는 부정한 죄가 거의 없었다고 한다. 그런데도 왜 출도를 했을까? 신귀조의 말을 들어보자.

"김상지는 정성스럽게 백성을 사랑하는 데 뜻을 두었고 나누어 주는 것을 손수하여 향리에게 맡기지 않고 첨정을 잘 조사하여 처리하니 백성의 칭찬이 자자했습니다. 다만 지나치게 유약하여 이 때문에 간혹 이향吏鄕들이 나쁜 짓을 하는 폐가 있었습니다."

《수의록》

수령인 김상지보다 그 수하 향리들이 폐단을 일으킨 것이었다. 이것은 비리가 많은 고을이라 암행어사가 출도했다 해도 해당 수령이 모두 그 죄를 지고 봉고파직되지는 않았다는 사실을 알 수 있다.

서산에서 출도한 신귀조는 유약한 수령 김상지가 처리하지 못한 여러 사건들을 다음과 같이 일일이 발각하여 재판했다.

1. 귀선대장龜船大將 양상원과 방선대장防船大將 지득손은 소나무 벌채를 엄금하는 상황에서 귀방선龜防船의 개조를 빙자하여 나무판자 26개를 만들었으므로 형추(刑推, 정강이를 때리는 형벌) 11도에 처한다.

2. 향반鄕班 조형은 부모상을 당하여 근신하지 않았으므로 엄형을 참고해서 형추 1도에 처한다.

3. 이방吏房 한치응은 본래 간교한 향리로 소나무 벌채를 금하는 법이 있는데도 불구하고 마음대로 벌채하여 판자 20개를 만들고, 또 남의 처를 탈취했으므로 형추 20도에 처한다.

4. 태안장교의 자손인 소금장수 이우백은 마음대로 갓을 쓰고 그 밖에도 분수를 넘어 법을 멸시하는 행동을 했으므로 형추 1도

에 처한다.

　5. 양녀 옥랑은 처음에는 사대부의 첩이었으나 갑자기 배신하고
이서배吏胥輩의 여자가 되었으므로 죽여도 아깝지는 않으나 임신
부이므로 형벌을 면하여 서산군의 노비로 삼는다.

　6. 행창고직 이광윤과 정중삼은 본래 창고의 직장直長인데 양반
들의 묘지싸움에 끼어들어 임씨 양반의 시종인데도 한갓 양반의
지위에 따라 두목이 되어 창저민倉底民 400여 명을 거느리고 임씨
의 장례식을 방해했으므로 형추 1차를 실시한다.


이상에서 암행어사 신귀조의 활약상을 볼 때, 암행어사는 상당히
넓은 범위의 지방을 규찰하고 송금松禁 등의 경제사범과 더불어 유
교 윤리에 저촉되는 사건도 다루었음을 알 수 있다.

4월 20일 한산으로 되돌아간 신귀조는 출두를 한 후 봉고를 했다.
이곳에서는 유난히 경제사범이 많았다. 그 때문인지 그는 당시 한산
군수였던 윤재급에 대하여 다음과 같이 혹평했다.


　"윤재급은 4년간 재직하면서 한 차례의 선정도 베풀지 않았고
　장부와 서류를 멋대로 농단하여 자기 자신을 살찌우는 데만 전념
　했습니다. 이런 모든 것이 생민의 뼈아픈 것이 되어 마을 전체에
　원성이 높고, 이웃 마을에서도 침 뱉고 욕하는 상황인 까닭으로
　신이 재삼 염탐해서 증거 문서를 발각한 후 출도 봉고했습니다."

《수의록》

이 고발을 받아 본 충청감사는 곧바로 한산군수 윤재급을 파직시킨 다음, 의금부로 압송했다. 의금부에서 조사를 받은 윤재급은 곧장 70대와 함께 도형 1년 반이라는 처벌을 받았다.

서산에서의 일을 마친 후, 신귀조는 다시 한산에 출도하였는데 그가 조사한 내용을 정리하면 다음과 같다.

1. 하리 안흥대는 경신년(1800년) 결전結錢 색리이다. 결전을 매결당 5전 5푼 징수하는 것이 관행인데 조정의 명에 의해 5푼이 탕감되었으므로 실제로 백성들이 내야 할 금액은 4전 6푼이었다. 그럼에도 불구하고 안흥대는 이자 1전 7푼을 합하여 총 6전 3푼을 징수하여 온 고을 사람들이 그를 원망했다. 그런데 안흥대는 다른 죄를 지어 도망갔으므로 그간의 사정은 모른다며 이를 부인했다. 안흥대가 도망간 이유는 60냥을 횡령했기 때문이고, 파산해서 처자와 같이 도망갔던 것이다.

2. 이방 이의배는 작년 겨울에 이자와 합하여 받아들인 것은 모든 백성이 원했기 때문에 그렇게 한 것이라며 거짓 진술하므로 형추 1차를 실시했다. 다음날 다시 불러 형추를 가하니 작년 겨울에는 매결당 5푼씩 수렴해서 4전씩 받아들였고, 다시 양전한다고 사칭해서 매결당 3전씩 수렴한 결과 1,000여 냥이 되었으며 사창 수보의 감관으로 돈 많은 이경덕을 임명하여 500냥을 받아 먹었고, 투전 속죄 명목으로 평민 100여 명을 붙잡아 사람마다 8냥씩 징수한 사실이 밝혀졌다. 그런데도 얼버무려 변명하므로 형추 1차례를 실시했다.

3. 이경덕은 창고를 개축할 때 500냥을 감추었으므로 형추 1차
례를 실시했고, 다음날 형문 20도를 가한 결과 결전 500냥을 받은
후 결전 상납의 길이 없던 차에 군수의 분부로 300냥을 납전하고
나머지 200냥은 아직 상납하지 않았다고 진술하므로 이 사람은 사
실상 피해자인 것 같았다. 다시 조사한 결과 전번에는 200냥을 아
직 상납하지 않았다고 말했으나 작년 12월에 이방에게 이미 주었
음이 밝혀져 곤장 5도에 처했다.

4. 퇴직장교 김채중과 허눌은 군정을 감독할 때 민간에서 받은
뇌물이 쓰지 못할 정도로 많았다고 하므로 각각 형문을 1차례씩
실시했다. 김채중, 허눌과 이인욱이 군관청조역으로 있을 때 군관
청에서 쓴 돈이 적혀 있는 문서가 없어지는 일이 발생했는데 아마
도 이들이 불살라 버린 것이 확실하다.

5. 반수 오일해는 백성들로부터 뇌물을 받아 군정을 우롱했다.
군역을 면제시켜 준다고 유혹하여 무려 100여 명으로부터 돈을 받
아먹었으므로 형문을 1차례 실시했다.

《수의록》

이상과 같이 죄상이 밝혀진 하리들은 대체로 모두가 경제사범이
거나 군정과 관련된 뇌물을 받은 죄를 범한 자들이었다. 암행어사
출도로 수령뿐만 아니라 이방, 병방, 좌수, 별감 등 말하자면 고을의
하리층이 모두 곤욕을 치렀다고 할 수 있다.

한편, 한산을 떠나 서천으로 간 신귀조는 여기서도 죄수에 대한
조사와 처리를 했다. 대체로 이 지역에서 벌어진 사건들도 한산지역

과 대동소이했다. 그는 이 외에도 4월 23일 수영과 신창, 충주에서도 각각 출도했다.

수영에서도 여러 고을의 부정을 추궁하고 사건을 처리했지만 그 중에서도 가장 큰 사건은 보령현 목충면의 양반 유학 이광조의 집안에서 일어난 살인사건이었다.

이 사건은 이광조의 동생 이광기가 범인이었다. 그는 불과 면포 3척을 단절斷絕했다 하여 임신 중인 형수 이씨를 구타하고 가출한 이씨를 붙잡아와서 음행죄로 일곱 살 난 질녀와 함께 양잿물을 먹여 죽이려 했다. 이들이 극약을 먹고도 살아 있자 이광기는 집 뒤에 있는 야산에다 생매장해 버렸다. 이 사건은 워낙 흉악한 사건이라 이웃까지도 소문이 날 정도였다.

그런데 흥미로운 것은 암행어사 신귀조가 이 사건을 알게 된 경위이다. 당시 역졸이던 유해연이란 자가 암행어사 신귀조가 대천 장시를 지나갈 때 장안에 나타나 오기가 아내를 살해한 고사를 인용하며 소문을 내어 이 사건이 어사의 귀에 들어가도록 한 것이다.

이 사건을 접한 신귀조는 즉각 보령현감 정한을 범행조사와 그에 대한 문안작성을 게을리했다는 죄로 파직 조처했다. 그리고 이 사건은 정한이 부임한 이전에 발생했으므로 보령지역의 전 현감 한영규까지 문제시되었다. 원통한 일을 당한 민중들에게 암행어사는 '해결사'였음을 신귀조는 보여준 것이다.

충청도 일대의 부정부패를 처리하고 돌아온 신귀조는 서계를 올려 전 한산군수 윤재급을 비롯한 전 신창현감 정한철, 전 보령현감 정한, 옥천군수 홍장보, 결성현감 남혜관, 전 전의현감 홍이호, 제천현감 이재안, 서천군수 유이현, 청풍부사 조영경, 면천군수 서유제, 음죽현감 진영, 병사 오재중 등의 잘못을 논핵했다.

또한 이와 함께 별단別單도 올렸는데 그 내용은 교원校院에 이례吏隸를 모집해 들이고 봉족奉足을 모아 장정에 충당하는 일, 전정田政을 윤년으로 개량하는 일, 병작 반분하는 일, 보령의 원옥을 조사하는 일, 형구刑具를 《경국대전》 규정에 따르는 일, 오가작통을 엄하게 밝혀 사교(천주교)를 중지시키고 간사함을 살피는 일, 아산의 조창漕倉을 혁파하고 7읍에 윤정輪定하는 일, 해미 진영을 옮겨 설치하는 일, 평택 사람 권위가 척사斥邪하다가 원통하게 죽은 일, 이액吏額을 재량하여 줄이는 일 등이었다.


## 암행어사 박규수의 일지


철종이 즉위하자 당시 수렴청정을 하던 대왕대비는 민심을 수습할 목적에서 각도에 암행어사를 파견했다. 1850년(철종 1년) 봄에 각도에 파견된 암행어사의 면면을 보면, 평안도 청남에 이삼현李參鉉, 청북에 김경현金敬鉉, 황해도에 신석호申錫禧, 경상우도에 조석여曺錫輿, 경상좌도에 김세호金世鎬 등이었다.

이들은 임지에서 염찰활동을 한 후 돌아와 각각 서계를 올렸는데, 주목할 만한 사실은 이들의 서계 내용이 지방수령들에 대한 포상 건의는 한 건도 없고 잘못을 저지른 비리 수령에 대한 처벌만을 건의했다는 사실이다. 조선왕조 말기에 이르러 지방 관리들의 부정부패가 극에 달했음을 말해준다 하겠다.

그런데 이들 암행어사 중 평안도청북어사 김경현과 황해도어사 신석희, 경상우도어사 조석여는 각각 돌아와 서계와 함께 별단도 올렸으나 평안도청남어사 이삼현과 경상좌도어사 김세호는 별단 없이 서계만 올렸다. 종래 불법비리의 원인과 대책 등을 기재한 별단을 올리지 않은 암행어사는 처벌을 받는 것이 원칙이었다. 하지만 이때는 아무런 처벌도 받지 않았다. 철종조 이후로 암행어사의 활동이 지방세력들의 불법비리 적발과 처벌 기능으로 한정되어 갔기 때문이다.

대왕대비의 수렴청정이 끝나고 1852년(철종 3년)에 철종은 친정을 하게 되었다. 이 해 전국적으로 큰 기근이 들었다. 기근의 발생은 한편으로 지방의 탐관오리들을 날뛰게 만드는 요인이기도 했다. 이 해 철종은 재용財用의 절약과 탐관오리의 징벌을 엄명했는데 왕의 지시만 내려 왔을 뿐 실제 큰 효과는 없었다.

2년 후에도 가뭄이 극심하자 철종은 기근대책으로 전국에 진휼책을 베푸는 한편, 암행어사를 전국에 파견했다. 전라좌도에 조헌섭, 전라우도에 박인하, 강원도에 강난형, 경상우도에 이종순, 경상좌도에 박규수 등이 암행어사로 발탁되어 파견되었다.

특히 이 당시 암행어사로 파견된 박규수의 활약상은 앞서 신귀조와 더불어 주목을 끈다. 박규수(1807~1877년)는 실학자 연암 박지원朴趾源의 손자로 조선 말기 개화사상가로 유명한 인물이다. 1848년(헌종 14년)에 증광시에 병과로 급제하여 사간원 정언으로 처음 관직에 나간 후 병조정랑, 부안현감, 사헌부장령, 동부승지를 거쳐 경상좌도 암행어사로 발탁되었다.

1854년 1월 4일에 암행어사로 임명된 박규수는 '지난 해의 극심한 가뭄으로 굶주리고 있는 영남 백성의 진휼사업이 제대로 시행되고 있는가를 살펴보고 오라'는 왕의 명을 받고 경상좌도로 달려갔다.

암행어사 박규수는 먼저 영천군 팔공산에 있는 은혜사란 곳에 머물면서 정보를 입수하다가 5월 초 밀양에서 제일 먼저 출도했다. 그는 당시 밀양부사 서유여의 부정을 조사한 후 곧바로 봉고파직했다. 그런데 서유여는 박규수의 친구인 서승보의 부친이었다. 이 일로 서승보가 박규수에게 절교선언을 했는데 이 때문에 박규수는 매우 괴로워했다고 한다. 당시 서유여는 2만 4천여 석에 달하는 환곡을 포탈하고 1만 3천냥도 포탈한 혐의를 받고 있었으므로 박규수로서는 처벌하지 않을 수 없었다.

이후 청도를 거쳐 6월 초 경주에 도착한 암행어사 박규수는 여기서도 재결(災結, 재해로 인해 면세혜택을 받게 된 농지)을 나누어 주지 않고 환곡이 문란하다는 여론을 접했다. 조사 결과 경주부윤 남성교가 6천여 냥을 착복하는 등 부정을 저질렀음이 밝혀졌다. 이에 박규수는 남성교를 봉고파직했다. 경주를 떠나 월성지역을 돌아다니면서 여러 고을을 정탐한 박규수는 무려 4천 리를 달리며 민정에 귀를 기울이면서 암행어사 임무를 훌륭히 완수하고 돌아왔다.

돌아온 박규수는 먼저 철종을 뵙고 전 경주부윤 남성교를 비롯한 수령들의 죄상을 낱낱이 보고했다. 이후 별단을 제출하여 당시 지방에서 일어난 여러 가지 문제점들을 지적하는 것도 잊지 않았다.

이 외에도 박규수는 15가지에 걸쳐 암행지에서 벌어진 각종 폐단을 소상하게 보고했다. 그런데 조선 후기에 들어와 암행어사들의 별단에는 부패상황만이 지면을 가득 채우고 있었다. 박규수의 보고도 예외는 아니었다. 초창기에 실렸던 선정을 베푼 수령에 대한 내용은 점점 줄어만 간 것이다. 암행어사의 적발 건수에 비례하여 조선 말기에 부패가 더욱 만연되었음을 보여준다 하겠다.

다음은 박규수가 제출한 별단이다.

1. 재결의 조사와 배분에서 온갖 농간이 발생하는 것은 전제田制가 문란한 때문이다. 가장 시급한 정책은 오로지 양전量田을 다시 하는 일이다. 양전이 어렵다면 수령이 직접 토지장부를 조사하고 점검해야 한다.

2. 이무移貿란 환곡이 많은 고을에서 환곡 일부를 돈으로 바꾸어 환곡이 부족한 고을로 이송하게 한 조치였다. 그러나 지역별 곡가 차이를 이용하여 환곡을 사고 팔아 차익을 챙기는 수단으로 변질되어 대소 관원이 온갖 구실로 부정을 행하니 큰 폐단이 되었다. 그 폐단의 근본 원인은 환곡을 상정가가 아니고 시가로 돈을 내게 하는 것에 있다.

3. 의성현에서는 환곡의 극심한 폐단을 바로잡고자 호환戶還을 폐하고 결환結還을 시행했다. 그런데 창리들은 전년에 걷지 못한 환곡을 '구환' 舊還이란 명칭으로 새해에 추가로 분급했다. 반면, 뇌물을 받고 부자들은 분급대상에서 빼주었다. 그 결과 실제로 환곡을 분급받은 것이 없기는 마찬가지인데도 부자는 면제되고 빈민만 환곡을 바쳐야 했다.

6

# 암행어사 이야기

## 어사우

조선시대 암행어사 이야기들이 많이 전해지지만, 어사우에 관한 이야기는 생소한 편이다. 여기서 소개할 어사우御史雨 이야기는 암행어사란 존재가 조선시대에 백성들에게 어떤 의미였는지를 여실히 보여준다. 결론적으로 말하면, 마른 땅에 단비 같은 존재가 바로 암행어사였다.

어사우에 대한 내용이 처음 문헌에 보이는 것은 1482년(성종 13년)이다. 이 무렵 전국적으로 가뭄이 심해 성종은 여러 대신들과 함께 이 문제를 논의하고 있었다. 이때 좌참찬 성임成任이 말했다.

"예전에 어사가 각 지방을 돌며 억울한 옥사를 판결하자, 하늘에서 곧 비가 내렸습니다. 그때 사람들이 이를 '어사우'라고 했으니, 어사를 파견하는 목적이 이와 같습니다. 지금 당장 어사를 파견하여 백성들의 마음을 위로함이 마땅합니다."

《성종실록》 권143, 13년 7월 4일

성종은 이 건의를 받아들여 즉시 각 도의 관찰사에게 유서를 내렸다. 그런데 당시 좌참찬 성임의 말이 설득력이 있었던 것은 어사우에 대한 고사가 왕도정치를 실현하고자 한 조선시대 위정자들의 뜻에 잘 부합했기 때문이었다.

어사우의 유래는 중국 당나라 때 감찰어사 안진경의 고사에서 비롯되었다. 백성들의 억울한 옥사가 해결되지 못한 것과 때를 맞추어 극심한 가뭄이 들었는데 안진경이 억울한 옥사를 풀어주자 비가 내렸다. 이때 내린 비를 두고 당시 사람들이 어사우라고 불렀다고 한다.

이와 비슷한 사례가 영조대도 일어났다. 1757년(영조 33년)에 가뭄이 들어 두 번이나 기우제를 지냈는데도 비가 오지 않았다. 영조는 포도대장에게 명하여 죄질이 가벼운 죄수를 석방하도록 했다. 이와 아울러 어사 홍양한洪良漢과 남태저南泰著를 동강東江과 서강西江에 나누어 파견하여 백성들의 원통하고 억울한 일을 염탐하게 했다. 그러자 마침내 비가 내렸다. 이때 비는 마침 어사가 파견되었을 때에 내리고 복명하던 날에 또 내렸다고 한다. 어사 파견과 때를 맞추어 하늘에서 비가 내리자 백성들은 저마다 '왕의 정성이 하늘에 감통되었다'며 왕을 칭송했고 어사우의 고사를 확신하게 되었다고 한다.

기우제를 지내도 내리지 않던 비가 어사를 파견하여 백성들의 억울한 일을 풀어주자마자 내렸다고 믿은 조선 백성들에게 암행어사는 구세주 같은 존재였다. 만난을 무릅쓰고 지방수령의 비리를 색출해내 백성의 고통을 줄이려고 했던 암행어사의 노력이 그만큼 백성들에게 신뢰받고 사랑받았다는 이야기도 된다.


## 가짜 어사 소동

어사우와 더불어 암행어사와 관련된 흥미로운 이야기로 가짜 어사사건이 있다. 일반적으로 가짜 어사는 암행어사가 아닌 자가 암행어사라고 사칭한 경우이지만, 암행어사로 오인된 경우도 많았다. 암행어사는 변장을 하고 암행하는 일이 많았기 때문에 어사를 사칭하는 경우보다도 오인된 경우가 많았다. 암행어사가 파견되기 시작한 성종대에 이미 가짜 어사사건이 있었다.

1496년(성종 25년) 12월에 한 과객이 율봉도역을 지나는데 이를 본 역리가 어사로 오인하여 감사에게 보고하는 웃지 못할 일이 있었다.

"김철손이 전에 율봉도 찰방이 되었을 때에 한 과객이 갑자기 이르자, 아전이 어사라고 잘못 전했습니다. 이를 전해들은 찰방 김철손이 두려운 나머지 급하여 어찌할 바를 모르고 거느리던 기생을 가려진 곳에 숨기려다가 잘못하여 옆으로 떨어지게 했습니다. 김철손이 이를 분하게 여겨 과객이 거짓으로 어사라고 일컬었다고 감사에게 보고했는데, 마침내 거짓임이 드러나 도리어 벌을 받았습니다."

가짜 어사사건은 계속 일어났다. 1519년(중종 14년) 10월 예천군을 지나가는 한 과객을 고을 사람들이 모두 암행어사로 오인하여 야단법석이 일어났다. 그러나 그 과객은 약재를 구하러 온 의정부 말단 관리로 판명되었다.

1585년(선조 18년) 4월에 전라우도 암행어사 황혁의 장계에는 나주 담양의 도적인 김국보金國寶가 가짜 어사를 사칭한 사건에 대한 보고가 있었다.

"신이 나주, 담양에 이르러 큰 도적 김국보 등을 잡아 가두었는데, 이 무리들이 관부官府를 협박하고 농간하여 동류들을 탈출시키려는 계책을 세울 듯합니다. 나라에 기율紀律이 없어 도적이 횡행하는데 심지어 어사의 명함까지 사칭하고 있으니 뒷날 병란의 변고가 반드시 여기에서 생길 것입니다."

가짜 어사사건은 1712년(숙종 38년) 8월에도 있었다. 당시 희천에 유배되었던 죄인 이천재李天栽가 용천부사 이징서에게 "나는 이번에 과거에 급제한 이헌영이다. 승정원주서에 임명되어 한양으로 가는 도중에 암행어사로 특별히 임명되어 정탐 중이니 그리 알라."고 하자 이 말을 믿은 이징서가 역마를 내주었다. 이에 이천재는 관청 말을 타고 미관진이란 곳에 이르러 첨사의 직인을 빼앗은 후 양하진으로 가서 여기서도 인부印符를 빼앗았다. 이천재는 다시 의주부로 들어가 어사 행세를 하며 소란을 피웠다. 부윤 권업이 이천재를 체포하여 심문했더니 가짜 어사임이 드러났다. 결국 이천재는 어사를 사칭한 죄와 역모를 꾸민 죄로 의금부에서 국문을 받게 되었는데, 그는 공초에서 다음과 같이 말하며 죄를 시인하려 하지 않았다.

"이징서가 유혹하기를, '어사라고 사칭하여 고을들을 순찰하면서 은전銀錢과 관곡官穀을 얻어내고 이를 바탕으로 군사를 일으켜 거사하여 나는 병조판서가 되고 자네는 훈련대장이 된다면 어찌 좋지 않겠는가'라고 했습니다. 이에 어사라고 사칭하며 양하진의 인부印符를 탈취했지만 도로 내주었습니다."

《숙종실록》 권52, 38년 8월 13일

이징서를 잡아다가 대질시키자 이천재는 자신이 거짓 증언을 했다고 자백했다. 이천재는 어사를 사칭하여 변란을 일으키게 한 죄로 참형斬刑에 처해지고 가산이 적몰되었으며, 이징서는 변방으로 정배되었다.

1739년(영조 15년) 9월에는 유명한 삭주 가짜 어사사건이 있었다. 당시 관서어사로 임명된 이성효가 이만유란 자에 의해 가짜 어사로 몰리는 바람에 큰 곤욕을 치른 사건이었다. 당시 어사 이성효는 마패를 내보임으로써 간신히 위기에서 벗어날 수 있었는데 이만유는 이성효가 어사라는 사실을 알면서도 자신의 불법 사실을 감추기 위해 이성효를 가짜 어사로 몰아붙인 것이었다.

1793년(정조 17년) 5월에는 암행어사끼리 서로 가짜 어사라고 오인한 사건이 일어나기도 했다. 이 사건의 주인공인 호서어사 이조원의 말을 들어보자.

"신이 돌아오는 길에 신창에 이르렀을 때, 어떤 사람이 신의 행색을 엿보고 빠른 걸음으로 뒤를 밟는다는 말을 들었습니다. 이에 저는 재종형 홍원의 온양 임지로 가서 그들의 동정을 살폈습니다. 그런데 조금 뒤에 홍주 진영의 건장한 장교와 사나운 졸개 10명이 그곳을 찾아왔습니다. 그러자 신의 재종형이 불러다 찾아 온 이유를 물으니, 좌우에 있는 사람들을 물리치게 하고 은밀히 말하기를 홍주영장이 어제 어사의 비관秘關을 보고 말하기를 '결성結成에 출도한 어사는 가짜 어사이니 잡아오도록 하라'고 했다 하고 또한 '그 자가 아까 이곳으로 들어가는 것을 보았으니 체포해 가야겠다'고 했습니다. 이에 신의 재종형이 말하기를 '그는 나의 가까운 친족이고 가짜 어사가 아니니 속히 물러가도록 하라'고 했습니다. 그러나 홍주 진영의 장교가 계속 감시하며 저를 체포하려 했습니다. 일이 급박하게 돌아가고 사태를 파악하기 어려워 바로 그 자리에서 출도하여 장교를 붙잡고 홍주영장에게 공문을 보내어 이리로 오도록 했습니다.

그런데 다음날 오후에 갑자기 아산의 아전과 장교 30여 명이 본

군에 들이닥쳐 말하기를 '어사가 해당 고을에 출도하여 우리들을 내보내면서 온양에 출도한 가짜 어사를 붙잡아 오라고 했다'라고 했습니다. 그래서 신은 더욱 해악스러움을 감당할 수 없었습니다. 그런데 생각해보니 아산에 출도한 어사가 진짜인지 여부를 판별하기가 어려웠고, 혹시라도 간악한 백성이 이런 일을 저질러놓고 종적이 탄로날까 두려워서 일부러 아전과 장교들을 흩어지게 하고는 그들이 자리를 비운 사이를 틈타 도망치려는 것인가 하는 염려도 없지 않았습니다. 그리하여 어떻게 변고에 대처할지 두루 생각한 끝에 직접 만나 따져보는 것이 가장 나으리라 생각했습니다.

이후 신이 암행어사의 위의를 갖추고 급히 그곳으로 가보니, 저쪽의 어사도 역시 위의를 갖추고 이쪽으로 오고 있었습니다. 도중에 말을 세우고 촛불을 비추어 서로 보니 과연 함께 명을 받들었던 사람이 분명했습니다. 그래서 신이 그의 처사가 너무 경솔했음을 책망하니, 그가 말하기를 '혼자 이곳을 모두 담당한 것으로 알았기에 출도한 사람이 가짜일 것이라고 잘못 의심했다'고 했습니다. 이미 서로 얼굴을 보고 의심을 풀었기에 각기 말을 돌려 돌아왔는데 이때 영장이 와서 기다리고 있었습니다. 제가 꾸짖었더니 겁을 먹고 어찌할 줄 모르면서 꾸며 대는 말들이 많았습니다. 신이 그때에 만일 길에서 서로 만났더라면 봉변을 면치 못했을 것인데, 다행히 왕명을 욕되게 하는 일은 면했습니다. 그러나 해당 영장이 경솔하게 일을 저지른 것은 잘못된 일이니 홍주영장 이현택을 불가불 엄히 처벌하지 않을 수 없습니다."

《정조실록》 권37, 17년 5월 27일

이상의 보고를 들은 정조는 호서어사 이조원을 가짜 어사로 오인한 홍주영장 이현택의 관직을 삭탈하고 아산현감 윤광심도 신문하도록 했다.

이와 같이 조선시대에는 가짜 암행어사사건이 심심찮게 발생했다. 어사를 가짜 어사로 내몰거나 또는 어사를 사칭한 경우 왕명을 욕되게 했다는 이유로 중죄를 면하기 어려웠다.


## 조선 제일의 암행어사 '박문수'

암행어사라고 하면 제일 먼저 떠오르는 인물이 아마도 《춘향전》의 이도령과 어사 박문수일 것이다. 두 사람 모두 암행어사의 대표적 인물이지만, 이도령은 소설 속의 주인공인 가상의 인물인 반면, 박문수(1691~1756년)는 실존 인물이라는 차이점이 있다.

조선 후기의 야담집과 설화집에 수록된 박문수에 관련된 설화는 300여 편이나 된다. 그 까닭은 박문수가 암행어사로서 혁혁한 업적을 남겼기 때문일 것이다. 박문수에 관한 수많은 일화는 암행어사가 일반 민중들에게 어떤 존재였는지를 잘 알려 주고 있다. 어사 박문수는 민중의 구세주이자 신화적 존재였던 것이다.

전설로 신비화된 어사 '박문수' 가 아닌, 실존 인물로서의 박문수의 행적을 먼저 살펴보자.

암행어사 박문수朴文秀는 1691년(숙종 17년)에 태어나 1756년(영조 32년)까지 살았던 학자이며 정치가였다. 자는 성보成甫, 호는 기은耆

隱이다. 고령 박씨 사인공파舍人公派로 예조판서를 지낸 박장원朴長遠의 증손이요, 부친은 학자인 박항한朴恒漢으로, 외가가 있던 경기도 진위에서 출생했고 서울에서 자랐다. 여덟 살에 아버지를 여의고, 홀어머니 밑에서 어렵게 자랐는데, 어려서부터 총명하고 활달했으며 기지가 있었다고 한다.

1723년(경종 3년)에 과거에 급제하여 예문관 검열이 되었고 세자시강원 설서를 거쳐 병조정랑이 되었다. 1724년 영조가 즉위하여 노론이 집권함에 따라 소론에 속했던 그는 벼슬에서 밀려났으나, 1727년(영조 3년)에 영조가 당쟁을 조정할 목적으로 소론을 기용한 정미환국 때 다시 등용되었고, 뒤에 영남별견어사로 나가 부정한 관리들을 적발했다. 이듬해인 1728년에 이인좌의 난이 일어나자 사로도순무사 오명항의 종사관으로 출전하여 전공을 세워 경상감사로 발탁되었고, 1731년(영조 7년)에는 호서어사로 활약했다. 박문수는 병조판서, 호조판서, 예조판서를 두루 거친 당대의 유명한 관료로, 설화에 등장하는 박문수의 활약은 암행어사를 지낸 1727년에서 1728년 사이에 있었던 것으로 보인다.

박문수가 어사로 천거된 것은 1727년(영조 3년)이었다. 이때 영남과 호남지방에 흉년이 극심하여 어사를 파견하기로 결정했는데, 박문수가 어사로 천거되었다. 그러나 영조는 박문수가 나이가 젊고 수령을 역임한 적이 없다고 하며 난색을 표명했다. 이에 좌의정 조태억趙泰億이 '박문수는 사리에 두루 통달하고 시무에 밝다'고 거듭 추천하여 별견어사로 일약 발탁되었다.

영남지방에 파견되기로 결정된 날, 박문수는 영조를 알현하여 영남의 기민飢民 구제에 대한 의견을 올리고 이와 함께 탐관오리를 징계하는 법을 엄중히 할 것을 청했다. 그리고 경주 등 고을의 양전(量田, 토지의 측량)에 대해서는 의문점이 많으므로 추생하여 이를 조사할 수 있도록 할 것을 동시에 요청했다. 그리고 바닷가 주변의 작은 고을에도 문관, 음관, 무관을 가리지 않고 모두 어사를 보낼 것을 청하여 영조의 허락을 받아냈다.

이듬해 영남지역 암행어사의 직임을 마치고 돌아온 박문수는 영조에게 암행결과를 다음과 같이 보고했다.

> "신이 명을 받들고 재를 넘어 여러 고을을 두루 다녔습니다. 대개 영남은 산에 동철이 있고 바다에는 어염이 생산되며 토양도 비옥합니다. 그러나 오늘날 폐단이 천만 가지나 있으니, 여러 궁가宮家의 도장導掌, 여러 상사上司의 차인差人, 각 군문과 영문營門의 감관監官이 특히 심한 폐단을 일으킵니다. 호남에는 이미 절수折受를 파하셨으니, 이제 영남만 유독 의심을 가지게 해서는 안 될 것입니다. 양역의 폐단이 오늘날 가장 심하고 각궁의 절수도 그에 못지 않습니다. 먼저 절수를 파하고, 각 영과 읍에 명하여 사사로이 군軍에다 충당하지 못하도록 하소서."
>
> 《영조실록》 권16, 4년 3월 10일

이러한 박문수의 보고를 영조는 흔쾌히 받아들였다. 이튿날에도 박문수는 다음과 같이 복명하였다.

"자인현의 현감 남국한은 지식이 모자란 데다가 술을 좋아하므로 아전은 좋아하나 백성들은 원망합니다. 대구 판관 윤숙은 사람과 관직이 걸맞지 않아 전혀 일을 모르고, 울산 부사 이만유는 우매하여 일을 잘 살피지 못하므로 아전이 간사함을 보입니다. 이들을 모두 파직하소서."

《영조실록》 권16, 4년 3월 11일

영조는 이 요청을 모두 받아들여 해당자들을 파직했다. 예리한 판단력을 바탕으로 지방관의 인물 됨됨이를 판단하고 그들의 행동이나 일처리에 대한 평가를 영조에게 직접 보고하여 처벌하도록 한 박문수의 뛰어난 능력을 알 수 있는 대목이다.

박문수의 암행보고는 또 이어진다.

"용인현감 송성원은 능陵에 행행(幸行, 임금이 궁궐 밖으로 거둥하는 일)하실 때 길에 횃불을 많이 배정해 놓고는 횃불 하나에 2냥씩 받았으며 전정田政에도 민원이 많으니 우선 파직하소서."

《영조실록》 권16, 4년 3월 11일

영조는 즉시 송성원을 파직하고 사헌부에 철저히 조사하라고 지시했다. 이와 같이 영조가 박문수의 요구를 그대로 받아들인 것은 그의 예리한 판단력을 믿었기 때문이다.

이 일이 있은 며칠 후, 이인좌의 난이 일어나자 박문수는 병조판서 오명항의 종사관으로 임명되어 출전했다. 당시 이인좌의 군세는 맹렬했는데 관군에 격파되어 이인좌는 서울로 압송되었다. 이 무렵 오명항과 박문수는 청주에 있었는데 영남지역에 도적이 일어났다는 소식을 접하자 대군을 이끌고 추풍령을 넘었다.

이에 영남지역의 도적은 평정되었고, 오명항은 박문수에게 영남지역에 그대로 남아서 난리가 난 지역을 진무하게 했다. 이때 영남지역에서 박문수의 활약은 실로 눈부실 정도였다. 당시 도적이 평정되었는데도 불구하고 백성들은 모두 산골짜기로 도망하여 마을로 내려오지 않고 있었다. 박문수는 신변의 위협을 무릅쓰고 혼자서 여러 고을을 다니면서 '협박을 받아 도적을 따른 자는 죄를 다스리지 않는다'며 민심을 회유했다. 이러한 활약으로 그는 경상감사에 발탁되었다.


## 박문수의 구천동 신화


암행어사 박문수에 관한 수백 개의 설화 중에 '구천동 신화'가 있다. 이는 이인좌의 난이 진압된 이후 전라도로 갔을 무렵에 있었던 이야기이다.

여기서 소개할 구천동 신화는 1921년 동흥서관에서 발행한 《박문수전》에 실려 있는 것이다. 제목은 〈박문수 어사가 구천동 인민을 신도神道로 다스린 일〉인데, 고어체로 되어 있어서 현대문으로 각색하고 요약하여 소개한다.

조선 영조 때 박문수는 유명한 남도어사로 재학과 덕망이 조야에 널리 알려진 인물이다. 이때에 호서의 이인좌와 영남의 정희량 등이 난을 일으켜 상여에 병기를 싣고 청주에 들어와 병사 이봉상과 영장 남연평을 죽이고 안성 청룡산 위에 진을 쳤다.

이인좌가 난을 일으켰다는 소식에 놀란 영조는 오명항과 박문수에게 명하여 난적을 토멸하게 했다. 난이 진압된 후, 영조는 특별히 박문수를 팔도암행어사에 제수하여 백성들의 괴로움을 살피도록 했다.

어사에 임명된 박문수는 폐의敝衣와 파립破笠 차림에 죽장망혜竹杖芒鞋를 하고 산따라 물따라 한강 이남 경기, 충청, 경상도 등 팔도 수령방백의 행정득실과 각 리의 민정을 일일이 살펴본 후, 전라도로 들어갔다.

전라도로 접어든 박어사는 덕유산 깊은 자락으로 들어갔는데 덕유산은 남방에 유명한 큰 산으로 골짜기가 깊고 산봉우리가 중첩되어 언제나 구름과 안개가 자욱하여 그곳에 사는 사람 이외에는 날아가는 새도 마음대로 출입하지 못하는 곳이었다.

박어사가 골짜기로 계속 들어가니 어언간 해가 서쪽으로 지고 황혼이 드리워 심산궁곡에 길이 없어지고 늘어진 수목 속에 짐승 소리만 귓전에 들렸다. 종일 방황하던 박어사가 기갈이 몹시 심하여 낙엽 위에 엎드렸더니 눈앞에 등잔불이 은은히 보이는 것이 아닌가. 박어사가 기뻐하며 등불을 찾아가니 천만의외에 인가가 즐비한 엄연한 마을이었다.

이때에 밤이 깊어 집집마다 문을 닫고 고요한데 한 골목에 당도

하니 창밖으로 등불이 비치며 방안으로 사람의 소리가 괴이하게 들렸다. 박어사가 깜짝 놀라 한 옆으로 비켜서서 창틈으로 엿보니 늙은 사람 하나가 단도를 빼어들고 누운 사람의 배 위에 올라앉아서 칼로 찌르려 하며 소리를 지르고 있었다.

"이놈 죽어라! 이놈 죽어라!"

그런데 정작 누운 사람은 반항도 하지 않고 '다만 죽겠습니다'는 말뿐이었다.

어사는 정신을 진정하여 기침을 크게 하고 창문을 두드리며

"이보게 주인장!"

하고 소리쳤다. 컴컴한 방안에서 이윽고 주인이 나와 영접하자 박어사는 모른 척하고 주인을 따라 방 안에 들어섰다. 그런데 누웠던 사람은 없어지고 단도를 가지고 위협하던 늙은 사람뿐이었다.

"저는 박문수라는 사람이오만, 그만 덕유산에서 길을 잃고 말았습니다. 하룻밤 묵어가도 괜찮은지요?"

박문수는 자리에 앉은 후, 성명과 거주하는 곳을 밝히며 길을 잃고 들어온 사정을 이야기했다.

"그런데 밖에서 듣자오니 괴이한 소리가 나던데 무슨 일이 있는지요?"

박문수는 밖에서 본 괴이한 광경에 대한 내막이 궁금했다. 노인장은 잠시 머뭇거리다 만면에 수심이 가득한 얼굴로 자신의 사정 이야기를 털어놓기 시작했다.

"저는 유안거란 사람이며, 본적은 경성입니다. 아들 득주를

데리고 덕유산 아래에 산 지 12년이 흘렀습니다. 득주가 장성하여 무주 김정언의 질녀와 혼인해 살다가 마침 같은 마을에 구화선이라 하는 사람의 소개로 이곳으로 이사와 오늘날까지 글방 훈장 노릇을 한 지 십여 년입니다."

노인장은 이어서 이곳은 사방 육십 리 안에 인적이 없는 곳으로 유씨 가족 외에 구씨와 천씨만이 살아 이곳을 구천동이라 부른다고 했다.

"그런데 이웃에 천운서와 그의 아들 천동수라는 부자가 사는데, 천동수의 처가 행실이 좋지 못했습니다. 하루는 천운서 부자가 천동수의 처와 저의 아들 유득주가 간통했다는 누명을 씌워, 그 보복으로 내일 신시申時에 합동 혼례를 올려 유안거의 부인은 천운서가 차지하고, 유득주의 부인은 천동수가 차지하겠다고 통보해왔습니다."

노인장은 살아 욕을 당하는 것보다 차라리 한 칼로 자식과 며느리 그리고 아내와 함께 이 밤에 죽어서 그들의 횡포를 면하고자 하는 중이었다며 길게 한숨을 쉬었다.

이 말을 들은 박문수는 조용히 노인장을 안심시킨 뒤,

"여기서 가장 가까운 관가까지 거리가 얼마나 됩니까?"

하고 물었다.

"무주관부가 서남으로 칠십 리입니다."

박문수는 노인장의 손을 잡고 말했다.

"염려 마십시오. 내일 신시申時 이내로 좋은 소식을 전하리다."

그는 그 길로 칠십 리를 달려 무주읍에 당도하니 벌써 날이 밝왔다.

박문수는 지체 없이 무주관부로 달려가 곧바로 마패를 들이밀며 암행어사 출도를 외치니 잠자던 군수가 혼비백산하여 일어나 영접했다.

"이 고을의 말 잘하는 광대 4명을 불러오라."

무주관부에 출도한 박문수는 곧바로 명령을 내렸다.

군수가 광대를 대령하니 박어사는 친히 군복軍服 다섯 벌을 그려 보여주며 그대로 옷을 만들라고 지시했다. 군수가 가만히 그림을 보니 오색五色의 흉칙한 신장神將 옷이었다.

군수가 옷을 지어 바치자 박어사는 그 옷을 광대에게 입히고는 함께 구천동으로 달려갔다.

어사 박문수가 구천동에 막 도착할 무렵, 그곳에선 천운서 부자에 의한 패륜적인 혼례가 치러지기 직전이었다. 박문수 일행은 마치 옥황상제의 명을 받은 오방신장인 것처럼 행세를 하고는 사람들이 보는 앞에서 천운서 부자를 잡아 깊은 산골로 끌고 가 죽여버렸다. 이 모두 박문수의 지략에 의한 것이었다.

10년 후, 박문수가 삼남어사 자격으로 다시 구천동을 찾아가니 예전에 보지 못하던 커다란 기와집 한 채가 있고, 그곳에 유안거가 살고 있었다. 유안거가 박문수를 미처 알아보지 못하고 하는 말이, 10년 전 천가 부자가 옥황상제에게 잡혀간 뒤 동민들이 '저 집은 곧 하늘이 아는 집이다' 라고 하며 이 집을 지어준 뒤 해마다 곡식을 갖다 바쳐 이렇게 잘 살게 되었다고 했다.

박어사는 이튿날 구천동을 떠나 삼남지방을 암행하고 다스린

지 2년 후, 어사직을 사직하고 내직으로 복귀했다.

이후 조정에서 여러 신하들이 평생 경력을 왕에게 이야기할 기회가 있었는데, 박문수가 무주 구천동을 다스린 일과 유안거의 이야기를 아뢰니, 왕과 제신들이 모두 박문수의 도량을 칭찬했다.

〈박문수 어사가 구천동 인민을 신도神道로 다스린 일〉

이상《박문수전》에 실려 있는 〈박문수 어사가 구천동 인민을 신도神道로 다스린 일〉은 구씨와 천씨로 이루어진 집성촌에서 타성인 유씨 가족이 포악한 천운서 부자에게 억울한 누명을 쓰고 모욕을 당할 즈음에 암행어사 박문수가 등장하여 이들을 구원해 준다는 내용이 대략의 줄거리이다.

여기서 박어사는 세력가를 벌주면서 관권을 약간 빌리긴 했지만, 옥황상제의 명령을 받은 신장으로 변장하여 사건을 해결하는 기지를 발휘했다. 박어사는 관권에만 의지하지 않았기 때문에 선한 일을 하면 하늘이 반드시 보살펴 준다는 인식을 마을 사람들에게 심어준 것이다. 그러한 그의 지략이 민중들에게는 신화적인 인물로 회자되는 이유일 것이다.


## 정약용도 암행어사였다

조선 후기 실학을 집대성한 다산 정약용(1762~1836년)이 암행어사 출신이었다는 사실을 아는 사람은 별로 없을 것이다. 1789년(정조 13

년) 식년문과에 갑과로 급제한 후 검열, 지평, 수찬이 되면서 일약 정계의 총아로 등장한 정약용은 정조의 후광을 바탕으로 암행어사로 발탁되었다. 정약용은 1794년(정조 18년) 11월에 경기의 적성, 마전, 연천, 삭녕에 암행어사로 파견되었다.

그는 정조의 명을 받아 암행활동을 마친 후에 다음과 같이 보고했다.

> "전 연천현감 김양직은 마음대로 환곡을 나누어 주고 재결災結을 도둑질해 먹었으니 그 죄를 유사에게 조사시켜야 하겠습니다. 전 삭녕군수 강명길은 화전火田에 지나치게 세를 물리고 향임들에게 뇌물을 받았으니, 비록 체차되어 옮긴 지 오래되었으나 죄를 주지 않을 수 없습니다."

《정조실록》권41, 18년 11월 16일

암행어사 정약용의 보고는 좌의정 김이소에 의해 정조에게 보고되었고 정조는 보고를 접하자마자 즉각 관련자들을 처벌했다.

정약용은 그 후 동부승지와 병조참의로 승진하기도 했으나 천주교와 연관되어 곡산부사, 금정찰방 등 외직으로 좌천되기도 했다. 당시 정조는 천주교 문제로 탄핵을 받아 수세에 몰린 정약용을 일시 피신시키기 위해 좌천시킨 것이었다. 그러나 그는 불과 반년도 채 못되는 짧은 기간이지만, 천주교에 깊이 젖은 금정역 주민들을 회유하여 개종시킨 허물 때문에 후일 천주교도들에게 배교자로 낙인 찍히기도 했다.

그러나 비난하는 소리가 가라앉지 않자 정조는 다시금 그를 1797년(정조 21년)에 황해도 곡산부사로 내보내어 약 2년간 봉직하게 했다. 이 시절에 《마과회통麻科會通》을 저작한 정약용은 다시 내직으로 돌아온 지 1년도 안 되어 1800년(정조 24년) 6월에 정조가 죽자 이듬해 2월 신유사옥辛酉邪獄으로 체포되어 관직 생활을 마치게 되었다.

당시 정약용이 연루된 신유박해사건은 정권을 잡은 벽파가 남인계의 시파를 제거하기 위해 일으킨 사건이었다. 하지만 강진으로 유배된 뒤에도 그는 낙담하지 않고 학문에 전념했다. 1818년(순조 18년)에 풀려난 후, 고향에서 저술활동으로 여생을 보냈는데, 그의 대표적인 저서 《목민심서牧民心書》는 암행어사나 지방관 생활에서 얻은 경험을 토대로 지은 책이다.

한편, 정약용이 암행어사로 파견된 1794년(정조 18년)에는 그와 함께 파견된 암행어사가 13명이나 더 있었다. 이 해 6도에 기근이 들자 정조는 경기 각 읍에 일제히 암행어사를 파견하기로 결정하여 박윤수, 홍낙유, 정내백, 채홍원, 정이수, 유사모, 이조원, 정동관, 조석중, 서준보, 구득로, 정문시 등을 암행어사로 파견했다.

이때 각 암행어사에게 정조는 다음과 같은 유시를 내렸다.

"수령의 잘잘못을 규찰하고 백성의 괴로움을 살피는 것이 어사의 직임이다. 어사가 비단옷을 입는 것은 그 은총을 드러내는 것이요, 도끼를 지니는 것은 그 권위를 높이려는 것이다. 근래 각 도에 보낸 사람들이 그 직임을 제대로 수행하지 않는다는데 어찌 그사람들만을 책망할 수 있겠는가. 조정이 사람을 제대로 뽑지 못한

것에도 책임이 있다. 만약 그들이 직분을 제대로 수행하지 못한다
하여 파견하지 않는다면 내가 구중궁궐에서 어떻게 민정을 살필
수 있겠는가? 더구나 천 리나 되는 경기지방에 흉년이 들었는데야
말해 무엇하겠는가?

　너희들은 맡은 바 직분을 삼가 관부와 시장, 촌락을 드나들면서
세세히 조사해 조정에 돌아올 때에 일일이 조목별로 나열해 아뢰
도록 하라. 인印과 장부를 현장에서 잡은 경우가 아니면 혹시라도
경솔하게 먼저 창고를 봉하지 말도록 하라."

《정조실록》 권41, 18년 11월 16일

　이와 같은 유시를 받은 정약용을 위시한 14인의 암행어사들은 각
읍에 흩어져 뛰어난 암행활동을 펼친 후, 정조에게 서계를 올렸다.
이때 암행어사 박윤수와 홍낙유는 '조세포탈 문제'를, 채홍원은 '환
곡 문제'를, 정문시는 '원악향리 적발' 등을 보고했다. 14명이 제출
한 암행 보고서를 접한 정조는 이들의 의견을 받아들여 엄정하게 조
처하도록 했으니 정조야말로 암행어사제도를 선정을 베푸는 데 가
장 잘 활용한 왕이라 하겠다.

# 한국 감사기관의 변천

4

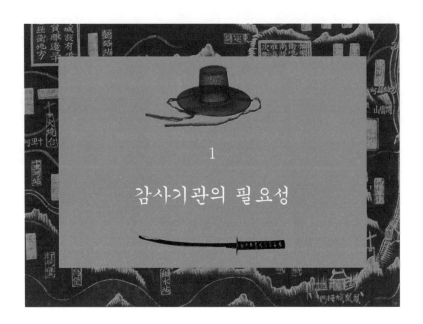

# 1

# 감사기관의 필요성

동양의 정치는 유교사상을 바탕으로 한다. 그리고 유교사상은 동양적 농업사회의 산물이다. 동양적 농업사회는 자연질서와 밀접한 관계를 가지고 있다. 동양사회에서는 봄, 여름, 가을, 겨울의 절기가 분명하다. 이를 통해 만물이 화생化生하는 자연질서를 거스르고는 살아남을 수 없다는 것을 오랫동안 경험해 왔다. 그리하여 그들은 사회질서에 부합해야 한다는 믿음을 가지고 있었으니, 사회사상에서 관습, 도덕, 법률과 같은 사회질서도 자연질서에 일치해야 한다고 생각했다. 우주론宇宙論과 인성론人性論이 자연스럽게 결합될 수 있었던 것도 이 때문이다.

정치제도나 정치권력에 있어서도 예외는 아니다. 중국과 한국의 정치는 지주=지식인=관료에 의하여 운영되어 왔다. 이들은 경제적으로 사유제에 바탕을 둔 지주였고, 사회적으로 지식인이었으며, 정치적으로 관료였다. 지주들은 귀족층을 형성하여 지식과 관직을 독점했다. 지주가 아니고는 도덕과 지식을 연마할 수 없었고, 도덕과 지식이 없으면 국가의 고급관료가 될 수 없었다. 이들이야말로 중국과 한국을 지배해 온 지배층이었다.

이들은 지주적 지위를 계속 확보하기 위해 국가권력이 필요했고, 국가권력을 강화하기 위해 중앙집권적 통치체제를 확립하고자 했다. 중앙집권적 통치체제를 확립하기 위해서는 권력의 구심점이 필요했다. 이것이 곧 황제 또는 국왕이었다.

황제권, 왕권의 신성화와 절대화를 위해 이들은 그 이론적인 근거를 자연질서에서 구했다. 만물을 화생化生시키는 가상적인 주체인 하늘이 그것이다. 천자는 하늘의 아들로서 하늘을 대신하여 만민을 통치하는 것으로 이론화되었다. 이런 점에서 천자나 국왕은 개인이 아니라 지주=지식인=관료의 대표이며, 하늘의 조화造化를 대신하는 천공天工의 대행자였다.

따라서 동양사회가 황제(천자) 한 사람의 자유만 보장되는 정체적인 전체국가 사회라는 헤겔(Hegel)의 논리는 맞지 않는다. 동양사회가 쌀 농사 위주의 거대한 관개시설을 하기 위해 중앙집권적 전제정치를 실시했다는 비트포겔(Wittforgel)의 논리도 맞지 않는다. 쌀 농사가 보편화된 것은 송나라 이후의 이야기이다. 그 이전인 황하문명시대에는 밀 생산이 주가 되어 대규모의 관개시설은 필요가 없었으며, 그러한 시설을 했다는 기록도 보이지 않는다. 또한 서양에만 사유제가 발달하고 동양에는 사유제가 발달하지 않았다는 것도 사실과 다르다. 토지 사유제가 있어야만 창의가 개발되고, 그러한 사유제는 서양에만 있었다는 서구사회 지상주의는 설득력이 없다.

천자나 국왕은 고대의 분립된 작은 나라들이 생성될 때를 제외하고는 개인적으로 권력을 창출한 것도 아니며, 황제권이나 왕권이 개인적인 힘만으로 계승되는 것도 아니었다. 오직 하늘의 명령을 받아 하늘을 대신하여 백성을 통치한다는 명분이 있었을 뿐이었다.

따라서 황제나 국왕은 최고 권력자요, 최고 명령자이기는 했지만 백성을 잘못 통치하면 하늘의 꾸지람天譴을 받아 그 자리에서 쫓겨나게 되어 있었다. 이른바 유교의 천명사상天命思想이 그것이었다. 천재지변이 나거나 정치를 잘못하여 백성이 도탄에 빠지면, 황제나 국왕은 책임을 지고 자성하여 널리 관료들의 개혁 의견을 묻거나, 검소한 생활을 하거나, 죄수를 풀어 주거나, 자리에서 물러나야 했다.

이러한 책임은 비단 비상사태가 일어났을 때만 있는 것은 아니었다. 군왕으로서의 덕을 잃지 않기 위하여 평소에도 측근에 간관이나 대관을 두어 혹 자신이나 관료들이 직분에 충실하고 있는지를 살펴야 했다. 자신이나 관료의 잘못으로 백성이 도탄에 빠지면 그 책임은 자신의 몫으로 돌아온다고 생각했다. 따라서 자신이나 관료들이 직분을 잘 지키고 있는지, 사회의 여론이 어떤지, 백성들의 불편이 없는지를 늘 살펴야 한다. 이른바 여론정치를 실시하는 것을 미덕으로 여겼다. 유교적인 정치제도에서 감사기관인 대간을 둔 까닭이 여기에 있다. 황제권이나 왕권은 관료나 백성 개개인에게는 생사여탈권을 가지는 절대적 권한을 행사할 수 있었지만 백성 전체에 대해서는 취약했다. 농업사회에서 농민의 생존이 보장되지 않고는 권력의 유지가 무의미했기 때문이다.

대간은 군주의 눈과 귀라 했다. 군주의 독선이나 관료의 부정부패를 철저히 살펴 이를 바로잡도록 하자는 것이었다. 그리하여 관료지배체제를 건강하게 유지하자는 것이었다. 그러나 대간제도가 이와 같이 이상적으로 운영된 것만은 아니었다. 대간이 처음에는 황제나 국왕의 필요에 의해 두어졌지만 시대에 따라, 황제권이나 왕권의 강약에 따라 그 기능이 달라지게 되었다. 때로는 황제권이나 왕권을 강화하는 기능이 강하기도 하고, 때로는 신권이 왕권을 견제하는 경향이 강하기도 했다. 그러나 대체로 왕권의 전제화나 관료 중에 독재자의 출현을 막기 위해 기능하는 것이 보통이었다.

역사상 지극히 어린 왕의 서거나 환관이나 외척의 전횡에 의해 국가가 망하는 예도 많았다. 대간제도는 이러한 위험을 방지하기 위해 두어진 것이었다. 따라서 대간이 긍정적으로 기능하면 국가가 건강해지고 부정적으로 기능하면 국가가 망하게 되었다.

유교정치에 있어서 대간은 소금의 역할을 했다. 대간의 기능이 제대로 수행되면 국가 사회는 건강하게 유지될 수 있다. 그러나 대간의 기능이 제대로 수행되지 못하면 국가 사회는 존립하기 어려웠다.

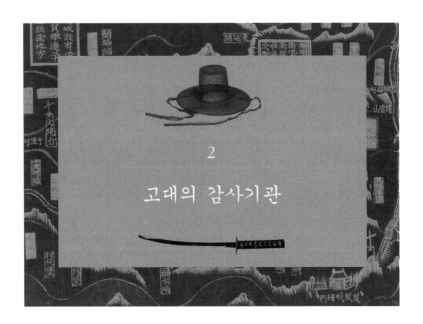

2

고대의 감사기관

삼국시대의 감사제도에 관한 문헌은 신라를 제외하고는 분명치 않다. 《삼국사기》에 의하면, 신라는 659년(태종무열왕 6년)에 사정부司正部를 설치했고, 경덕왕 때 이를 숙정대肅政臺라고 고쳤다가, 혜공왕 때 다시 사정부로 바꾸었다고 한다. 그러나 544년(진흥왕 5년)에 이미 사정부 경卿 2인을 두었다고 한 것으로 보아 사정부는 이때부터 있어 왔음을 알 수 있다. 경덕왕 때에 당의 측천무후가 어사대를 일시 숙정대로 바꾼 것을 본따 사정부를 숙정대로 고쳤다가 혜공왕 때에 사정부로 다시 바꾼 것이다.

사정부의 관직으로는 영令 2인, 사史 10인을 두었다. 영은 관등 5 위인 대아찬大阿飡부터 각간角干이 맡았다. 사는 17위인 조위造位부터

12위인 대사大舍가 맡았다. 그러나 관직 수에는 변동이 있었다.

사정부에는 내사정內司正과 외사정外司正이 있었다. 내사정은 746년(경덕왕 5년)에, 외사정은 673년(문무왕 13년)에 설치되었다. 내사정은 중앙 귀족을 감찰하기 위해 설치되었는데 의결議決 1인, 정찰偵察 2인, 사史 4인을 두었다. 외사정은 사정부 소속으로 지방 주군州郡의 관리를 감찰하기 위해 9주에 18인과 115현에 133인이 설치되었다. 외사정은 당이나 고려의 감찰어사와 같은 직책이었다. 신라시대에는 대관인 사정부는 있었으나 간관은 따로 없었다.

한편, 고구려는 신라보다 중국문물에 일찍 접했기 때문에 감사기관인 대관이 있을 법하지만 자료가 남아 있지 않아 확인할 길이 없다. 《동사강목》에 '고구려의 내평內評, 외평外評 등의 관직은 대개 헌직憲職'이라 했고, 《삼국사기》에는 '내평, 외평이 있어 내외사를 분장했다'라고 했다. 따라서 내평과 외평이 대간직을 수행한 것으로 보인다.

백제에 관해서도 기록이 없기는 마찬가지다. 《삼국사기》에 500년(동성왕 22년)에 왕이 임류각臨流閣을 세웠는데 간신諫臣의 간언이 두려워 궁문을 닫아 버렸다는 기사가 보인다. 그러나 이때의 간관이 대간제도와 관련이 있는 것인지는 확인할 수 없다.

발해의 경우는 《당서唐書》를 통해 알 수 있다. 《당서》〈발해조〉에 선조성宣詔省에 좌상시左常侍와 간의諫議가 있었고, 중정대中正臺에 대중정大中正 1인과 소정少正 1인이 있었다고 되어 있다. 이들은 간관이었을 뿐 대관은 아니다. 간관은 보이면서 대관이 보이지 않는 것은 기록이 불완전하기 때문일 것이다.

3

고려의 감사기관

## 어사대

《고려사》 백관지에 보면 국초부터 사헌대司憲臺가 있었는데, 995년 (성종 14)에 어사대로 고쳐 대부大夫, 중승中丞, 시어사侍御史, 전중시어사殿中侍御史, 감찰어사監察御史 등의 대관을 두었다고 했다. 그 후 어사대는 금오대金吾臺, 사헌대, 감찰사, 사헌부 등으로 이름이 바뀌기도 했다. 또 잡단雜端, 판사判事, 지사知事 등의 관직이 증설되기도 하고, 관품과 관원 수가 증감되기도 했다. 이것은 대체로 당송제도를 모방한 것이었다.

원元의 지배를 받은 이후로는 사헌부司憲府라는 명칭 아래 대부大夫

는 대사헌大司憲, 중승中丞은 집의執義, 시어사侍御史는 장령掌令, 감찰어사監察御史는 규정糾正으로 바뀌었다. 원의 어사대와 구별하기 위해 이와 같이 바꾼 것이다. 고려는 원의 제후국이었기 때문에 모든 관청과 관직 이름을 다른 명칭으로 바꾸어야 했다. 원이 어사대의 기능을 강화했기 때문에 고려도 대간의 관품을 올리고 대관의 기능도 강화했다. 사헌부는 대臺, 대각臺閣, 헌사憲司, 헌부憲府, 풍헌사風憲司, 찰원察院, 오부烏府라고도 불렀다.

한편, 감찰어사(훗날의 규정)직은 어사대(훗날의 사헌부)의 상위 관직인 대장臺長과 그 기능이 구별되었다. 대장(대사헌, 집의, 장령, 지평)은 정치의 득실이나 관원의 신원 조회를 담당했다. 이에 비해 감찰어사는 각종 국가행사를 감찰하거나 전곡의 출납을 감독하는 일을 맡았다. 대장은 대장청에서 근무했고, 감찰어사는 감찰방에서 근무했다. 감찰어사가 대장의 관원 수보다 많은 10인으로 정원이 정해져 있는 것도 각종 감찰 업무를 위하여 좀 더 많은 수가 필요했기 때문이다.

고려에서는 중앙뿐 아니라 지방에 분대分臺라는 어사대의 파견소를 두었다. 여기에는 감찰어사 1인이 파견되었다. 특히 양계 서경에는 행대를 상설하여 감사기능을 강화했다. 행대는 무문사撫問使, 안무사按撫使, 안렴사按廉使 등의 명칭을 갖기도 했다. 이는 신라의 외사정外司正에서 연원한 것이다.

## 중서문하성 낭사

고려시대의 간관은 중서문하성中書門下省의 낭사郎舍로 구성되어 있었다. 중서문하성은 재부宰府와 낭사郎舍로 구분된다. 간관의 직임은 낭사에 부여되어 있었다. 그러나 간관제도는 이미 문종대 이전인 성종대에 확립되었다고 생각된다.

중서문하성 낭사에는 산기상시左右散騎常侍, 간의대부諫議大夫, 보궐補闕, 습유拾遺, 기거랑起居郎, 기거주起居注, 기거사인起居舍人 등이 있었다. 이 중 산기상시, 간의대부, 보궐, 습유는 순수한 간관직이었고, 기거랑, 기거주, 기거사인은 사관직史官職, 급사중, 중서사인은 판관직이었으나 모두 간관의 일을 맡고 있었다. 충선왕 개혁 이후에는 보궐과 습유가 사간司諫과 헌납獻納으로 바뀌었다. 간관은 별도의 관서처럼 기능하기도 하여 간성諫省, 간원諫院, 간액諫掖, 간원諫垣, 간사諫司, 간조諫曹라 불리우기도 했다.

## 대간의 직무

어사대(사헌부)와 중서문하성 낭사를 대간이라 했다. 《고려사》백관지에 사헌부는 '시정을 논집하고, 풍속을 바로잡으며, 규찰과 탄핵의 임무를 맡는다'라고 했다. 즉 사헌부(어사대)는 정치가 잘못되지 않도록 하고, 신분질서에 따른 여러 가지 풍속을 바로잡으며, 관료의 부정부패를 감시하는 일을 맡고 있었다.

이 세 가지 일 중 정치를 바로잡는 일이 가장 우선이었다. 대관들은 관료들이 입안한 정책이 잘못되었거나 국왕의 인사, 상벌이 잘못되었을 때에는 언론을 일으켜 이를 비판하고 저지하게 되어 있었다. 이것은 국가를 건강하게 유지하는 가장 중요한 일이었다. 대관들은 관료를 대표하여 정치를 바로잡는 임무를 가지고 있었다. 이 직무를 불성실하게 할 경우에는 대관의 자격이 없는 것으로 간주되었다.

따라서 대관은 관료 중에서 집안 좋고 식견이 넓으며 청렴, 강직한 사람만이 임명될 수 있었다. 이들은 신변의 위험을 무릅쓰고 국왕이나 고위관료의 잘못을 비판해야 했고, 이 때문에 피해를 입는 경우도 많았다. 그러므로 대관은 소신 있고 자신감이 넘치는 신진기예의 관료들만이 맡게 되어 있었고, 또한 이에 대한 자부심도 강했다.

이들이 정책을 비판하는 기준은 넓게는 유교의 왕도정치를 달성하도록 하는 것이었다. 그러나 좁게는 양반지배체제를 확고히 하려는 데 있었다. 이들은 귀족들이 중심이 되는 신분질서를 지키기 위해 국왕의 전제를 막고 관료 중에 독재자의 출현을 방지하고자 했다. 고려사회는 왕권보다는 신권이 강한 사회였다. 따라서 대관의 비판은 관료들의 잘못을 비판하는 데 그치지 않고 왕권을 견제하는 쪽으로 작용했다.

이 때문에 관료를 규찰하는 대관의 역할이 왕권을 견제하는 간쟁까지 포괄하게 되었다. 대관과 간관의 역할이 중복될 수밖에 없는 까닭도 여기에 있었다. 대관도 간관의 직무를 포괄하고 있었지만, 간관도 대관의 직무를 포괄하고 있었다. 대관과 간관의 맡은 직무가 원칙적으로 대 관료, 대 국왕으로 구분되어 있었지만 실제로는 대간은 두 가지 일을 함께 수행하고 있었다.

정책비판 못지 않게 중요한 대관의 직무로는 서경署經이 있었다. 이것은 새로 임명되는 관료들의 신원 조회를 하는 일이다. 고려시대에는 1품부터 9품에 이르는 모든 관료들이 서경을 받게 되어 있었다. 반면, 조선시대에는 5품 이하 관료들에 한하여 대간의 서경을 받아야 했다. 이렇게 보면 고려 대간의 권한이 조선 대간보다 더 컸다고 할 수 있다. 그러나 고려의 대간은 재상의 통솔 하에 있었다. 고려시대에 재상은 대간을 통솔하면서 왕권을 견제했다. 이는 왕권에 대한 신권의 우위를 의미한다.

서경에는 고신서경告身署經과 의첩서경依牒署經이 있었다. 고신서경은 인사 문제에 관한 것이고, 의첩서경은 정책결정에 관한 것이었다.

고신서경의 경우 대간은 신분의 귀천, 가문의 고하, 인물의 현부, 추천 당사자의 경력과 행실을 조사하여 적합하지 않으면 작불납作不納, 정조외政曹外, 한직限職으로 판정하여 회송했다. 작불납은 세계世系가 명확치 않은 경우이고, 정조외는 중요 관직인 청요직에 임명해서는 안 된다는 것이며, 한직은 일정한 관품 이상으로 승진할 수 없다는 것이다.

세계가 불분명하다는 것은 가계 안에 천계 혈통이 섞여 있는 경우나 집안이 보잘 것 없어 신분을 판정하기 어려운 경우이다. 고려와 조선사회에서 천인은 관리가 될 수 없었고, 천인이 아니라도 대대로 관직을 누려 온 가문이 아니면 일단 관료 임명에서 제외되었다. 세계를 따질 때에도 비단 친가뿐 아니라 외가와 처가의 신분도 따졌다. 따라서 고려사회는 철저한 귀족사회였다고 할 수 있다.

의첩서경은 새로운 법을 만들거나 옛 법을 바꿀 때 대간의 서경을 거치는 것을 말한다. 여기에는 삼년상 중에 있는 관원을 특별 임명하는 경우도 포함된다. 신법을 제정하거나 구법을 개정할 때 또는 상중에 있는 관원을 임명할 때에는 예부가 대간의 서경을 참작하여 시행하게 되어 있었다. 즉, 대간의 서경을 통과하지 못하면 관료의 신규 임용이나 법을 개정할 수 없었다.

이처럼 대간은 인사권과 입법권에 깊이 간여하고 있었다. 이 두 사항은 정치의 요체였다. 따라서 대간은 당시의 엘리트 관료로서 정국 운영의 핵심이었다고 할 수 있다. 그러므로 자연히 인사부처인 이부, 병부와 정권의 책임자인 재신宰臣, 추신樞臣, 국왕과의 사이에 서경을 둘러싼 논란이 계속될 수밖에 없었다. 고려와 조선 정치사의 핵심이 여기에 집중되어 있었다고 해도 과언이 아니다. 역사 기록의 대부분이 이 문제에 집중되어 있었던 것도 그 때문이다.

대간은 정책을 비판하거나 서경을 할 때 함께 의논하여 의견을 정했다. 이를 원의圓議 또는 완의完議라 한다. 의견이 합치되면 대간의 공동명의로 의견을 개진했다. 그러나 의견이 합치되지 않을 때에는 의견이 일치하는 몇몇 사람의 이름으로 상소를 올리거나 개별적으로 상소를 올리기도 했다.

대간이 백관의 근태나 비위, 불법을 규찰하고 탄핵할 때도 마찬가지였다. 대간은 감찰어사를 풀어 정보를 수집하거나 풍문으로 정보를 얻어 관료들을 규찰, 탄핵했다. 그러나 풍문탄핵은 사실 여부가 불분명하여 논란의 대상이 되었다. 풍문탄핵을 인정하면 억울한 사람이 생기기 쉽고, 이를 금지하면 대간의 활동이 위축되었다. 그러나 고려시대에는 풍문탄핵이 용인되었다.

대간은 관료사회의 기강을 잡기 위해 정부의 각종 회의나 행사, 정부 예산의 집행, 국왕의 행차에 반드시 참여하여 사찰 업무를 수행했다. 과거시험이나 각종 제사나 연회에도 대간은 필수적으로 참석했다. 이는 부정부패를 방지하고 관료들의 기강을 확립하기 위해서였다.

대간의 기강확립 책임은 비단 관료사회에 국한된 것이 아니고, 관료나 민간의 사생활에까지 미치고 있었다. 풍속을 교정한다는 명목은 그러한 업무를 지칭하는 것이다. 대간은 사회기풍을 진작시키기 위해 의복, 기물, 사치생활, 음주, 혼인관계, 재산다툼, 간음, 복상 등 간여하지 않는 일이 없었다. 대간은 때로는 불법자를 신문하고 형사처벌하는 데까지 간여했다. 대간의 업무는 무소불위였다.

간관의 주업무는 국왕에 대한 간쟁諫諍, 봉박封駁이었다. 간쟁, 봉박의 업무는 문하부 낭사에게 주어져 있었다. 이들은 하위관료이기는 했지만, 국왕을 측근에서 모시는 시신으로서 항상 국왕의 곁에서 국왕의 잘못을 바로잡고 국정의 분위기를 국왕에게 전달해 주었다. 따라서 간관은 황제나 국왕의 필요에서 두어진 관직이라 할 수 있다. 간관제도는 황제나 국왕의 측근들이 주군이 잘못되는 것을 방지하기 위해 생긴 것이다.

그러나 신권이 강화되면서 이 직책은 도리어 대관과 함께 황제권이나 왕권을 제약하는 방향으로 작용했다. 국왕이 간관의 간쟁을 싫어하여 처벌하는 사례들이 이를 증명한다. 간관은 이제 그 업무가 대관과 함께 국왕과 관료의 비위나 불법을 규찰하는 관직으로 변하게 된 것이다.

간관은 국왕의 명령이 옳지 않으면 반박하는 내용을 적어 회송했다. 이것을 봉박封駁이라 하며, 말로 하는 경우는 논박論駁이라 한다. 대간이 간쟁과 탄핵을 할 때에는 글로 하는 방법과 말로 하는 방법이 있었다. 글로 하는 경우는 상서上書, 상소上訴, 상장上狀이라 했다. 말로 하는 경우는 간諫 또는 언사言事라 했다.

이 두 가지 방법 중에는 글로 하는 방법이 우세했다. 큰일은 상소로, 작은 일은 말로 하는 것이 보통이었다. 대간은 여러 가지 정책 논의에 참여할 수 있기 때문에 작은 일은 직접 왕에게 말로 의견을 개진했다. 대간은 글로 하든 말로 하든 특별히 왕에게 개진할 의견이 있을 때는 반드시 왕의 비서인 승지를 통해야만 했다. 승지를 통하지 않고 왕을 직접 면대하여 의견을 말하는 면계법面啓法이 없었던 것은 아니지만 단기간 통용되다가 금지되고 말았다.


## 대간의 자격과 특전


대간의 직무가 이와 같이 중요했기 때문에 대간이 되는 데는 일정한 자격을 갖추어야 했다. 대간이 되려면 우선 집안이 좋아야 했다. 고려사회는 문벌귀족이 주도하는 귀족사회였다. 따라서 개인의 자질보다는 신분이 우선했다. 개인적으로 아무리 우수해도 세족이 아니면 좋은 관직에 임명될 수 없었다.

고려, 조선사회에 있어서 정치권력의 핵심은 청요직淸要職에 있었다. 국가의 이데올로기를 장악하는 청직淸職과 국정을 주도하는 요직要職은 귀족 가문에서 독차지했다. 이른바 권문세족의 독주시대였다.

고려시대의 청요직으로는 탄핵권과 서경권을 가진 대간직, 인사권을 가진 이부와 병부 등 정조政曹, 유교적인 학식을 대표하는 한림원과 보문각 등 학사직學士職, 왕의 비서인 승선직承宣職 등을 꼽을 수 있다. 이들 관직에는 충선왕 즉위교서에 든 15개의 재상 가문과 이밖에 버금가는 80여 개의 가문 출신들로 임명되었다.

대간직은 재상들이 겸직했기 때문에 대간과 재상은 상호 견제하면서 상호 협조하는 관계를 유지했다. 대간은 청요직을 번갈아 가며 하다가 재상으로 승진했다. 재상이 대간직을 겸임하고 있고 간관이 중서문하성에 소속되어 있었기 때문에 대간은 재상에 의해 통제받았다. 이것은 귀족정치의 특색이기도 하다.

한편, 가문이 좋더라도 대간이 되려면 풍부한 학식과 강직하고 청렴한 성품을 가지고 있어야 했다. 혈통적으로 8개 호적 내에 천계가 섞여 있으면 안 되었고, 국왕의 서족庶族이어서도 안 되며, 왕실과 인척관계가 있어도 안 되었다. 왕권을 규제해야 하는 임무가 있었기 때문이다. 또한 탄핵활동을 제대로 할 수 없었기 때문에 권신과 인척관계에 있는 것도 원칙적으로 꺼려졌다. 승려의 후손도 자격이 없었다.

대간은 언론을 펴다가 피해를 입는 경우가 많았다. 이 때문에 대간에게는 불체포 특권이 주어지기도 하고, 지방관으로 좌천시킬 수도 없었으며, 승진의 특전을 베풀기도 했다. 또한 수령직을 천거할 수 있는 권한이나 사신으로 선발될 수 있는 길도 열려 있었다. 그리고 언론을 펴다가 죄를 받은 경우에는 근무 일수를 빼지 않도록 보장받기도 했다.

4

조선의 감사기관

## 사헌부

조선왕조는 처음에는 법제를 대체로 고려말의 제도를 그대로 준용했지만, 점차 시의에 맞도록 바꾸어 갔다. 1392년(태조 1년) 7월에 관제개혁이 있었다. 이때 사헌부에 대사헌(大司憲, 종2품) 1인, 중승(中丞, 종3품) 1인, 겸중승(兼中丞, 종3품) 1인, 시사(侍史, 종4품) 1인, 잡단(雜端, 정5품) 2인, 감찰(監察, 정6품) 20인을 두었다. 1369년(공민왕 18년) 고려의 사헌부와 비교할 때, 지사(知事, 종3품)가 없어진 것을 제외하면 약간의 출입이 있기는 하나 거의 비슷한 제도였다.

지사가 없어진 것은 재상들과의 관계를 끊은 것이라 할 수 있다.

지사와 판사判事는 재상들의 겸임직이었기 때문이다. 대신 대사헌의 직위를 판서급인 종2품으로 올려 감사기관으로서의 독립적인 지위를 확보했다. 이는 고려의 귀족제를 청산하고 관료체제를 강화하려는 의지가 담긴 개혁의 일환이었다고 할 수 있다. 그리고 감찰어사의 수를 늘린 것은 관계官界의 기강을 확립하고 관리들의 비행, 비리에 대한 감찰을 강화하기 위해서였다.

사헌부 관제는 다시 바꾸었다. 대사헌(종2품) 1인, 집의(執義, 종3품) 1인, 장령(掌令, 정4품) 2인, 지평(持平, 정5품) 2인, 감찰(監察, 정6품) 24인으로 《경국대전》에 명문화되었다. 대관은 6명으로 고려에 비하여 반으로 줄었고, 대신 감찰은 대폭 늘었다. 귀족적인 성격을 혁파하고 실무 감사기관으로서의 기능을 강화하기 위해서였다. 이러한 조직은 조선시대 내내 거의 그대로 유지되었다.


사간원


고려시대의 간관은 문하부에 소속되어 있었으나 조선시대에는 사간원司諫院으로 독립되었다. 그러나 국초부터 그렇게 된 것은 아니었다. 1392년(태조 1년)의 관제에는 간관은 좌우산기상시(정3품) 각 1인, 좌우간의대부(종3품) 각 1인, 직문하(종3품) 1인, 내사사인(정4품) 1인, 기거주(정5품) 1인, 조우보궐(정5품), 좌우습유(정6품) 각 1인 등 11인으로 되어 있었다. 급사중, 기거랑, 기거사인의 3인이 줄고 품계가 약간 조정된 것 외에는 고려의 제도와 거의 같았다.

그러나 1401년(태종 1년) 문하부가 없어지고 의정부가 생기면서 문하부의 낭사는 사간원으로 독립되었다. 이때 간의대부(종3품)를 좌우사간대부左右司諫大夫로 바꾸어 정3품 당상관으로 올렸다. 그리고 직문하는 지사간원사(知司諫院事, 종3품)로, 보궐은 헌납(獻納, 정5품)으로, 습유는 정언(正言, 정6품)으로 바꾸었다. 1466년(세조 12년)에 사간대부를 대사간大司諫으로 바꾸어 《경국대전》에는 대사간(정3품) 1인, 사간(종3품) 1인, 헌납(정5품) 1인, 정언(정6품) 1인으로 명문화되었다.

사간원의 독립도 간관을 재상의 영향으로부터 떼어 놓는 개혁이었다. 재상과 동일 관서에 속했던 간관을 독립시켜 국왕의 시신侍臣으로 두면서 그 수를 고려시대의 절반으로 줄인 것은, 왕권강화를 위한 일련의 조처였다. 이는 국초에 중앙집권체제를 강화하기 위한 개혁 중의 하나였다.

이와 아울러 문하부 낭사 때의 왕의 비서 역할과 사관 역할은 승정원과 춘추관으로 이관되었다. 고려시대에 불분명했던 간관, 비서, 사관의 기능이 분명하게 정리된 것이다.


## 어사


국왕의 명을 받아 특정한 목적을 가지고 지방에 파견된 사신使臣은 이미 삼국시대부터 있었다. 이러한 사신은 고려와 조선시대에도 파견되었고 파견목적에 따라 ○○사使라는 명칭을 붙였다.

어사에 관한 규정은 《경국대전》에 사헌부 직무로서 시정을 논집하고, 백관을 규찰하고, 풍속을 바로잡고, 원통한 일을 풀어 주고, 남위監僞를 금지시키는 것으로 되어 있다. 이 중 앞의 세 가지 일은 고려시대 어사대의 직무와 일치하지만 뒤의 두 가지 일은 조선시대에 새로 추가된 조항이다. 백성의 억울함을 풀어주고, 수령의 탐학을 금지시키는 것은 왕도의 근본이요, 이전부터 시행해 오던 것이었다. 수령이나 토호로부터 백성을 보호하는 것은 지배체제를 유지하는 1차적인 업무였기 때문이다. 다만 조선시대에는 중앙집권체제가 강화되었기 때문에 이 점을 더욱 강조하여 사헌부 직무에 분명히 부가해 두었을 뿐이다.

고려시대에도 어사대의 감찰어사를 지방에 일시적으로 파견하는 행대行臺와 서경과 양계 지방에 고정적으로 파견하는 분대分臺가 있었다. 조선 초기에도 고려의 제도를 이어 받아 사헌부에 정6품의 감찰 20여 명을 두어 행대를 파견하여 왔다. 행대는 백성들의 억울함을 풀어주고 수령의 불법을 금지하는 것이 주 업무였지만, 특별한 사명을 띠고 파견되기도 했다. 이럴 경우 정6품의 감찰로는 감당할 수 없었기 때문에 품계가 높고 능력 있는 관료를 뽑아 지평持平, 장령掌令 등 사헌부의 고위 관직을 겸대하게 하여 파견하기도 했다. 이들은 반드시 행대라 부르지 않고 경차관敬差官, 찰방察訪, 문폐사問弊使, 문민질고사問民疾苦使 등 다양한 이름으로 불렸다.

그러나 세조는 왕권을 더욱 강화하고 지방세력을 강력하게 통제하기 위하여 중국의 분대어사分臺御史의 제도를 본받아 각 도에 분대를 파견했다. 분대어사는 분순어사分巡御史, 순안어사巡按御史라고도 했는데, 이 제도는 성종대까지 계속되었다. 분대어사는 각 도에 한 명씩 파견되었다. 능력 있는 관료를 뽑아 사헌부의 집의(정3품), 장령(정4품), 지평(정5품)을 겸직하도록 하고, 사헌부와 관찰사의 평관(平關, 동등한 지위의 문서)을 쓰도록 했다.

그런데 분대어사제도는 1도에 두 감사가 있는 격이 되어 임무가 중첩되고 감사의 혼란을 초래하게 되었다. 그리하여 1473년(성종 4년) 이후에는 일반 어사제도로 바뀌게 되었다. 일반 어사는 어사의 명칭을 붙이지 않은 무명어사無名御史로 감찰의 실효를 거두기 위해 암행화暗行化를 모색하게 되었다. 이것은 이른바 암행어사제도의 출현을 예고하는 것이다.

암행 감찰의 제도는 이미 개국 초부터 있어 왔지만, 성종대부터 적극 검토되어 1509년(중종 4년)부터 사실상 시작되었고, 1550년(명종 5년)부터 양성화되었다. 즉, 일반 어사의 암행화가 실현된 것이다. 그러다가 조선 후기 숙종대부터는 오히려 일반 어사의 모든 업무가 암행어사의 업무로 바뀌게 되었다.

암행어사는 승정원, 사헌부, 사간원, 홍문관, 예문관 등의 3품 이하 당하시종신堂下侍從臣 중에서 발탁되는 것이 보통이었다. 암행어사의 선발은 국왕이나 의정부에서 왕명을 받도록 되어 있었다. 선발된 자는 승정원을 통하여 불려 들어와, 봉서封書, 사목事目, 마패馬牌, 유척鍮尺을 받고, 대상 군현의 이름이 적힌 제빗대를 뽑는다.

봉서는 사명을 적은 임명장이며, 사목은 봉서의 내용을 조목별로 보다 상세히 적은 것이다. 마패는 그려진 말의 수대로 역마驛馬를 탈 수 있는 증명서이다. 유척은 구리로 만든 잣대로 형구나 도량형을 감정하기 위한 것이다. 봉서에는 동대문이나 남대문, 또는 대상 군현에 이르러 뜯어 보라는 명문이 쓰여 있었다.

일반 어사는 여장을 꾸릴 시간을 주거나 여비를 지급했지만, 암행어사는 당일로 변복을 하고 떠나야 했다. 또한 암행어사는 서리, 군졸, 역졸 등의 수행원을 데리고 가지 못했다. 설령 수행원을 데리고 가더라도 수가 극히 제한되었을 뿐 아니라, 수행원도 변복을 하게 했다. 비밀을 유지하기 위해서였다.

암행어사는 지정된 군현에 한하여 사찰할 수 있었는데, 수행원을 세 갈래로 나누어 정보를 수집했다. 불법을 저지른 수령이 있으면 불시에 출도出道하여 불법 문서를 찾아내어 창고를 봉하고封庫 정3품 이하관은 즉석에서 파직할 수 있었으나 2품 이상관은 반드시 보고하여 처분을 받아야 했다. 암행어사는 또한 백성들의 억울한 일을 재판으로 해결해 주고 표창할 사람은 표창하며, 잘못한 사람은 형벌을 가할 수도 있었다. 이것이 이른바 암행어사가 3품 이하관에 대해 행사하는 직단권直斷權과 재판권, 형벌권이다.

암행어사가 임지에서 돌아오면 서계書啓와 별단別單을 올리게 되어 있었는데, 이를 복명復命이라 했다. 서계는 복명 내용이고 별단은 복명 이외의 연도沿道에서 보고 들은 정보를 조목별로 적은 것이다. 귀환 전에 긴급히 보고할 일이 있으면 장계狀啓를 올리고, 긴급하지 않은 것은 직접 왕에게 아뢰었다. 서계와 별단은 자신의 친필로 써야 했다.

이러한 암행어사의 사찰 행위는 비밀리에 무작위로 선별된 군현에 대하여 실시하는 민정시찰이었다. 국왕을 대신하여 지방을 다스리는 수령들이 제대로 하고 있는지 점검하는 것이 암행어사제도의 목적이었다. 물론 감사나 행대, 분대가 있었으나 이들은 제도적으로 드러나 있기 때문에 잘못을 감출 수 있었다. 이에 갑자기 특정 지역을 지정하여 비밀리에 사찰하는〔出其不意 暗行査察〕 암행어사제도가 생긴 것이다.


## 홍문관


홍문관은 궁중의 책들을 관리하고, 국왕이 발행하는 공식문서를 작성하여, 국왕의 고문역할을 하는 기관이었다. 홍문관에는 영사(정1품) 1인, 대제학(정2품) 1인, 제학(종2품) 1인, 부제학(정3품) 1인, 직제학(정3품) 1인, 전한(종3품) 1인, 응교(정4품) 1인, 부응교(종4품) 1인, 교리(정5품) 2인, 부교리(종5품) 2인, 수찬(정6품) 2인, 부수찬(종6품) 2인, 박사(정7품) 1인, 저작(정8품) 1인, 정자(정9품) 1인 등 19명의 관원이 있었다. 이 중 제학 이상은 겸임직이었고, 부제학 이하는 전임직이었으며, 부제학이 실제적인 책임자였다.

홍문관 관원은 본래 언관은 아니었으나 1489년(성종 20년)을 전후해서 언관의 역할을 담당하게 되었으니, 이는 훈구파 관료들의 정치적 독주를 견제하기 위해서였다. 그리하여 홍문관은 사헌부, 사간원과 함께 언론 삼사言論三司로 불리게 되었다.

홍문관의 언론활동은 그 전신인 집현전으로 소급된다. 1420년(세종 2년)에 설치된 집현전에는 본래 언관의 기능이 없었다. 그러나 집현전 관원 전원이 국왕에게 경전을 가르치는 경연관을 겸하고 있었기 때문에 경연석상에서 시정時政에 대한 의견을 개진할 수 있었다. 경연석상에서의 의견 개진이 제도언론에 속하는 것은 아니었지만 언론에 속하는 것은 사실이었다.

집현전 관원은 경연에서 군주에게 정치하는 도리에 대하여 강론했다. 더욱이 이들은 1421년(세종 3년)부터는 세자를 가르치는 서연관까지 겸하게 되었다. 1442년(세종 24년), 세종이 병이 들어 세자가 정무를 대신 보게 되자 서연관의 역할이 중요해졌다. 이들은 언관으로 전출될 수는 없었지만 집현전에 있으면서 언관 못지 않은 언론을 펼 수 있었다.

한편, 개국 이래로 대간은 왕권에 압도되어 할 말을 제대로 못하거나 말을 하더라도 판에 박은 진부한 말만 한다는 비판이 있었다. 언론을 위한 언론을 한다는 비판이 그것이었다. 정치에 대한 옳고 그름을 말하려면 풍부한 식견과 자부심, 사명감이 필요했다. 당시의 대간은 이 점에서 별로 호평을 받고 있지 못했다. 이에 식견이 풍부하고 엘리트 관료로서의 자부심을 가지고 있는 집현전 관원의 언관화가 필요하게 되었다.

집현전 관원의 언론은 대간의 무성의한 언론을 탄핵하는 것으로부터 출발했다. 대간들이 왕에게 간쟁하거나 대신을 탄핵하다 보면 죄를 받기가 일쑤였다. 이들이 대간직을 기피한 까닭도 여기에 있었다. 그리하여 대간들은 물론 일반인들마저 대간이 되는 것을 상서롭지 못한 것으로 여겼다. 또한 대간들은 정확한 정보를 얻을 수 없으면 풍문을 듣고 탄핵하기도 했다. 이것은 바람직하지 않은 것으로 여겨 금지되었다.

이러한 대간의 무기력하고 무성의한 태도를 바로잡기 위해 집현전의 대간 탄핵이 시작되었다. 대간의 언론이 미비할 때는 집현전 관원이 직접 대간을 도와 언론을 펴기도 했다. 집현전의 언론활동은 1438년(세종 20년)부터 활발해지게 되었다. 그러나 집현전의 활동은 제한된 분야에 국한되어 있었다. 유교이념을 지키고 불교 같은 이단을 배척하는 일 등이었다. 대간이 언론을 주도하는 가운데 집현전이 이에 가세하거나 감시했던 것이다.

집현전의 언론은 1456년(세조 2년) 사육신사건으로 집현전이 혁파됨으로써 끝났다. 세조는 집현전 관원들의 고압적인 간쟁을 싫어하여 집현전을 없애 버렸다. 그러나 문치주의 국가에서 집현전 관원 같은 이론에 밝고 학식이 풍부한 인재는 반드시 필요했다. 그리하여 1459년(세조 5년)에 겸예문관직兼藝文館職을 두어 집현전의 역할을 대신하게 했다. 그러다가 1470년(성종 1년)에는 겸예문관직을 없애고 예문관에 15명의 전임관을 증설했다. 이는 집현전 기능을 예문관에 부여하기 위한 조치였다.

그후 1478년(성종 9년)에 예문관의 집현전 기능은 홍문관으로 옮겨졌다. 원래 홍문관은 1463년(세조 9년) 장서기관藏書機關으로 설치되었다. 그런데 이때 재정비되면서 홍문관의 직제는 집현전의 직제를 일부 바꾸었을 뿐 거의 계승했다. 다만 언론활동은 더욱 강화되어 사헌부, 사간원과 함께 언론 삼사로 불리기까지 했다.

# 언론 삼사의 기능

언론 삼사 중 대간으로 불리운 사헌부와 사간원은 고려의 어사대와 중서문하성 낭사의 직능을 그대로 이어받았다. 다만 사헌부 직능 중에는 백성들의 억울한 일을 풀어주고, 관리의 월권행위를 억제하는 일이 강화되었을 뿐이다. 특히 백성들의 억울한 일을 풀어주는 일은 뒤에 암행어사제도의 발달과도 밀접한 관계를 가지고 있었다.

대관과 간관의 직무도 원칙적으로는 관료에 대한 사찰, 왕에 대한 간쟁으로 구분되어 있었으나 실제적으로는 뚜렷한 구별이 없었다. 대간은 국왕의 눈과 귀로 백관을 규찰하고 국왕을 간쟁하는 감사기관의 두 기둥이었다. 따라서 대간은 언론양사言論兩司라고도 불렸다.

대간의 언론은 공론에 따라서 해야 했다. 공론이란 나라 사람이 모두 옳다고 하는 여론을 의미하나, 실제적으로는 양반 사대부들의 여론을 의미했다. 대간의 언론은 양사 언관의 전원 합의를 원칙으로 했다. 이를 원의圓議 또는 완의完議라 했다.

이 경우에는 양사가 함께 상소를 올리게 되는데, 이를 양사합계兩司合啓라 했다. 그러나 의견이 일치하지 않을 경우에는 사헌부나 사간원 단독으로 상소를 올리기도 했고, 몇 사람이 공동으로 상소를 올리기도 했으며, 심한 경우에는 단독으로 상소를 올리기도 했다. 개인이나 몇 사람이 따로 상소를 올릴 때는 해당 관부에서, 사헌부에서 올릴 때는 사간원이, 사헌부와 사간원이 공동으로 올릴 때는 집현전이나 홍문관에서 사실을 조사하여 반박할 수 있었다.

그러면 반박을 받는 사람이나 기관은 혐의를 피하여 국왕이나 상대 기관의 판결을 기다려야 했다. 혐의를 피하는 것을 피혐避嫌이라 했고, 시비 판결을 내리는 것을 처치處置라 했다. 단, 조선 초기에는 국왕이 시비를 가렸으나 조선 중기 이후에는 상대 기관이 처치를 했다.

처치에서 탄핵근거가 불충분하거나 공론과 어긋나는 주장을 편 대간의 관원은 추고推考, 체직遞職, 파직罷職, 영불서용永不敍用 등의 처벌을 받게 되었다. 추고는 관원의 잘못을 문초하는 것인데, 말로 심문하는 평문平問과 형장을 가하는 형추刑推가 있었다. 추고 후에 잘못이 밝혀지면 다른 관직으로 쫓겨 가거나(체직), 관직에서 해임되거나(파직), 영원히 관직에 임용될 수 없는 처벌(영불서용)을 받았다.

사대부는 사헌부에서, 일반인은 형조에서, 반역죄나 불효, 불목죄는 의금부에서 추고했지만, 사헌부가 사직하고 없으면 사대부도 의금부에서 추고했다. 그러므로 사헌부는 형조, 의금부, 한성부와 함께 죄인을 심문하고 처벌하는 법사法司의 하나였다고 할 수 있다.

그러나 대간과 같이 공적인 언론을 펴다가 처벌된 공죄公罪는 곧 다시 서용敍用될 수도 있었고, 근무 일수로 계산해 주었다. 대간은 왕이나 대신과 같은 권력자를 간쟁, 탄핵했기 때문에 처벌을 받거나 경질되는 횟수가 잦았다. 대간이 자주 바뀐 것도 그 때문이었다. 전제적인 국왕이 있을 때와 정파간의 갈등이 심할 때는 더욱 그러했다.

대간의 언론은 말로 하는 경우와 글로 하는 경우가 있었다. 말로 하는 경우는 조참朝參, 경연經筵, 윤대輪對 등에서 시사時事를 의논할 때였다. 글로 하는 경우는 차자(箚子, 짧은 상소문), 계啓, 소疏 등을 써서 사헌부와 사간원의 양사 성상소城上所를 거쳐 승정원에 제출하면 승정원에서 승전색承傳色을 통해 왕에게 전달되었다. 왕의 비답批答을 받을 때에는 그 역순이었다. 단, 2품 이상 관료들은 승정원을 통하지 않고 직접 승전색을 통하여 아뢸 수 있었다. 이들 언관의 상소나 왕의 하교는 사관史官이 반드시 초록하게 되어 있었다.

국초의 대간의 언론은 대체로 재상권을 제한하는 방향으로 전개되었다. 이는 고려 귀족제의 유제를 청산하기 위해서였다. 그러나 건국 과정에서 왕권이 강화됨에 따라 대간의 언론이 봉쇄되는 경향이 있었다. 특히 태종과 세조와 같이 전제적인 왕권을 확립하고자 하는 왕들은 대간의 언론을 무단적으로 탄압했다. 이러한 왕들은 경연을 폐쇄하기도 하고, 대간이 언론을 하지 못하게 하기도 하고, 또 언론을 하더라도 들어 주지 않을 뿐 아니라 대간들을 갈아치우거나 처벌하기 일쑤였다. 따라서 대간의 언론은 제기능을 다하지 못했다.

그러나 대간의 언론이 유명무실해지면 국가의 기강이 무너지므로 이를 활성화하는 방안을 강구하지 않을 수 없었다. 집현전이 언관화되고 홍문관이 언론 삼사의 하나가 되어 대간을 지휘 감독하게 된 까닭도 여기에 있었다. 대간이 언론을 위한 언론을 요식행위로 하고 있는 것을 금지하기 위해 왕의 시신侍臣인 집현전과 홍문관 관원들이 나서게 된 것이다. 이것은 언론이 국왕의 입장에서 주도된 증거라 할 수 있다. 엘리트 문사인 집현전과 홍문관 관원들은 유교이념을 지키고 이단사상을 배척하는 데 특히 적극적이었다.

그런데 조선 초기 대간의 언론활동은 서경과 풍문탄핵의 문제가 집중적으로 논의되었다. 서경은 인사권 행사에 있어서의 왕권과 신권의 조화라는 측면에서 중시되었다. 풍문탄핵의 금지는 국왕이 임명한 관료들을 보호하기 위한 조처였다. 이 두 문제는 다 같이 왕권의 위상을 높이려는 의도와 관련이 있었다.

고려시대에는 1품에서 9품에 이르는 모든 관료들이 임명될 때 대간의 서경을 받게 되어 있었다. 그러나 태조는 당의 고측제誥勅制를 근거로 1품에서 4품까지는 국왕의 관교官敎로 임명하고, 5품에서 9품에 한하여 대간의 서경을 받도록 했다. 그러나 대간들의 끈질긴 요구로 1400년(정종 2년)에는 모든 관료들이 대간의 서경을 받는 것으로 밀렸다가, 같은 해 태종이 즉위하자 4품 이하에 한하여 대간의 서경을 받도록 바뀌었다.

그 후 1413년(태종 13년)에 5품 이하에 한하여 대간의 서경을 받는 것으로 조정되어 조선왕조의 서경법이 굳어지게 되었다. 단, 1466년 (세조 12년)의 관제개혁에서 일시적으로 5품 이하 관료에 대한 대간의 서경권을 박탈한 적이 있지만 1469년(예종 1년)에 복구되어 《경국대전》에 그대로 법제화되었다. 이는 왕권의 소장에 따라 대간의 서경권의 출입이 있었음을 의미한다. 종국적으로는 왕권과 신권의 타협으로 4품 이상은 서경 없이 국왕의 발령으로, 5품 이하는 대간의 서경을 거쳐 이조에서 관료를 발령하는 것으로 조정되었던 것이다.

고려시대에는 풍문탄핵을 제한하지 않았다. 그러나 조선왕조의 창건 이후 풍문탄핵은 금지되었다. 나라를 세우는 데 공로가 있는 사람을 쓰려는데 대간이 정확하지도 않은 풍문을 들어 측근 신하들을 공격하는 것을 바람직하게 여기지 않았기 때문이었다. 다만, 세조가 대간의 언론을 부양하기 위해 풍문탄핵을 일시 허용한 적은 있

314
한국 감사기관의 변천

었으나, 이러한 조처는 곧 취소되었다. 그러나 언론 삼사의 언론활동이 활발해진 조선 중기부터는 풍문탄핵이 묵인되었다. 풍문탄핵을 금지시키면 사림파 관료들의 훈구파 관료에 대한 비판이 제대로 이루어질 수 없고, 군약신강君弱臣强의 정국에서 국왕이 권신들을 통제할 수 없었기 때문이다.

대간이 관료를 탄핵할 때는 풍문風聞, 명문明聞, 허문虛聞, 실문實聞, 실견實見, 허견虛見, 실지實知, 허지虛知 등 8가지의 근거를 가지고 할 수 있었다. 실제로 듣거나 보거나 아는 것을 근거로 탄핵해야 하고, 잘못 듣거나 보거나 알거나 한 것을 근거로 탄핵을 해서는 안 된다는 것이다. 그러다 보면 정보 부족으로 대간의 언론이 위축될 위험이 있다 하여 풍문탄핵이 용인된 것이지 이를 권장한 것은 아니었다.

한편, 성종대에 홍문관이 언론기관화하면서 홍문관에 대간 탄핵권이 주어졌다. 홍문관에는 문벌과 학식이 두루 높은 엘리트 문사들이 모여 있었다. 그 때문에 홍문관은 공론을 대표하는 기관으로 일컬어졌다. 홍문관이 대간을 지휘 감독할 뿐 아니라 대간과 협동하여 언론에 참여하기도 했다. 이에 1491년(성종 22년)부터는 홍문관 관원의 대간 진출이 허용되었다. 홍문관 관원은 타 부서로 전출되지 않았지만 대간이나 이조의 낭관으로는 진출할 수 있었다.

또한 이조는 대간고공법(臺諫考功法, 대간의 고과를 평가하는 법)을 통해 대간을 조종할 수 있었다. 이 법은 이미 태조대부터 실시되어 왔다. 이조는 인사부서였기 때문에 대간의 인사를 장악하고 있었다. 대간의 인사권은 특히 이조의 낭관들이 가지고 있었다. 이에 이조낭관은 대간을 조종하고, 대간은 의정議政이나 이조판서 등 고위관료들을 탄핵할 수 있었으며, 이조판서는 이조낭관을 수하에 거느리고 있어서 힘의 삼각관계를 유지할 수 있었다.

이조의 정랑 좌랑 등의 전랑銓郎은 의정부 검상 사인, 대간 홍문관 예문관 등의 낭관 추천권을 가지고 있어서 실로 정국을 이끌어 가는 중요한 지위에 있었다. 그러나 이조전랑의 뒤에는 사림의 종장宗長인 주론자主論者가 따로 있어서 정국을 주도했다. 조광조와 같은 사람이 대표적인 주론자였다.

조선 중기에 이르러 이와 같이 낭관권(청요직 낭관들이 자기들의 후임자를 스스로 추천할 수 있었다)이 강조되고 이조전랑이 그 핵심이 되게 한 것은 권세가의 발호를 막고 관계에 청신한 기풍을 불러일으키기 위해서였다. 이것은 조선 후기 사림정치의 한 특성이기도 했으며, 조선왕조가 500여 년이나 유지할 수 있었던 하나의 기틀이기도 했다.

반면에 이조전랑의 자리는 붕당 간의 쟁취의 대상이 되어 당쟁을 격화시키는 요인이 되기도 했다. 그리하여 당쟁을 불식시키기 위해 1741년(영조 7년)에 이조전랑의 권한을 축소시키자 외척세력의 발호를 막을 수 없게 되었으니, 이것은 조선왕조가 멸망하는 한 요인이 되었다.

## 삼사 관원의 자격과 특권

대간과 홍문관원이 되기 위해서는 우선 문과에 합격해야만 했다. 문과 합격자는 일단 홍문관, 승정원, 성균관, 교서관 등 4관四館의 시보직試補職인 권지權知에 배속되었는데, 이를 분관分館이라 했다. 분관 중에서는 홍문관 분관을 가장 영예롭게 여겼다. 문벌, 학식, 인품이 뛰어난 사람만이 홍문관 분관을 받을 수 있었기 때문이다. 문과급제자들은 4관의 시보를 지낸 다음, 관료들의 추천을 받아 중요 문관직에 임명되었다.

문관직 중에서는 홍문관, 예문관, 대간, 의정부, 6조, 승정원의 낭관직이 청요직이다. 이들은 근무 일수에 관계없이 승진할 수 있었으며, 청요직을 돌아가면서 차지할 수 있었다. 그리고 자신의 후임을 자신이 추천할 수 있었다. 이를 자천권自薦權 또는 자대권自代權이라 했다. 청요직 낭관들의 자천권은 조선 사림정치의 큰 특징이었다. 자천권 설치는 윗사람들이 젊은 사람들의 능력과 인품을 알 수 없다는 것을 이유로 들고 있으나, 실상 인사권을 상하로 양분하여 권력의 집중을 막고 권신의 독주를 제어하려는 것이었다.

낭관의 추천권은 실제로 이조전랑에게 있었다. 이를 당하청망堂下淸望이라 했다. 특히 대간의 인사권은 이조전랑에게 있었다. 이조전랑이나 사관史官은 후임자를 추천할 수 있었으며, 이러한 자천권은 다른 청요직으로 확산되어 갔다. 이러한 낭천법郞薦法은 문종대에 재상의 독주를 막기 위하여 실시되었고, 세조 때 공신을 비롯한 훈구파의 정치적 독주를 견제하기 위해 강화되었다. 그리하여 1487년(성종 18년)경에는 낭천권이 하나의 관례로 굳어지게 되었다.

홍문관원이 되기 위해서는 우선 홍문록弘文錄에 들어야만 했다. 홍문록은 문과급제자 중에서 홍문관원 후보를 미리 선발하기 위한 예비명단이었다. 홍문록에서 홍문관원이 선발되었다. 사관을 뽑는 예문록藝文錄의 관례를 따른 것이다. 그러나 예문록은 의정부 6조 관각館閣의 당상관이 선발한 데 비해, 홍문록은 홍문관원이 스스로 선발하여 이조 의정부의 조정을 받는 차이가 있었다. 자천제와 유사한 형태였다. 홍문록에 들 사람을 고를 때는 참하관 이하의 홍문관원이 우선 후보자 명단을 작성하고, 이 중에서 표의 수가 많은 사람을 추천했다. 추천된 사람을 이조나 의정부에서 자의적으로 고칠 때에는 대간을 시켜 이들을 공격했다.

홍문관원은 이조전랑 대간 의정부 사인 승지 등 청요직을 바꾸어가면서 역임했다. 이들은 근무 일수의 제한이 없었으므로 누구보다도 빨리 삼공육경으로 승진할 수 있었다. 양반관료들이 근무 일수대로 올라가려면 종6품부터 정3품 당하관까지 약 32년이 걸렸으나 이들은 6여 년이면 올라갈 수 있었다.

언론 삼사의 관원들은 또한 여러 가지 특권을 누리고 있었다. 근무 일수에 관계없이 승진할 수 있는 점이나, 외직으로 나가지 않고 청요직만 역임할 수 있었던 것도 그중 하나였다. 대간이 공죄公罪로 물러나면 근무 일수를 그대로 계산해 주는 것이나, 당하관이면서도 3품 이상 관료에게만 주어지는 음직이 이들에 한하여 주어진 것도 중요한 특권 중의 하나였다. 국왕의 측근에서 정책토론에 참여하고 사신이나 어사로 파견될 수 있었던 것도 다른 특권 중의 하나였다.

이와 같이 대신들이 국왕의 팔과 다리였다면 대간은 국왕의 눈과 귀로서, 홍문관은 국왕 측근의 시신侍臣으로서, 국가를 이끌어 가고 정국을 주도하는 핵심 관료들이었다. 여기에 이조전랑이나 사관, 승지를 합하면 이들이 조선왕조 사림정치의 주역들이었다. 언론 삼사의 관원은 조선왕조에서 이와 같이 중요한 지위를 차지하고 있었다.

## 갑오개혁과 대간제도의 혁파

조선왕조는 1876년(고종 13년) 이래 일본을 비롯한 구미 열강들과 통상조약을 체결하고 문호를 개방했다. 하지만 개항은 준비 없는 근대화의 시발점이었을 뿐, 일본 침략의 교두보를 마련해 준 것이나 다름없었다.

개항과 함께 서구의 근대 문물이 물밀듯이 들어오면서 아울러 전통적인 정치, 경제, 사회제도 등 각 분야의 모순을 개혁하려는 근대화 운동이 시작되었다. 이러한 와중에 동학농민운동을 빌미로 조선에 출병한 일본은 침략의 발판을 굳히고자 1894년(고종 31년)에 군사적 강압 속에서 정치, 행정, 경제, 사회제도 등에 일대 개혁을 추진했으니 갑오개혁이 그것이다.

갑오개혁은 양반관료체제의 타파와 함께 근대국가체제를 마련한다는 명분으로 추진되었다. 이때 조선왕조 500년간 군주의 귀와 눈 같은 역할을 해왔던 대간제도도 혁파되었다. 일제는 사간원을 폐지하고 사헌부를 도찰원都察院으로 개칭하여 의정부 소속으로 변경시켰다.

갑오개혁에 의해 설치된 도찰원은 이른바 '내외 백관의 규찰과 그에 따른 상벌을 집행하는 기관'이었다. 종래의 사헌부 직무는 보다 광범위했다. 시정時政을 논하고 풍속을 바로잡는 직무까지 포괄하고 있었기 때문에, 사헌부는 비단 감찰기구가 아니라 간쟁기구로서 기능할 수 있었다. 반면 도찰원은 관리 규찰만으로 그 기능을 한정했을 뿐 아니라 독립기관이었던 사헌부와 달리 의정부 예하기관으로 편제되었기 때문에 사헌부와는 그 성격이 현격하게 달라졌다.

도찰원에는 원장 1인(좌찬성 겸임), 사헌司憲 5인, 주사主事 10인을 두었다. 그러나 도찰원마저도 이듬해 1895년 3월 25일 제2차 내정개혁과 함께 없어지고 말았다. 2차 내정개혁에서는 의정부기구를 대폭 축소했는데, 이 과정에서 도찰원도 폐지되었다. 이로써 조선의 대간제도는 우리 역사에서 완전히 사라지게 되었다.

# 재정제도의 개혁과 회계검사기구 설치

1895년 제2차 내정개혁으로 재정제도의 개혁에 있어서는 상당한 진전이 있었다. 회계법이 시행되지 않아 사실상 유명무실한 부분이 없지 않지만, 의정부 소속의 탁지아문度支衙門으로 재정기구를 일원화하는 한편 각 관아에 회계사무에 관한 심사업무를 관장하도록 한 회계심사국會計審査局을 설치한 것은 주목할 만한 일이다.

종래 재정제도는 무계획적이고 비조직적이며 자의적으로 운용된 부분이 없지 않았다. 예컨대 공식적인 세금수취인 조용조租庸調 외에도 각종 공납과 비공식적인 수탈 때문에 세제와 재정의 혼란이 있었던 것이다. 그러므로 갑오개혁에 의해 추진된 세법의 일원화와 근대적인 예산제도의 확립은 이러한 혼란을 수습하는 데 일정한 기여를 했다. 특히 1894년에 실시한 조세금납화는 전근대적인 현물재정을 화폐재정으로 바꾸어 놓았고 이듬해 세역금납화에 기반을 둔 회계법에 의한 세입, 세출예산제도 개혁은 형식적이나마 근대적 재정제도로의 전환을 가져왔다.

이와 같이 갑오개혁으로 조선시대에 분산되어 있던 재정기구는 탁지아문으로 일원화되었으며 근대적인 화폐제도와 회계법을 제정함으로써 재정제도가 일신되었다. 이와 동시에 그때까지 창고에서 곡물을 출납할 때 사헌부의 감찰이 점검하던 전통적인 회계검사제도가 혁신되었다.

사실 1894년 6월 28일 제1차 의정부 관제개혁으로 호조의 기능을 물려받은 탁지아문은 전국의 재정, 회계, 출납, 조세, 국채, 화폐 등을 총괄하고 각 지방의 재정을 감독하는 기구였다. 탁지아문은 일원화된 재정담당기구로서 각 아문의 회계 및 예산 등을 관장하는 회계국을 지휘 감독했다.

이로써 종전에 분산되어 있던 재정기구가 탁지아문을 중심으로 일원화되고 또 왕실 재정과 국가 재정의 분리도 이루어졌다. 이에 호조 및 선혜청 등 국가의 재정기관과 요물고料物庫, 덕천고德泉庫, 사재고四宰庫, 풍저창豊儲倉, 제물고濟物庫, 내수사內需司 등 왕실의 재정기관이 모두 탁지아문의 통제를 받게 되었다. 이어 1894년 7월 4일 관리의 녹봉과 각종 공미의 관리도 탁지아문으로 이관했다. 또한 그해 7월 10일 각 도의 모든 세입을 금납제로 대치하여 재정수단을 화폐로 통일했다. 그리고 아울러 은본위제를 채용하는 신식화폐장정을 공포함으로써 재정행정기구가 점차 정비되었다.

조선 말기까지 회계검사제도로는 세금으로 거둬들이는 곡식이나 공물을 출납할 때 사헌부의 감찰이 검사하고 관리가 이동할 때 인수인계 물자의 적정성을 호조의 회계사會計司에서 조사하는 제도가 있었다. 그러나 재정제도가 현대화되지 못한 상태에서 이러한 제도는 재고조사에 불과했을 것으로 생각된다. 그러므로 현대적 회계검사제도는 갑오개혁 때 도입되었다. 즉, 1894년 7월 14일에 의정부 소속으로 회계심사국이 설치됨으로써 현대적 의미의 회계검사가 시작된 것이다.

회계심사국은 국장 1인(도찰원의 도헌 중에서 겸임), 서기관 4인, 심사관 5인(도찰원 주사 중에서 각각 겸임)을 두고 총리대신의 지휘를 받아 국고 및 각 관아의 재화, 물품의 손망실, 관유재산의 증감 등을 관장했다.

그러나 회계심사국은 유명무실하게 운영되다가 회계법 공포 이전인 1895년 3월 25일 내각관제 개혁에 의하여 폐지되었다. 동시에 궁내부에 회계원이 설치되고 검사사檢查司가 왕실의 재무검사를 담당했다. 그리고 11년 후인 1906년 3월 21일에 탁지부관제를 개정하여 검사국을 설치했다. 1907년 12월 27일에는 회계검사국관제를 제정하여 탁지부 회계검사국을 설치했다.

탁지부의 회계검사국에서 관장한 주요 업무는 총결산 검사, 각 관청과 관립 영조營造의 수지와 관유물에 관한 결산 심사, 정부에서 보조금을 지급하거나 보증한 단체와 영조의 수지결산 검사, 지방비에 속한 수지와 관유물에 관한 결산 검사 등이었다. 회계검사국에는 장관 1인, 차장 1인, 검사관 2인, 주사 10인을 두었다.

다음으로 임시정부의 재정제도를 보자. 1919년에 임시정부가 수립되어 정부기구가 새롭게 정비되었다. 대한민국 임시정부는 임시헌법에 따라 대통령 직속기관으로 회계검사원을 설치했다. 그러나 회계검사원은 단지 5년 7개월 동안 존속했다. 1925년 4월에 개헌으로 폐지되는 바람에 회계검사원의 업무는 의정원으로 이관되었다.

그 후 1940년 10월에 국무위원회 주석이 정부를 대표하는 전시행정체제로 변경되면서 폐지되었던 회계검사원이 부활되었다. 이때 부활된 회계검사원은 국무원(훗날 국무위원회)과 별도로 대통령 직속으로 설치되었다. 임시정부 각 기관과 의정원의 수지결산은 회계검사원의 검사를 받아야 했다. 그리고 회계검사원은 임시정부의 모든 회계를 검사한 검사보고서를 매년 의정원에 제출하게 되어 있었다.

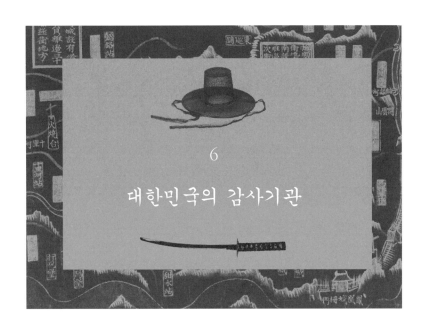

6

대한민국의 감사기관

## 심계원과 감찰위원회

1948년 대한민국이 건국된 이후 15년 동안 감사기관은 회계검사를 전담하는 심계원과 공직자 감찰을 담당하는 감찰위원회라는 이원체제로 운영되었다.

먼저 심계원은 1948년 7월 17일 제정, 공포된 헌법 제95조 규정에 의하여 동년 12월 4일에 설치되었다. 심계원법에 의하면 심계원은 대통령에 직속기구로 되어 있다. 따라서 심계원은 국회나 국무원으로부터 독립적인 지위를 차지하고 있었다. 이는 심계원이 직무를 수행하는 데 외부의 압력이나 간섭을 받지 않도록 하기 위해서였다.

또한 심계원법에는 합의제의 심계관회의를 두어야 했고 심계관의 신분보장도 규정하고 있었다. 그 후 5·16 군사혁명으로 신체제가 들어서면서 심계원은 국가재건최고회의에 소속되어 독립적인 지위가 삭제되었으나, 실제 직무수행에 있어서는 종전과 별 차이가 없었다.

심계원의 직무는 국가의 수입, 지출의 결산을 매년 검사, 보고하고 국가기관의 회계를 검사, 감독하는 것으로 되어 있었다. 그 구체적인 내용은 다음과 같다.

① 국가의 수입, 지출의 결산의 확인

② 국가의 수입, 지출의 결산 금액과 한국은행이 제출하는 결산서의 금액과의 부합 여부

③ 회계검사의 결과 법령 또는 예산에 위배되는 사항 및 부당사항의 유무

④ 예비비의 지출로서 국회의 승인을 얻지 아니한 것의 유무

⑤ 유책판정과 그 집행상황

⑥ 징계 또는 문책처분을 요구한 사항 및 그 결과

⑦ 시정을 요구한 사항 및 그 결과

⑧ 개선을 요구한 사항 및 그 결과

당시만 하더라도 정부의 인사행정 기준이 확립되어 있지 않았다. 인사조치가 지극히 문란한 상황이었음에도 불구하고 심계원은 여러 지역 출신과 다양한 자격을 가진 자를 채용하여 공정한 인사를 위해

노력했다. 심계원은 99명의 직원을 두었으며 국가예산의 적정한 집행과 정부기관의 회계 부정을 시정하는 데 상당한 공헌을 했다. 그러나 심계원이 발족된 초창기에는 실제 심계 대상기관이나 국민들의 이해가 부족해서 많은 어려움이 있었다.

한편, 공무원의 직무감찰 기능을 담당한 감찰위원회는 1948년 7월 17일에 제정된 정부조직법에 의하여 같은 해 8월 28일에 발족되었다. 당시 미 군정 당국으로부터 정권을 이양받은 대한민국 정부는 극도의 정치적, 경제적, 사회적 혼란에 처해 있는 데다 관공서의 독직, 비행, 부정사건이 빈발하고 있었다. 이러한 상황에서 공무원의 기강을 확립하고 공무원에 대한 감찰업무를 관장할 기관으로 감찰위원회가 발족했던 것이다.

당시 감찰위원회의 직무는 구체적으로 다음과 같다.

① 공무원의 위법 또는 비위의 소행에 대한 정보의 수집과 조사
② 공무원에 대한 징계처분과 그 소속 장관에 대한 정보 제공 또는 처분의 요구
③ 비위공무원의 수사기관에의 고발

그리고 감찰대상은 국회의원과 법관을 제외한 전 공무원으로 되어 있고, 여기에는 국무위원과 심계원장까지 포함되었다. 감찰위원회의 활동에 대한 관련 자료는 불충분한 편이다. 대략의 활동을 살펴보면, 1951~1954년 동안 241명이 징계 의결되어 그중 122명이 파면 처분을 받았다. 특히 감찰위원회는 1949년 농림부의 양곡매입 부

정사건과 상공부 장관의 뇌물 수뢰 및 국유재산 남용사건에 대한 감찰을 실시하여 양 장관을 파면했다. 이 감찰활동은 공직사회에 일대 경종을 울렸다.

1955년 2월 6일 정부조직법이 개정되면서 감찰위원회가 폐지되었다가 1961년 1월 14일 감찰위원회법이 새로 제정되어 다시 감찰위원회가 발족했다. 새로 발족된 감찰위원회는 국무총리 직속기관이었다. 직무상 독립적인 지위를 가지며 공무원과 행정기관의 직무상 비리를 감찰하기 위해 설치되었다. 따라서 새로 발족한 감찰위원회는 이전의 감찰위원회에 비하여 법적 지위가 강화되고 독립적 지위에 대한 규정이 생겼기 때문에 그 위상이 한층 강화되었다. 이때 감찰 사항의 구체적 내용은 다음과 같다.

① 국가 또는 지방자치단체 행정공무원의 직무상 비위
② 국가 또는 지방자치단체의 행정기관의 직무상 비위
③ 국영기업체 또는 주식의 과반수가 국가에 소속되는 법인의 직무상 비위
④ 국회 또는 국정감사반에 의하여 조사가 요구된 행정기관 또는 행정공무원의 비위

감찰위원회는 감사원으로 통합될 때까지 비리 공무원 212명을 징계 처분했고, 비리 관련자 1,880명의 처벌을 요구하고, 326명을 고발하는 등 총 2,534건에 대해 시정을 요구했다.

# 감사원

1963년 3월 5일 감사원법이 공포되고 동년 3월 20일 동법 시행과 동시에 초대 감사원장이 임명됨으로써 오늘의 감사원이 발족되었다. 이로써 건국 이후 15년 동안 이원화되어 있던 감사 기능이 명실상부하게 통합되었다. 즉, 결산확인과 회계감사의 심계원 기능과 공직자 감찰의 감찰위원회 기능이 감사원으로 통합된 것이다.

1963년 감사원이 발족한 이후로 수차례에 걸친 헌법 개정에도 불구하고 감사원의 권한과 직무에 관한 헌법상의 규정은 변동이 없었다. 감사원법은 세 차례 개정이 있었다. 특히 1995년에 감사원의 독립성을 강화하고 조직 및 감사제도의 혁신을 통한 감사업무의 내실과 효율 증진을 목적으로 대폭 개정되어 현재에 이르고 있다.

제3공화국 헌법 시행과 동시에 감사원을 대통령의 직속기관으로 한 것은 감사원의 위상을 크게 강화하기 위한 것이다. 감사원의 임무가 회계검사나 직무감찰이라는 일종의 행정감찰직임에도 불구하고, 국무총리의 소속이 아닌 별도의 독립기관으로 설치한 것은 감사원의 중요성을 말해 준다. 정부의 간섭이나 외부의 압력 없이 엄정하고 공정하게 처리할 수 있도록 하기 위한 것이다.

또한 감사원법에는 감사위원의 신분보장에 관한 사항을 규정했다. 국·실과의 설치와 직원의 정원을 두었다. 또 감사의 절차나 감사사무 처리에 관한 규칙을 정할 수 있도록 했다.

1960년대(1963~1970년)에 감사원이 감사결과 위법부당사항 등을 적출하여 처리한 건수는 38,141건이다. 그중 회계검사결과가 31,068

건, 직무감찰결과가 7,073건이었다. 처리 내용을 구체적으로 살펴보면 다음과 같다.

① 회계 관계 직원 등에 변상 책임의 판정을 내린 것이 1,951건에 83억 4,714여만 원

② 위법 부당하게 처리한 회계경리 또는 행정사무를 시정하거나 추징, 회수 보전하도록 시정을 요구한 것이 6,342건에 45억 5,117여만 원

③ 즉시 시정 또는 주의를 요구한 것이 28,341건에 22억 2,685여만 원

④ 관계 책임자에 대한 징계 또는 문책처분을 요구한 것이 84건에 1,351명

⑤ 범죄 혐의가 있어 고발한 것이 75건에 120명

⑥ 법령상, 제도상, 행정상 개선을 요구한 것이 578건

1970년대에 와서는 1973년 감사원법의 개정과 더불어 회계검사와 직무감찰의 대상이 종전보다 확대되었다. 그뿐만 아니라 기관 및 기구의 신설 변동에 따라 감사대상기관 수와 인원수도 크게 증가했다.

1970년대의 감사결과 위법사항을 적출하여 처리한 건수는 80,879건이었다. 그중 회계검사결과는 64,485건, 직무감찰결과는 16,394건이었다. 구체적인 처리 내용은 다음과 같다.

① 회계직원에 대한 변상 판정이 2,940건에 28억 7,383여만 원

② 위법 부당하게 처리한 회계경리 또는 행정사무를 시정하거나 추징, 회수 보전하도록 시정을 요구한 것이 27,505건에 1,206억 9,481여만 원

③ 즉시 시정 또는 주의를 요구한 것이 44,357건에 53억 6,710여만 원

④ 관련자에 대한 징계 또는 문책 처분을 요구한 것이 4,786건에 6,964명

⑤ 범죄 혐의로 고발된 건수가 265건에 1,078명

⑥ 법령상, 제도상, 행정상의 개선을 요구한 것이 1,026건


1980년대는 감사원의 새로운 운영방침에 따라 실지감사 및 서면감사 등의 감사활동을 전개했다. 실지감사는 대상 기관이나 대상 업무의 규모 및 성질에 따라 1980년 9월부터 1984년까지는 정기감사, 계통감사, 특정감사로 구분했다. 1985년부터는 정기감사와 특별감사 등 감사방법을 구분하여 실시했다. 특히 1980년대는 공직사회의 감사에 역점을 두었다. 또한 정부정책 추진 실태의 감사에 주력했다. 이외에도 공직자들이 행정을 국민편익 위주로 운영하도록 하기 위해 국민편익 관련 감사도 적극적으로 추진했다.

1980년대의 감사결과 위법부당사항을 적출하여 처리한 건수는 40,458건이었다. 그중 회계감사가 25,431건, 직무감찰이 15,137건이었다. 구체적인 처리내용은 다음과 같다.

① 회계직원에 대해 변상 판정한 것이 267건, 35억 1,573여만 원

② 위법 부당하게 처리한 회계경리 또는 행정사무에 대한 시정 요구가 13,976건에 4,070여억 원

③ 주의를 요구한 것이 13,365건

④ 관계 책임자 또는 관련자에 대한 징계 혹은 문책처분을 요구한 것이 1,664건에 2,683명

⑤ 범죄혐의로 고발된 것이 239건에 606명

⑥ 법령, 제도 혹은 행정상 모순을 개선 요구한 것이 1,327건

⑦ 감사대상기관의 장에게 권고하거나 비위 관련자에 대한 인사조치 등을 취하도록 통보한 것이 9,630건에 4,125명

이처럼 감사원의 감사 범위는 점차 증대되었고 감사 업무의 중요성도 점차 증대되어 왔다. 오늘날 감사원의 활동은 비단 회계검사와 공직자 직무감찰의 범위를 넘어설 것이 요구되고 있다. 국민의 삶의 질 향상이라는 적극적 기능이 요구되고 있는 것이다. 따라서 감사원의 권한과 위상도 이러한 시대적 요구에 걸맞게 보다 강화되어야 할 것이다.

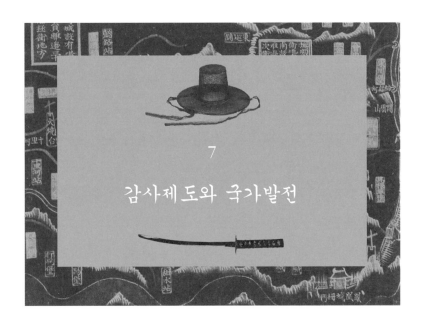

7

감사제도와 국가발전

국가는 모든 국민이 안정되고 행복하게 살기 위해 건립되는 것을 이상으로 삼고, 그러한 이상을 달성하기 위해 어떠한 정치체제를 채택할 것인가를 고민하게 된다. 어느 사회든 정치를 주도하는 세력은 있기 마련이다.

중국이나 한국의 전근대사회에서 그러한 주도세력은 지주＝지식인＝관료였다. 농업을 주업으로 하고 사유제가 발달한 사회에 있어서는 지주가 정치의 주도세력이 될 수밖에 없다. 이때 지주의 성격이 문제된다. 지주가 무인적인 성격을 띠느냐 문인적인 성격을 띠느냐에 따라 그 사회의 성격은 현격하게 달라진다.

문명이 발달하지 않는 사회에서는 무단적인 지배자가 등장하게 마련이고, 이 때문에 힘의 논리에 의한 대립과 갈등이 생기게 된다. 힘의 논리는 분열을 자초한다. 따라서 봉건제 같은 분권적인 정치체제가 우세하게 된다. 세계사에서 많은 민족과 국가가 이 길을 걸어왔다.

그러나 문명이 발달한 사회에서는 무인보다 지식인이 정국을 주도한다. 대립과 갈등보다는 조화와 통합의 논리가 우세하게 된다. 무인처럼 힘의 논리로 국가의 권력을 분할하는 것이 아니라 지식인이 국가의 관료가 되어 국가의 권력을 집중시킨다. 이른바 중앙집권적 통치체제를 갖추게 된다. 중국과 한국은 바로 이러한 길을 걸어왔다.

중국은 황하문명을 기초로 일찍부터 이 길을 걸어왔다. 그러나 한국은 처음에 무인적인 통치체제를 유지해 왔다. 상무적인 고구려의 통치체제나 화랑도가 바탕이 된 신라의 통치체제가 그 예이다. 이러한 무인적 통치체제는 고구려와 백제의 멸망을 계기로 크게 바뀌었다.

고도로 발달한 중국문화와의 대결에서 참패의 쓴잔을 맛본 때문이다. 고구려와 백제의 멸망은 동아시아 역사에서 획기적인 사건이었다. 신라는 재빨리 화랑도 같은 무인적인 요소를 청산하고 선진적인 당 문화를 수용하는 방침으로 바꾸었다. 당에 유학생을 보내고 등주登州 지방에 신라인들이 모여사는 신라방新羅坊과 신라인의 사원인 신라원新羅院, 신라의 통치소인 신라소新羅所를 세워 당 문화를 배우는 데 급급했다. 장보고는 그 물길을 수호하는 데 공헌했다. 이렇게 하지 않고는 살아남을 수 없었기 때문이다.

중국의 문물을 수입하여 무치주의를 문치주의로 바꾸는 데는 많은 시간과 시련이 따랐다. 문명 수준이 한순간에 중국을 따라갈 수 없었을 뿐 아니라 지방에는 아직도 반독립적인 재지在地 무인세력이 도사리고 있었기 때문이다. 호족이나 향리가 그런 존재들이었다.

고려는 문치주의를 이룩하기 위해 안간힘을 썼다. 그러기 위해서는 교육을 활성화시킬 수밖에 없었다. 학교제도와 과거제도를 발달시킨 것도 그 때문이었다. 사회를 문명화시키고 모든 제도를 중국화하고자 한 것이다. 이 문명화 정책을 통하여 재지 세력은 부단히 중앙관료로 흡수되었다.

고려왕조 500년은 이러한 작업을 하는 데 소요되었다. 교육과 과거를 통한 문명화, 이것이 문치주의의 바탕이었다. 한국은 많은 시련을 겪으면서도 이 과업을 달성했다. 그러나 일본은 그렇지 못했다. 고대 율령제까지는 한국의 도래인渡來人의 영향으로 잘 쫓아 왔지만 헤이안平安시대 이후로는 그러한 길을 포기했다. 그리하여 한국이 조선시대에 이르러 명실상부한 중앙집권적 문치주의를 달성한 데 비해 일본은 분권적인 무인정치로 치닫게 되었다.

중앙집권적인 문치주의의 주인은 지주=지식인=관료였다. 이들은 중국의 경험을 토대로 고도의 정치이념과 사회윤리를 개발했다. 사회의 문명화, 유교화가 그것이다. 국가의 관료가 되려면 유교 교양과 시문을 익혀야 했다. 교육이나 과거에서 실무행정과 무관한 유교경전과 시문의 능력을 시험한 까닭도 여기에 있었다. 이것은 양반이 되는 요건이기도 했다. 실무행정은 그다음 지위에 있던 중인이 차지했다. 교육을 받지 못한 일반 서민은 통치계층에 낄 수 없었다.

문치주의의 이론적 근거는 유교사상에 있었다. 지배층인 독서인층讀書人層은 권력의 소자출所自出을 하늘에 두고 있었다. 하늘은 가상적인 상징이었다. 중앙집권체제의 정점에 있는 천자나 국왕은 하늘의 권위를 빌어 국가를 통치하는 것으로 이론화되었다. 그리고 지주=지식인=관료는 천자나 국왕의 요속僚屬으로서 국가를 지배하는 것으로 되어 있었다. 이것은 다른 한편으로는 지주=지식인의 지위를 확고히 하는 것이기도 했다.

천자나 국왕의 권력은 최고 권력자, 최고 명령자로서 권력의 핵이다. 그러나 천자나 국왕의 권력은 상징적인 의미가 더 강했다. 천자나 국왕이 하늘의 대행자로서 절대권력을 가지는 것으로 되어 있었으나 실제로는 지식인=관료들에 의해 그 권력은 조종되고 있었다. 천자나 국왕은 천명을 부여받아 절대권력을 가지지만 백성이 못살게 되면 그 책임은 그에게 돌아갔다. 천명사상天命思想이 그것이다. 그렇게 되지 않으려면 천자나 국왕은 천도天道를 지켜야만 했다. 천도를 지키는가 지키지 않는가 하는 기준은 지식인=관료들의 판단 여하에 달려 있었다. 이른바 지식인=관료들의 여론정치, 도학정치道學政治가 구가된 것이다.

지식인=관료들은 천자나 국왕의 의제적擬制的 절대권력을 존중하기는 했지만 자기들의 이해와 배치될 때는 고도로 이론적인 근거를 들어 그를 갈아치우기도 했다. 유교적 혁명사상이 그것이다. 더욱이 어린 군주를 추대하여 마음대로 조종하기도 했다. 중국, 한국 역사에서 나이 어린 군주가 많았던 것도 그 때문이다. 군주는 자신의 의제적 권력을 유지하기 위해서는 그 자신도 지식인=관료의 가치관을 따를 수밖에 없었다. 그러므로 군주는 절대권력자이면서도 지식인=관료의 대표에 지나지 않았다.

또 절대권력자인 군주가 없으면 권력이 분산되고 지식인=관료 세력이 분산되어 중앙집권체제가 유지될 수 없었다. 따라서 지식인=관료들은 군주의 명령에 절대적으로 복종해야 하는 것으로 되어 있었다. 관료들의 붕당朋黨을 절대 용인하지 않은 것도 이 때문이다.

이와 같은 문치주의적 국가사회를 유지하기 위해서는 기강이 확립되어야만 했다. 국왕의 전제나 관료 중의 독재자의 출현은 이러한 틀을 무너뜨리는 것이었다. 따라서 반역과 모반, 독재와 붕당은 절대로 용납될 수 없었다. 그리고 지주들의 입장에서는 직접 생산자인 백성의 몰락은 철저히 막아야만 했다. 백성들의 생활이 곤란해지면 군주도, 지주도, 관료도 존립할 수 없기 때문이었다.

이러한 이유 때문에 감사기관은 반드시 필요했다. 국왕이나 관료의 독주나 권력남용은 국가를 위기에 몰아넣기 때문이다. 이 감사기관의 관원은 지식인과 관료 중에서 엘리트만 뽑아서 임명했다. 대간은 그 대표적인 예이다. 이들은 중앙집권적 양반관료국가를 지키기 위해 국왕의 월권이나 관료의 부정부패를 철저히 감시했다. 그리하여 적발된 사람들은 무거운 벌을 받았다. 실록에 탄핵기사가 많이 보이는 것도 국가사회를 건강하게 유지하기 위한 것이었다.

한편, 국왕은 지방에 어사를 파견하여 백성들의 억울한 일을 풀어주었다. 수령들이 불법을 감추지 못하도록 하기 위해 암행어사를 파견하기도 했다. 각 도의 감사가 수령을 감시하지만 음성적으로 저지르는 수령의 불법을 잡아낼 수 없었기 때문이다.

공론을 주도하는 언론 삼사의 관원이나 어사는 연소기예의 중견 관료들로 구성되었다. 권신의 발호를 견제하고 국가사회의 청신한 기풍을 불러일으키기 위해서였다. 이들이 차지하는 관직은 청요직이었으며, 지향하는 바는 청백리淸白吏였다. 이들은 문신정치의 파수꾼으로서 고려, 조선사회를 500년이라는 긴 기간 동안 유지할 수 있게 한 중심 세력이었다. 그러나 이들의 사찰 기준은 항상 지주=지식인=관료인 양반의 이익을 보장하는 데 있었다.

위에서 말한 바와 같이 한국의 전근대사회에 있어서의 감사기관은 양반들의 문치주의를 수호하고 양반국가사회를 지키는 파수꾼으로서 충분한 역할을 했다. 고려, 조선시대의 사대부들이 무인, 환관, 여자, 서리들을 누르고 문치주의를 유지하면서 한국을 오늘날까지 살아남을 수 있도록 한 것은 참으로 놀랄 만한 일이다. 이는 세계적으로도 유례없는 일이다. 이러한 역할을 수행하는 데 있어서는 대간이나 홍문관과 같은 감사기관의 역할이 컸음은 말할 것도 없다. 또 감사기관에 힘을 실어 준 것도 체제유지에 크게 공헌했음을 재삼 강조하지 않을 수 없다.

민주주의 제도를 근간으로 하는 오늘의 정치체제는 과거의 전제군주제와는 판이하게 다르므로 감사제도의 성격이나 기능도 과거와는 다를 수밖에 없다. 그러나 관리들의 부정부패를 척결하고 사회기강을 확립함으로써 체제유지와 국가발전에 기여해야 하는 감사기관의 역할과 책임은 예나 지금이나 다를 수 없다. 특히 사회구조와 조직이 과거에 비할 수 없이 복잡, 비대해진 현대 사회에서 감사기관의 필요성과 중요성의 요청은 절대적이다.

# 부정부패는 정치의 본질인가

## 권력형 비리

　2009년 초 노무현 전 대통령의 가족과 측근의 비리로 시끄러웠다. 386세대의 정치인들이 주축이 된 참여정부에서는 청렴을 가장 중요한 가치로 내세웠다. 노무현 대통령이 측근들에게 "돈을 먹으면 패가망신할 줄 알라."고 했고, 선거비용이 차떼기 정당인 한나라당에 비해 1/10이 넘으면 대통령 자리를 사퇴하겠다고까지 했다. 그리고 퇴임 전에 부동산 문제를 제외하고 켕길 것이 없다고 큰소리쳤다.

　그러던 노무현 정부가 정권 말기에 많은 돈을 챙겼다. 이른바 박연차 게이트이다. 박연차 태광실업 사장은 노무현 전 대통령의 요구로 아들의 집값 100만 달러를 송금했고, 정상문 청와대 비서관의 주선으로 500만 달러를 조카사위 연철호의 회사에 투자했으나 그 주권은 대통령의 아들인 노건호의 지배 하에 있다고 주장했다. 뿐만 아니다. 정상문 전 청와대 비서관이 전해준 3억원은 권양숙 여사가 받았으나 어디에 썼는지는 말할 수 없다고 하고, 정상문은 따로 대통령 특수활동비 중 12억 5,000만 원을 횡령해 돈세탁을 거쳐 차명

계좌에 쓰지 않고 가지고 있다는 것이다. 이외에도 박연차는 권양숙 여사에게 현찰 3억과 1억 원짜리 고급시계 2개를, 정상문에게 1억 원 상당의 상품권을 전했다고 한다. 대통령의 형 노건평도 일찍이 박 회장을 위해 아파트 용지의 고도제한을 풀어주고, 세종증권 인수 정보를 주고, 경남은행 매각에 개입하고, 농협의 자회사 휴컴스를 헐값매수하는 것을 도운 대가로 30억 원과 상품권을 받았으며, 박연차 사돈의 인사청탁을 했다고 한다. 대통령 일가의 총체적 비리이다. 그러나 노 대통령은 그 내막을 전혀 몰랐거나 퇴임 후에 알았다는 것이다.

대통령 일가뿐 아니다. 노무현 전 대통령 측근의 이광재, 안희정, 정화삼, 여택수, 명계남, 노갑원 등 386세대들도 박 회장의 돈을 받은 혐의로 구속되거나 조사를 받고 있다. 이외에도 박 회장은 전직 국회의장, 여야국회의원, 청와대 전 · 현직 비서관, 국세청과 검찰의 고위직에 있는 인사들에게 여 · 야를 막론하고 광범위하게 로비자금을 살포했다고 한다. 그리고 이명박 대통령 측근에게 노 전 대통령에 대한 수사를 무마해 주도록 로비를 시도하기까지 했다고 한다. 이에 대해 이명박 대통령은 4.19 기념식에서 "선진화는 절대로 부정부패와 함께 갈 수 없다."고 선언하고, "사회 모든 부문의 윤리 기준을 높이고, 나라를 넘어 깨끗한 사회, 바른 나라를 만들어 가야 한다."고 했다.(《중앙일보》 2009. 4. 20. 6면) 그와 아울러 대법원 양형위원회(위원장 김석수 대법관)에서는 5억 원 이상의 뇌물을 받은 공무원은 오는 7월부터 징역 11년이나 5억 원의 벌금을 물도록 했다.(《조선일보》 2009. 4. 25.)

　노무현 전 대통령 이전에 이미 두 분의 전직 대통령이 권력형 비리로 구속된 바 있다. 노태우 전 대통령과 전두환 전 대통령이다.

　노태우 전 대통령은 1995년 11월 1일, 기업인들로부터 수천억 원을 받아 비자금을 조성한 혐의로 구속되어 대법원에서 뇌물수수와 내란죄 등으로 징역 17년에 추징금 2,628억 원을 선고받았다. 그리고 전두환 전 대통령은 1988년 11월에 야당의 공격으로 노태우 대통령에 의해 2년 동안 강원도에 있는 백담사에서 귀양살이를 한 바 있었다. 그리고 노태우 대통령에 이어 1995년 12월 2일에 다시 검찰에 출두하라는 통보를 받았으나 불응했다. 전 전 대통령은 이날 서울 연희동 집 앞에서 "검찰 소환은 진상 규명보다 현 정국의 정치적 필요에 따른 것이니 어떤 조치에도 협조하지 않겠다."는 내용의 이른바 '골목 성명'을 발표하고, 고향인 경남 합천으로 내려갔다. 이에 사전구속영장을 발부 받은 검찰은 다음날 새벽 수사관들을 합천으로 내려보내 전 전 대통령에 대한 영장을 집행한 뒤 안양교도소로 압송했다. 대법원은 전 전 대통령에게 역시 뇌물수수 겸 내란죄로 무기징역에 추징금 2,205억 원을 선고했다.(《중앙일보》 2009. 4. 27. 6면)

　김영삼 전 대통령과 김대중 전 대통령도 권력형 비리에서 자유롭지 못했다. 김영삼 전 대통령은 1992년 말 친인척 50여 명을 모은 자리에서 "돈을 싸들고 접근하는 똥파리들을 각별히 조심하라. 인사나 이권청탁에 개입하면 즉각 구속하겠다."고 경고한 바 있다. 그러나 그의 둘째 아들 김현철이 인사와 집권당 공천에 개입하고, 뇌물을 받았다는 죄로 1997년 2월에 구속되고, 자신이 대국민 사과 성명을 발표하기까지 했다. 김대중 전 대통령도 정치자금과 관련된 부정부패를 근절하기 위해 부패방지법 돈세탁방지법 등을 제정하기는 했으나 김홍일, 김홍업, 김홍걸 3형제(홍삼트리오)가 구속되었다. 그리고 비자금이 얼마인지 모른다는 의혹을 사고 있다. 대통령 자신은 아니지만 그 아들 및 측근이 구속된 경우이다. 공식 권력 뿐 아니라 비공식 권력까지 부정부패에 관여한 후진국형 비리인 것이다.

검찰에 소환되지는 않았지만 서면조사를 받은 전직 대통령도 있다. 전두환, 노태우 전 대통령 등에 대한 12·12 군사쿠데타 사건 수사 당시 검찰은 최규하 전 대통령을 상대로 서면조사를 실시했다. 최 전 대통령은 당시 답변을 거부했다. 1997년 외환위기 책임규명 때에는 김영삼 전 대통령이 서면조사를 받은 바 있다.(동상)

한편 2009년 4월 30일 검찰은 노무현 전 대통령을 소환하여 조사했다. 그는 청와대 경호처 리무진을 타고 오전 8시쯤 봉하마을 사저 私邸를 떠나 오후 1시 19분쯤 서울 서초동 대검청사에 도착해 박연차 태광실업 회장으로부터 100만 달러와 600만 달러를 받았는지에 대한 심문을 받았다. 그리고 2005~2007년 정상문 전 청와대 총무비서관이 대통령 특수활동비 12억 5,000만 원을 횡령한 사실을 알고 있었는지를 질문받았다. 모두 모른다고 했다. 노 전 대통령은 봉하마을을 출발하기 전 취재진을 향해 "국민 여러분께 면목이 없습니다. 실망시켜서 죄송합니다. 가서…… 잘 다녀오겠습니다."라는 짤막한 대국민 사과성명을 발표했다. (〈중앙일보〉 2009년 5월 1일, 1면)

그러나 검찰은 2007년 6월 말 박 회장이 권양숙 여사에게 전달한

100만 달러 중 일부로 의심되는 30만 달러가 노 전 대통령의 아들인 건호 씨와 딸 정연 씨에게 송금된 사실을 외화송금 거래내역을 통해 확인했다. 그러나 노 전 대통령은 모른다고 했다. 그리하여 검찰은 30만 달러의 출처가 박 회장의 돈 100만 달러의 일부인지를 마지막으로 확인하기 위해 권양숙 여사를 부산지검으로 소환하여 조사하기로 했다고 한다.(동상)

임채진 검찰총장은 다음 주 초쯤 그동안의 수사 결과를 토대로 노 전 대통령에 대해 구속영장 청구 여부를 결정할 예정이다. 이인규 중수부장을 위시한 수사팀 전원은 노 전 대통령에 대해 구속영장을 청구해야 한다고 의견을 모으고, 이런 입장을 임 총장에게 전달할 것으로 전해졌다. 노 전 대통령이 도주의 우려가 없을지라도 혐의가 중대하고 사건 관련자들이 말을 맞춰 증거를 인멸할 수 있기 때문이라는 것이다. 노 전 대통령이 구속된다면 뇌물죄로 구속되는 대한민국의 세 번째 대통령이 되는 셈이다.(동상)

노 전 대통령에 대한 구속영장 청구 여부는 3~4일 내에 결정될 것이라 한다. 임 총장은 노 전 대통령에 대한 조사결과를 보고받고 내부 의견 수렴 절차를 거쳐 내주 초쯤 최종결정을 내릴 것으로 보인다. 검찰 주변에서는 임 총장의 결심에 사법적 논리 외에 다른 요인이 개입됨으로써 결국 불구속하는 방향으로 수사의 가닥이 잡힐 것이라는 관측이 나오고 있다. 정치권에서 노 전 대통령 수사 자체에 대해 '표적수사' '보복수사' 논란이 빚어지고 있고, 이를 민감하게 의식하는 임 총장이 노 전 대통령에 대해 구속영장까지 청구하기는 어렵지 않겠느냐는 것이다.(동상, 5면)

그러나 수사팀은 구속영장을 청구해야 한다는 의견이 강한 것으로 알려졌다. 홍만표 수사기획관은 그달 30일 "사건의 실체에 대해서는 철저히 조사할 것이며, 사건 처리는 조사결과를 보고 법과 원칙에 따라 할 것"이라 했다. 수사팀은 노 전 대통령에 대한 직접 조사 이전부터 "구속영장을 청구할 만큼 증거가 충분히 확보된 만큼 다른 형사범과 달리 처리할 이유가 없다."는 입장을 견지해 왔다. 이 같은 분위기는 수사팀 뿐만 아니라 검찰 내부로 확산되고 있다. 법무부의 한 관계자는 "600만 달러를 받은 혐의를 받고 있는 노 전 대통령을 불구속 수사한다면 앞으로 남은 수사에서 1∼2억 원씩 받은 지방자치단체장들은 어떻게 구속하자고 할 것이냐"고 말했다. 또 다른 검찰 간부는 "불구속기소 방향으로 결론이 날 경우, 후일 반드시 검찰의 격을 망쳐놨다는 평가를 받을 것"이라며 격한 반응을 보였다. 대검의 한 관계자는 "검찰의 정치적 중립을 입버릇처럼 강조해 온 임 총장이 수사팀의 의견을 누른 검찰총장으로 기억되고 싶지는 않을 것"이라는 전망을 내놓기도 했다.(동상)

## 총체적 부패와 도덕적 해이

대통령 측근만이 아니다. 사회가 온통 부패해 있다. 적자투성이의 지자체에서 국회의원을 내세워 예산을 받아 무보수로 시작한 시, 도, 군 의원들의 월급으로 충당하고, 공무원까지 노조를 만들어 이익을 챙긴다. 경찰관이 유흥업소와 결탁해 금품을 받고, 근무 시간에 정복차림으로 버젓이 강도 짓을 한다. 신용과 정직을 생명으로 하는 새마을금고에서 고객 예탁금 1,500억 원(누적액)이나 빼돌렸다.(노컷뉴스, 〈부정부패 없는 선진화로 가려면〉)

도덕적 해이도 심각하다. 호적법 개정으로 가족 개념이 파괴되어 남남 같이 되었다. 부부간의 불화는 말할 것도 없고, 이혼율이 세계 제일이며, 근친끼리 재판하는 일도 비일비재하다. 역사가 토인비는 한국에서 하나만 가져가라면 가족제도를 가져가겠다고 했는데 어쩌다 우리 가족이 이 모양이 되었는지 알 수 없다. 심지어는 돈 때문에 아들이 아버지를 죽이기까지 하지 않는가? 인터넷에 자살 사이트가 공공연하게 유행하고, 사생활을 공격당해 목숨을 끊는 배우들도 있다.

그뿐 아니다. 자본주의와 시장경제의 발달로 우리의 생활은 윤택해졌으나 공해가 심해져 물과 공기를 마실 수 없고, 오폐수가 상수원을 오염시키고 있다. 지구 온난화로 오존층에 구멍이 났다고도 하고, 남극과 북극의 빙하가 녹아 해수면이 매년 상승하며, 이상기온으로 자연재해가 증가하고 있다. 핵 폐기물을 버릴 곳이 없고, 유조선이 충돌하여 기름이 유출되어 바다의 생태계를 망친다.

1874년 프랑스 신부 달레가 쓴 《조선천주교회사》에서 조선의 부정부패를 이렇게 말했다. "고위 관리와 귀족은 백성의 피를 빨아먹고 살고 있다." "관찰사부터 미관말직에 이르기까지 관리들이 모두 뻔뻔스럽게 권력을 이용해 먹는다." "관직은 공공연히 매매되고 이를 산 사람은 체면을 차릴 생각도 않고 들인 비용을 회수하려 한다."고 했다. 그리고 보면 오늘의 부정부패는 조선시대에서부터 대물림된 것이란 말인가?

그렇지만은 않다. 조선시대의 부정부패를 말할 때 "네 죄를 네가 알렸다."라는 말로 매도한다. 그러나 이것은 19세기 세도정치 때의 행태이지 조선시대 전체의 행태는 아니다. 조선시대에는 오히려 붕당이 대립되어 서로 감시했기 때문에 마음놓고 부정을 저지를 수 없었다. 관원들은 안으로 도덕적 수양을 중시했고, 밖으로 제도언론인 대간(혹은 삼사)의 사찰과 여론의 지탄을 받았기 때문이다. 그런데 1741년(영조 17년)에 사림정치의 틀(이조, 병조 전랑의 자대권, 당하통청권과 대간의 언론권)이 무너지고 탕평정국을 거쳐 외척 세도정치 시대로 접어들자 일당독재 하에서 권력형 비리가 만연해 그렇게 된 것이다. 만약 조선시대에 세도정치와 같이 부정부패가 심했다면 조선왕조는 일찍이 망했어야 마땅하다.

그러니 작금의 총체적 비리와 도덕적 해이는 조선시대부터 대물림된 것만이 아니라 자본주의, 시장경제, 민주주의의 부작용에서 말미암은 것이라고 할 수 있다. 물론 자본주의 시장경제가 개인이나 시장의 능력을 극대화해 근대사회 발전에 지대한 공헌을 한 것은 사실이다. 그리하여 동서 이데올로기 대립에서 공산주의를 이긴 것도 사실이다. 그러나 이 체제도 완벽한 것은 아니다. 부작용이 없을 수 없다. 물신주의의 팽배로 인간성이 실종되고, 도덕이 땅에 떨어지며, 경제발전의 부작용으로 환경이 오염된 것 등이 그것이다. 그리하여 부단히 이를 수정보완하는 조치를 취해 오늘날에 이르게 된 것이다.

그러면 자본주의, 시장경제, 민주주의의 결함을 개선하거나 이를 대체할 제3의 체제를 개발할 수는 없는 것인가? 혹자는 그러한 개선책을 동양사상에서 찾아야 한다고 주장하기도 한다. 유, 불, 도교의 인간존중, 인간과 자연의 조화, 도덕적 수양, 중용적 사고 등에서 찾아보는 것이 어떠냐는 것이다. 근대적 부정부패의 척결도 이러한 구도 속에서 찾을 수는 없을까?

## 부정부패를 극복하는 방안

### 거시적인 방안

부정부패를 막는 데는 제도를 개선하고, 처벌을 강화하며, 내부 고발자를 보호하는 방법들이 있을 수 있다. 현대적인 관점에서 보면 그렇다. 그러나 비리를 막는 법 하나를 만들면 도망갈 길은 10가지가 생긴다. 처벌을 강화하면 모두 부정을 하는데 왜 나만 가지고 그러느냐면서 원망을 한다. 자기는 깃털이요, 몸통은 따로 있다는 것이다.

그러면 어떻게 하면 될 것인가? 거시적으로는 사람의 마음을 다스려야 하고, 단기적으로는 제도를 개선하고 처벌을 강화하는 등의 방법이 있을 수 있다.

먼저 거시적인 방법에 대해 알아보자. 거시적으로는 교육을 통해 사람의 마음을 다스리는 방법이다. 이 방법은 이미 도덕사회인 조선시대에 널리 유행하던 방법으로 이론만이 아니라 실천을 중시했다. 공교육이나 과거시험에서 배우고 시험보는 유교경전은 모두 도덕교과서였다. 가정이나 사회에서도 인의예지신仁義禮智信의 5상五常을 지켜야 했다. 효제충신孝悌忠信을 하면 다른 사람들의 칭송을 받을 뿐 아니라 출세에 도움이 되기도 했다. 또 잘못하면 향당鄕黨에서 벌을 받고 잘못이 심각한 경우 관官에 고발해 형벌을 받게 했다. 향당의 자치를 바탕으로 하는 예치주의이다.

조선시대의 사림정치에서는 도학道學을 중시했다. 도학이란 일반적으로 '도의道義를 숭상하는 학문'이라는 뜻이나 성리학性理學을 연원으로 한다. 성리학은 송학宋學, 이학理學, 심학心學이라고도 했다. 도학은 성인聖人을 배우는 것을 목적으로 한다. 도교의 진인眞人, 불교의 부처佛가 학문과 수양의 목적이었으나 도학은 성인이 되는 것을 목표로 삼았다. 1568년(선조 1년) 8월에 퇴계가 올린 〈무진6조소戊辰六條疏〉에서도 마음을 다스리는 성인의 학에 힘쓰는 것이 정치의 근본이라고 했다.

《주역》계사繫辭에 "태극太極이 양의兩儀를 낳고, 양의가 사상四象을 낳고, 사상이 팔괘八卦를 낳는다."고 했다. 이 태극생양의太極生兩儀는 우주생성의 시원이다. 주자는 태극은 이理이고, 음양은 기氣이며, 이가 기를 낳아 우주가 생성되었다고 했다. 그러니 이기는 서로 다른 것二元이라 했다. 유교에서 궁극적 존재를 말할 때, 주체적 존재로 인식할 때는 '천天'이라 하고, 본체로서의 원리를 말할 때는 '이'理라 하고, 통체의 포괄자를 말할 때는 '태극太極'이라 했다.

천리天理가 인간에게 품부된 것을 성性이라 한다. 천리는 원래 착한 것이므로 성性도 착할 수밖에 없다. 그런데 그 착한 성이 사욕에 의해 가려져 악으로 떨어진다는 것이다. 그러니 천리를 보존하고存

天理, 사욕을 물리쳐야遏人欲 한다는 것이다. 극기복례克己復禮이다. 극기를 하려면 마음의 '나'가 몸의 '나'를 주재해야 한다. 존천리 알인욕을 하려면 '경敬'을 해야 한다. '경'이란 마음이 한 군데로 전일해 이리저리 헤매지 않는 것을 말한다. 주자는 이것을 주일무적主一無迪이라 했다. 인간은 천리와 인욕이 마음 속에서 싸우는 존재이고, 그러므로 인간으로서 도덕적 완성을 기하려면 인욕을 제거하고 본성 속에 있는 천리를 순조롭게 실현시켜야 한다는 것이다.

이처럼 도학은 철저히 수양론修養論에서 출발한다. 부정부패, 부조리를 일삼는 훈구파들을 제어하고 도학이 지배하는 세상을 만들려는 것이었다. 그러나 초기 유학자들처럼 실천의 필요성을 말로만 내세우는 것으로는 설득력이 약했다. '왜' 그래야 하는가를 설명할 필요가 있었다. 여기에서 이기심성론理氣心性論이 발달하게 된 것이다. 이를 위해 하늘을 끌어들인 것이다. 우주론과 심성론을 연계해 우주와 인간심성의 상호관계를 설명한 것이다. 동양 전래의 '하늘天'은 좋은 것, 착한 것으로 되어 있었다. 맹자孟子의 성선설性善說의 영향이다. 진秦나라 때 성악설性惡說을 믿는 법가法家들이 집권했다가 실패하자 전한前漢 때부터 맹자의 성선설을 채택했다.

이러한 착한 천리가 인간에게 품부된 것을 성性이라 한다. 착한 천리天理, 천성天性, 천륜天倫을 인간의 심성에 끌어들여 이를 보존하고 악으로 떨어지지 않도록 경敬을 해야 한다는 것이다. 경은 주돈이周頓頤의 '주정主靜', 정이程頤의 '주경主敬'에서 왔다. 퇴계는 '정일精一'을 해야 한다고 했다. '정일'은 의식의 집중을 뜻하는데 '주일主一' 또는 집일集一이라고도 한다. 경애는 고요한 것을 중시했는데 사람들이 그 뜻을 잘못 알고 움직임을 싫어하고, 고요함이 지나쳐 불교의 선禪이나 도교의 허무虛無에 빠지는 것을 경계했다. 고요하면서도 늘 깨어 있어야 한다는 것이다. '상성성常惺惺'이다. 남명南冥 조식曺植이 칼과 방울을 차고 다닌 것도 그 때문이다. 사욕을 끊어버리고, 늘 깨어 있기 위해서였다.

마음이 발동할 때 4단四端, 惻隱·羞惡·辭讓·是非과 7정七情, 喜·怒· 哀·懼·愛·惡·欲이 어떻게 다른가 하는 것이 문제였다. 퇴계는 4단은 이理가 발동해 모두 착하고, 7정은 기가 발동해 정情으로 나타날 때 착하기도 하고, 악하기도 하다고 했다. 이에 대해 고봉高峯 기대승奇大升은 4단 7정이 모두 성性이 발해 정情으로 나타난 것으로서 4단은 7정 가운데 절도에 맞는中節 것일 뿐이요, 4단도 7정 중에 포함되는 것이라고 반박했다. 이는 서로 떨어질 수도 없는 것不相離이고, 서로 섞일 수도 없는 것不相雜이기 때문이라는 것이다. 그러나 퇴계는 4단 7정이 모두 정이요, 이기를 겸하고 있다는 것은 인정하나 나아가 말하는 바에 따라 4단은 인의예지의 본연지성本然之性에서 발동한 단서端緖요, 7정은 기질지성氣質之性에서 감응해 발동한 단서라는 차이가 있다고 했다.

퇴계는 이가 발동하면 기가 따라서 발동한다고 했다. 그러나 이는 아무것도 하는 것이 없다理無爲고 했는데 이가 어떻게 발동하느냐는 문제가 생긴다. 이에 퇴계는 이의 체용론體用論을 주장한다. 이가 아무것도 하지 않는 것은 이의 체體요, 그 용用으로 말하면 이도 하는 일이 있다는 것이다. 그러면 왜 퇴계는 반론이 있는데도 무리하게 이가 발동한다고 주장했을까? 사림士林의 수양론修養論을 뒷받침하기 위해서였다.

자기의 마음을 수양修己한 다음에야 다른 사람을 다스릴 수 있다고 했다. 수기치인修己治人이다. 자기의 몸과 마음을 닦은 연후에 집을 다스리고齊家, 나라를 다스리며治國, 천하를 평정할平天下 수 있다는 것이다. 그러니 조선시대에는 원칙적으로 수양이 되지 않은 사람은 지도자가 될 수 없었다. 어렸을 때부터 이러한 훈련을 받았으니 부정부패가 덜할 수밖에 없었다.

그러나 그럼에도 불구하고 부정부패를 저지르는 공직자가 있게 마련이다. 그럴 때는 사헌부司憲府, 사간원司諫院, 홍문관弘文館 등의 제도언론이 들고 일어나 탄핵했다. 제도언론뿐 아니다. 일반관료들이나 유생들까지도 탄핵할 수 있었다. 정확한 증거를 확보할 수 없으면 풍문만 듣고도 탄핵할 수 있었다風聞彈劾.

일단 탄핵을 받은 사람은 이유 여하를 막론하고, 사표를 내고 자신의 부덕함을 부끄럽게 생각하면서 약간의 변명을 할 수 있다. 그러면 제3의 사정기관에서 객관적으로 조사해 비리가 사실이면 당사자가 처벌을 받고, 사실이 아니면 공격한 관원이 처벌을 받는다. 단 공격자의 잘못은 공죄公罪로 곧 풀어주고 근무 일수도 쳐 주었다.

그리고 공금횡령자의 아들은 손자 대까지 문과를 볼 수 없었고 청요직清要職에 임명될 수 없었다. 뿐만 아니라 관직세계의 풍조가 청렴결백해야만 출세를 할 수 있었고, 청백리清白吏가 되는 것을 영광으로 생각했다. 그리하여 실제로 고관대작高官大爵을 지내고도 가난해 비가 오면 집에 물이 새고, 생활이 곤궁한 사람이 있었다고 한다. 조선시대 내내 정권을 잡고 있던 기호세력畿湖勢力이 일제의 토지조사사업 때 신고할 땅이 없어 광복 후의 정계에서 소외되었던 것도 이를 입증하는 것이라 할 수 있다.

이런 사실들로 미루어 보아 거시적으로 부정부패를 막기 위해서는 조선시대처럼 공교육을 통해 도덕교육을 강화할 필요가 있다고 생각한다. 도덕 과목을 신설하는 것도 중요하겠지만 한문 교육을 필수로 하는 것이 한 방법일 수 있다. 한문교재에 동양의 인문학과 심성수련에 관한 내용이 포함되기 때문이다. 한문도 배우고, 도덕교육도 시키고 일석이조一石二鳥의 효과를 거둘 수 있지 않겠는가?

## 단기적인 방안

아무리 전 국민을 교육시켜도 범법자는 나오게 마련이다. 돈에 눈이 어둡고 사욕을 억제할 수 없기 때문이다. 권력이 있는 곳에 부정과 부패가 있기 마련이다. 앨빈 토플러(Elvin Tofler)도 "정부에 인, 허가권이 있는 이상 관리는 부패하게 되어 있다."고 했다. 그렇다면 부정부패를 막으려면 어떻게 해야 할 것인가?

부정부패를 예방하는 방법과 범법자를 처벌하는 방법이 있다.

부정부패를 예방하기 위해서는 제도 개혁과 사정기관의 조직적인 상시 사찰이 있어야 한다. 대통령을 중심으로 하는 권력형 비리를 예방하기 위해서는 제도개선이 필요하다.

첫째는 대통령 중심제가 대통령의 권한이 지나치게 큰 것이 문제이다. 이는 헌법학자들로 하여금 충분한 연구를 통해 무소불위의 대통령 권한을 분산하는 방법을 연구해야 한다. 내각제든지, 이원집정제든 전문가들의 의견을 들어 권력구조를 재검토할 필요가 있다.

둘째는 대통령 단임제를 재고해야 할 것이다. 단임제는 대통령 임기가 끝나면 권력을 잃기 때문에 한탕주의가 작용해 부정을 저질러서라도 한 밑천 잡으려는 생각을 할 수밖에 없다. 그래야 재기를 꿈꿀 수도 있고, 정계에 지속적인 영향력을 미칠 수 있기 때문이다. 불법자금을 은닉해 놓고 특정 세력을 지원하거나 후견정치를 하려는 전직 대통령들의 예를 보아도 알 수 있다.

셋째는 불법 정치자금 조달을 원천 봉쇄해야 한다. 지금은 전보다는 훨씬 나아졌지만 여전히 공천장사나 계보정치가 계속되고 있다. 정치를 하는 데 자금이 필요하기 때문에 정치자금의 조달을 완전히 막을 수는 없겠지만 기업인과 결탁해 불법 비자금을 수수하는 폐습은 근절해야 한다. 선거비용을 국가에서 일괄해서 지급하는 선거공영제가 서서히 정착되고 있지만 아직도 선거 때면 검은 돈이 왕래하고 있지 않는가?

넷째는 공무원 연수를 통해 부정부패를 저지르면 개인적 불이익을 받는 것은 물론 결국 국가가 쇠락한다는 것을 교육해야 한다. 공무원 연수에서 원칙론 보다는 각종 사례를 들어 피부에 와 닿는 교육과 토론을 함으로써 경각심을 불러일으켜야 한다. 그리고 사정기관에서는 부서별로 부패지수를 조사해 부정부패를 미연에 방지할 수 있게 해야 한다.

다음은 비리에 관한 정보를 효과적으로 수집하고 처벌을 강화하는 방법이다.

첫째, 내부 고발자를 보호한다. 이미 시행되고 있는 정책이지만 부정은 은밀한 곳에서 진행되므로 그 일에 관계된 내부자가 고발하지 않으면 알 수가 없다. 내부 고발자에게는 최고 5,000만 원~2억 원의 포상금을 주어야 한다. 누리꾼들을 활용하는 방법도 있다.

둘째, 돈을 다루는 직원은 자주 교체하고 이중 삼중으로 서로 감시하게 해야 한다. 부정을 저지르는 경우 원금의 몇 배를 배상하도록 해야 한다.

셋째, 서울시처럼 한 차례만 비리를 저질러도 금액이나 지위에 관계없이 곧바로 퇴출시키는 '원 스트라이크 아웃 제도(One Strike out System)'를 적용해야 한다.

넷째, '솜방망이 처벌' '제 식구 감싸기'를 하지 말아야 된다. 공공기관에서는 비리가 발생해도 기관에 불이익이 돌아올 것을 우려하여 사실을 감추거나 범법자를 싸고도는 경우가 있다. 공금횡령 비리 중 41% 밖에 형사고발되지 않는다고 한다. 이는 공무원의 도덕불감증을 키우는 결과를 초래할 수 있다.

다섯째, 범법자는 중형으로 다스린다. 중국은 부정부패를 저지른 공무원은 공개처형을 했고, 내연녀도 처벌하기로 했다고 한다. 러시아에서는 돈을 훔친 자의 손목을 자르라는 청년단체의 데모가 있었다고 하며, 싱가포르에서는 길에 침을 뱉으면 몇백만 원의 벌금이 부과된다고 한다. 그대로 따를 수는 없겠지만 일벌백계로 경각심을 불러일으켜야 한다. 한국에서도 공무원이 거액을 횡령했으면 기존의 5년형에서 10년형을 받도록 바뀌었다고 한다.

여섯째, 범법자의 소속 기관에도 연대책임을 물어야 한다. 기관 자체의 자정노력을 위해서이다. 아울러 부정축재자의 재산은 국가에서 몰수하는 법을 만들어야 한다.

이러한 모든 방법을 적용해도 인간의 소유욕이 있는 한 비리는 쉽게 가라앉지 않을 것이다. 그러니 마음을 수양해 사욕을 제어할 수 있도록 가정교육, 학교교육, 사회교육을 강화하는 것이 돌아가는 것 같지만 효과적일 것이라고 확신한다. 단기적인 방법도 써야 하겠지만 거시적인 방법을 고려해야 한다.

## 참고문헌

朴龍雲,《高麗時代臺諫制度研究》, 一志社, 1980.

國際文化財團 편,《韓國의 法律文化》, 서울韓國文化시리즈 5, 時事英語社, 1982.

韓國精神文化研究院 편,《世宗朝文化研究》(Ⅰ), 博英社, 1982.

鄭杜熙,《朝鮮初期 政治支配勢力研究》, 一潮閣, 1983.

    《朝鮮時代의 臺諫研究》, 一潮閣, 1994.

李成茂,《조선 후기 당쟁의 종합적 검토》(공저), 한국정신문화연구원, 1992.

    《한국양반사회연구》, 一潮閣, 1996.

    《조선왕조사》 1 · 2, 동방미디어, 1998.

    《조선시대 당쟁사》 1 · 2, 동방미디어, 2000.

이이화,《이야기 인물한국사 3 · 제왕의 길 치국의 도》, 한길사, 1993.

    《發掘東學農民戰爭 人物列傳》, 한겨레신문사, 1994.

崔異敦,《朝鮮中期 士林政治構造研究》, 一潮閣, 1994.

金福壽 · 朴正圭 · 趙猛基 · 金光玉 · 尹炳哲 · 鄭大澈 편,《朝鮮時代 커뮤니케이션 研究》, 韓國精
    神文化研究院, 1995.

吳甲均,《朝鮮時代 司法制度 研究》, 三英社, 1995.

李載浩,《朝鮮政治制度研究》, 一潮閣, 1995.

韓相權,《朝鮮後期 社會와 訴冤制度;上言 · 擊錚 研究》, 一潮閣, 1996.

金 燉,《朝鮮前期 君臣權力關係研究》, 서울대출판부, 1997.

韓忠熙,《朝鮮初期 六曹와 統治體系》, 啓明大學校 出版部, 1998.

고석규외,《암행어사란 무엇인가》, 박이정, 1999.

임병준,《암행어사이야기》, 전예원, 2000.

## 논문

田鳳德,〈暗行御史制度研究〉,《韓國法制史研究》, 서울대학교, 1968.

朴龍雲,〈高麗時代 臺諫 機能의 變遷〉,《史叢》17·18, 고려대학교 사학회, 1973.

　　　〈臺諫制度의 成立〉,《韓國史論叢》1, 성신여자사범대학 국사교육과, 1976.

　　　〈高麗時代의 臺諫과 宰樞文武兩班〉,《誠信女子大學 研究論文集》12, 성신여자대학 출판
　　　부, 1979.

朴廣成,〈浴恩池와 御射臺에 對하여〉,《畿甸文化研究》2, 인천교육대학 기전문화연구소, 1973.

李相殷,〈朝鮮朝 國論에 反映된 義理精神-朴祥·金淨 上疏 是非를 中心으로〉,《斯文論叢》1, 사문
　　　학회, 1973.

崔承熙,〈朝鮮初期 言官에 관한 研究-集賢殿의 言官化〉,《韓國史論》1, 서울대학교 국사학회, 1973.

　　　〈朝鮮初期의 言官에 관한 研究-臺諫制度의 成立과 그 機能의 分析〉,《韓國學論集》1, 계명
　　　대학교 한국학연구소, 1973.

　　　〈朝鮮初期 言官에 관한 研究-言官言論과 王權의 相關關係〉,《東亞文化》13, 서울대학교 인
　　　문대학 동아문화연구소, 1976.

　　　〈世祖代 王位의 취약성과 王權強化策〉,《朝鮮時代史學報》1, 朝鮮時代史學會, 1997.

李基白,〈高麗 成宗代의 政治的 支配勢力-慶州·羅州 地方 出身의 儒學者들과 近畿 地方 出身의
　　　豪族系 官僚들〉,《湖南文化研究》6, 전남대학교 호남문화연구소, 1974.

趙重淵,〈李朝行政(京職)監察制度考(其一)〉,《法律行政論集》12, 고려대 법률행정연구소, 1974.

韓相俊,〈朝鮮朝의 相避制에 對하여-官職을 中心으로〉,《大丘史學》9, 대구사학회, 1975.

宋贊植,〈朝鮮朝 士林政治의 權力構造-銓郎과 三司를 中心으로〉,《經濟史學-移山 趙璣濬博士 華甲
　　　紀念號》2, 경제사학회, 1978.

金基泰,〈李朝 圖書館機能으로서의 弘文館考〉,《도서관》256, 국립중앙도서관, 1981.

楊萬雨,〈朝鮮朝 御史小考〉,《전주교육대학 논문집》17, 전주교육대학, 1981.

鄭杜熙,〈世宗朝의 權力構造-臺諫의 活動을 中心으로〉,《世宗朝文化研究》(1), 한국정신문화연구
　　　원, 1982.

　　　〈朝鮮 成宗代 臺諫의 彈劾活動〉,《歷史學報》109, 역사학회, 1986.

　　　〈朝鮮 成宗代 臺諫의 人事移動 狀況 및 그 名單〉,《斗溪李丙燾博士九旬紀念 韓國史學論
　　　叢》, 지식산업사, 1987.

　　　〈朝鮮 成宗代 臺諫의 風聞彈劾에 관한 政治的 論爭〉,《宋俊浩教授停年紀念論叢, 송준호교

수정년기념논총간행위원회, 1987.

〈朝鮮後期 實學者들의 臺諫論〉,《동아연구》 17, 서강대 동아연구소, 1989.

〈朝鮮 成宗代 臺諫을 배출했던 主要家門에 관한 檢討〉,《국사관논총》 12, 국사편찬위원회, 1990.

〈臺諫의 活動을 통해 본 世祖代의 王權과 儒敎理念의 對立〉,《역사학보》 130, 역사학회, 1991.

鄭鎭禹,〈高麗前期의 王權制約; 諫諍·封駁을 중심으로〉,《人文科學論集》 2, 청주대학교 인문과학 연구소, 1983.

金 燉,〈中宗代 言官의 성격변화와 士林〉,《韓國史論》 10, 서울대학교 국사학과, 1984.

〈燕山君代의 君·臣 權力關係와 그 推移〉,《역사교육》 53, 역사교육연구회, 1993.

李在云,〈朝鮮太祖朝 言論內容分析〉,《全州史學》 창간호, 전주사학회, 1984.

南智大,〈朝鮮 成宗代의 臺諫 言論〉,《韓國史論》 12, 서울대학교 국사학과, 1985.

손보기,〈조선전기의 왕권과 언관〉,《세종학연구》 1, 세종대왕기념사업회, 1986.

崔異敦,〈成宗代 弘文館의 言官化 過程〉,《震檀學報》 61, 진단학회, 1986.

金載名,〈朝鮮初期의 司憲府 監察〉,《한국사연구》 65, 한국사연구회, 1989.

金宇基,〈銓郎과 三司의 관계에서 본 16세기 權力構造〉,《역사교육논집-서연김영하교수정년퇴임 기념사학논총》 13·14, 역사교육학회, 1990.

김영주,〈朝鮮朝 言論思想에 관한 試論; 言官들의 言論思想을 중심으로〉,《언론사회문화》 창간호, 연세대 신문방송학과, 1991.

鄭玉子,〈丙子胡亂時 言官의 位相과 活動-三學士에 대한 再評價〉,《한국문화》 12, 서울대 한국문화 연구소, 1991.

韓忠熙,〈朝鮮前期(太祖~宣祖 24년)의 權力構造硏究; 議政府·六曹·承政院을 중심으로〉,《국사 관논총》 30, 국사편찬위원회, 1991.

권오봉,〈퇴계선생의 日記 總錄(1); 手稿〈壬寅(御史日錄)·癸卯·甲辰日記의 影印公開에 부쳐〉, 《퇴계학보》 78, 퇴계학연구원, 1993.

李東熙,〈朝鮮 世宗代 承政院의 活動과 그 政治的 意味〉,《역사학보》 138, 역사학회, 1993.

鄭弘俊,〈17세기 大臣과 臺諫의 力學關係〉,《사총》 42, 고대사학회, 1993.

金昌鉉,〈朝鮮初期의 門蔭制度에 관한 硏究〉,《國史館論叢》56, 국사편찬위원회, 1994.

延甲洙,〈高宗 初中期(1864~1894) 정치변동과 奎章閣〉,《奎章閣》1757-75, 1994.

吳甲均,〈朝鮮時代 司憲府의 司法的 機能〉,《湖西史學》21·22, 湖西史學會, 1994.

禹仁秀,〈朝鮮 肅宗朝 南溪 朴世采의 老少仲裁와 皇極蕩平論〉,《歷史敎育論集》19, 歷史敎育學會,
          1994.

李成茂,《조선 후기 당쟁의 원인에 관한 소고》,《이기백선생고희기념 한국사논총》下, 一潮閣,
          1994.

      〈한국의 감사기관〉,《淸溪史學》13, 淸溪史學會, 1997.

李羲權,〈朝鮮後期 暗行御史制를 통한 중앙정부의 지방통제정책〉,《全北史學》17, 全北大學校 史
          學會, 1994.

朴龍雲,〈高麗時代의 尙書都省에 대한 檢討〉,《國史館論叢》61, 國史編纂委員會, 1995.

      〈高麗의 中央政治機構에 대한 硏究成果와 課題 - '3省'과 中樞院을 중심으로〉,《한국 인문
          과학의 현황과 쟁점》, 한국정신문화연구원, 1998.

白相起,〈高麗朝地方行政體制에 있어서 按察使制에 관한 硏究〉,《社會科學硏究》14, 嶺南大學校
          附設 社會科學硏究所, 1995.

李章雨,〈朝鮮初期의 三司와 戶曹; 國家財政 運營體制 整備의 一斷面〉,《吉玄益敎授停年紀念 史學
          論叢》, 吉玄益敎授停年紀念史學論叢刊行委員會, 1996.

구덕회,〈언론과 언관〉,《역사비평》계간 37호, 역사문제연구소, 1997.

金昌賢,〈高麗後期 都評議使司 體制의 성립과 발전〉,《史學硏究》54, 韓國史學會, 1997.

金載名,〈高麗時代 御史臺의 監察御史〉,《朝鮮時代의 社會와 思想》, 朝鮮社會硏究會, 1998.

심희기,〈한국적 전통성과 시민적 덕성 - 部民告訴禁止法과 世宗의 苦惱〉,《世宗時代 文化의 現代
          的 意味》, 韓國精神文化硏究院, 1998.

禹景燮,〈英·正祖代 弘文館 기능의 변화〉,《韓國史論》39, 서울대학교 국사학과, 1998.

任先彬,〈朝鮮初期 '外方使臣'에 대한 試論〉,《鮮時代史學報》5, 朝鮮時代史學會, 1998.

池斗煥,〈朝鮮前期 經筵官의 職制의 變遷〉,《韓國學論叢-靑嵐金都鍊敎授停年退任記念》20, 國民
          大學校 韓國學硏究所, 1998.

韓永愚,〈鄭道傳의 政治改革思想〉,《創作과 批評》7, 창작과 비평사, 2000.